中国高铁丛书

总顾问 / 傅志寰　总策划 / 郑　健　主　编 / 孙　章

走近中国高铁

钱桂枫　蔡申夫　张　骏　毛晓君　著

上海科学技术文献出版社
Shanghai Scientific and Technological Literature Press

图书在版编目（CIP）数据

走近中国高铁 / 钱桂枫等著. —上海：上海科学技术文献出版社，2019
（中国高铁丛书）
ISBN 978-7-5439-7801-0

Ⅰ.① 走… Ⅱ.①钱… Ⅲ.①高速铁路—介绍—中国 Ⅳ.① U238

中国版本图书馆 CIP 数据核字（2018）第 297444 号

"十三五"国家重点出版物出版规划项目
2018 年主题出版重点出版物
上海市新闻出版专项资金资助项目

选题策划：张　树
书稿统筹：张　树
责任编辑：王　珺
装帧设计：许　菲
手绘插图：汤思怡

走近中国高铁
ZOUJIN ZHONGGUO GAOTIE
钱桂枫　蔡申夫　张　骏　毛晓君　著
出版发行：上海科学技术文献出版社
地　　址：上海市长乐路 746 号
邮政编码：200040
经　　销：全国新华书店
印　　刷：上海海红印刷有限公司
开　　本：787×1092　1/16
印　　张：18
字　　数：233 000
版　　次：2019 年 1 月第 1 版　2019 年 1 月第 1 次印刷
书　　号：ISBN 978-7-5439-7801-0
定　　价：118.00 元
http://www.sstlp.com

"中国高铁丛书"出版工作团队

总顾问

傅志寰　中国工程院院士，原铁道部部长

顾　问

钟志华　中国工程院院士、副院长，同济大学原校长

奚国华　中国第一汽车集团有限公司党委副书记、董事、总经理
　　　　中国中车集团公司原副董事长、党委副书记
　　　　中国中车股份有限公司原总裁

贾世瑞　中国中车集团公司副总经理

总策划

郑　健　中国铁路总公司总工程师，国家铁路局原党组成员
　　　　2015年国家科技进步奖特等奖（京沪高速铁路工程）获得者

策　划

孙　章　同济大学老科学技术工作者协会会长，原上海铁道大学副校长

孙　星　北京铁道学会秘书长

兰　涛　上海铁道学会秘书长

金泰木　中车青岛四方机车车辆股份有限公司科技发展部副部长

张　树　上海科学技术文献出版社副总编辑（主持工作）

主　编

孙　章　同济大学老科学技术工作者协会会长，原上海铁道大学副校长

副主编

吴新民　原铁道部咨询调研组副巡视员，研究员

编撰团队

《走近中国高铁》

钱桂枫　中国铁路总公司工程管理中心副主任
蔡申夫　原铁道部工程设计鉴定中心主任
张　骏　中国铁路上海局集团有限公司建设处副处长，高级工程师
毛晓君　中国铁路上海局集团有限公司科学技术研究所工程师

《高铁线路工程》

郑　健　中国铁路总公司总工程师，国家铁路局原党组成员
　　　　2015年国家科技进步奖特等奖（京沪高速铁路工程）获得者
王　峰　中国铁路总公司建设管理部主任
钱桂枫　中国铁路总公司工程管理中心副主任
许玉德　同济大学交通运输工程学院教授
毛晓君　中国铁路上海局集团有限公司科学技术研究所工程师

《高铁车站》

郑　健　中国铁路总公司总工程师，国家铁路局原党组成员
　　　　2015年国家科技进步奖特等奖（京沪高速铁路工程）获得者
贾　坚　同济大学建筑设计研究院（集团）有限公司副总裁
魏　崴　同济大学建筑设计研究院（集团）有限公司轨道交通院总建筑师

《高速列车》

梁建英　中车青岛四方机车车辆股份有限公司副总经理、总工程师，教授级高级工程师，2015年国家科技进步奖特等奖（京沪高速铁路工程）获得者
杨中平　北京交通大学教授
张济民　同济大学铁道与城市轨道交通研究院教授

《高铁牵引供电系统》

张明锐　同济大学电子与信息工程学院教授
张永健　中国铁路上海局集团有限公司供电处处长，高级工程师
王靖满　中国铁路设计集团公司项目总工程师，教授级高级工程师
吴严严　同济大学电子与信息工程学院硕士研究生

《高铁信号与控制》

陈永生　同济大学计算机系教授
罗云飞　中国铁路上海局集团有限公司总工程师室高级工程师
王先帅　中国铁路上海局集团有限公司电务处工程师
郭金信　中国铁路上海局集团有限公司电务处工程师
刘世太　中国铁路上海局集团有限公司电务处工程师
陈伟革　中国铁路上海局集团有限公司电务处处长，提待高工
吕永昌　中国铁路上海局集团有限公司电务处提待高工
姚远黎　中国铁路上海局集团有限公司电务段段长，高级工程师
胡细东　中国铁路上海局集团有限公司电务处副处长，高级工程师
吴伟东　中国铁路上海局集团有限公司电务处副处长，高级工程师
艾　武　中国铁路上海局集团有限公司电务处副处长，高级工程师

《高铁运营组织与管理》

徐行方　同济大学交通运输工程学院教授
蒲　琪　同济大学《城市轨道交通研究》杂志社社长，高级工程师
汤莲花　同济大学交通运输工程学院博士研究生

《中国高铁发展战略》

刘涟清　原上海铁路局局长，原铁道部（中国铁路总公司）中美铁路项目协调组组长
蒲　琪　同济大学《城市轨道交通研究》杂志社社长，高级工程师
孙　章　同济大学老科学技术工作者协会会长，原上海铁道大学副校长

《高铁经济》

姚诗煌　　上海市科技传播学会原理事长，《文汇报》科技部原主任，高级记者

编辑顾问

叶　娟	中国中铁股份有限公司国际事业部总经理助理 中国铁道出版社版权中心原主任，国家铁路局原调研员
李中浩	中国城市轨道交通协会专家和学术委员会副主任，原铁道部电子中心主任
张跃玲	国家铁路局信息中心副主任，高级工程师
陈夏新	原京沪高速铁路股份有限公司高级工程师
范　明	中国铁道科学研究院（集团）有限公司通信信号研究所研究员

序一

傅志寰

我国已跨入了高铁时代。风驰电掣的高速列车给人们带来了快捷愉悦的全新感受,正如有诗云:"银龙出京一路奔,转瞬之间入津门。齐鲁苏皖须臾过,品茗到沪尚存温。"四通八达的高铁不仅显著改变了人们的出行方式,也对经济社会产生了深远影响。

目前我国高铁里程已超过 25 000 公里,占全球高铁总里程的三分之二,每天开行 5 000 多列高速列车,运送超过 600 万乘客,2017 年我国高铁累计发送旅客已突破 70 亿人次。这些令人炫目的"大数据"意味着无与伦比的业绩。我国高铁不但规模大,速度也快,最高时速达 350 公里,为世界之最。我国动车之平稳是有口皆碑的,网上曾流传一段视频:有乘客将一枚硬币立在高速列车的窗台上,竟 8 分钟未倒。

高铁不但改变着中国,也震撼了世界。我国已经积累了在寒带、热带、大风、沙漠、冻土等不同气候和地质条件下高速铁路建设的丰富经验,是世界上少数能够提供包括土建、高速动车组和列车控制系统等高铁全套技术的国家。

中国人喜爱高铁。但凡有机会,都愿与靓丽的高速列车合影留念,而且带着浓厚兴趣想进一步解开高铁之谜。"高铁为什么跑得那么快?""高铁为什么跑得那么稳?""高铁行驶安全如何保障?"这些问题,不但孩子要问,成年人也十分关心。近两年我在给中学生讲"高铁"科普时,每每都会有学生提出大量类似问题。

为了回答人们的问题,上海科学技术文献出版社组织一批资深专家教授,用一年半时间编写了一套内容丰富的"中国高铁丛书",全套 9 册,书名分别是:《走近中国高铁》《高铁线路工程》《高铁车站》《高速列车》《高铁牵引供电系统》《高铁信号与控制》《高铁运营组织与管理》《中国高铁发展战略》《高铁经济》。这套丛书不但描绘了高铁的全貌,展示了车站、线路、信号、供电、列车等关键设施和装备，也介绍了高铁运营服务知识以及对经济社会发挥的独特牵引作用。与此同时，还讲述了世界各国高铁发展的故事。

"实事求是、深入浅出"是检验科普图书质量的重要标志。为了做到"实事求是"，作者们查阅了海量资料，反复筛选与求证，对我国高铁技术水平、发展历程作了符合实际的阐述，也纠正了一些网络上的不实传言。为了做到"深入浅出"，作者们力图用通俗生动的语言和精美的图片，揭示高铁技术原理和设计结构。一年多来，作为初次涉猎科普读物写作的他们，花了不少时间再学习，大家深知将科学专业术语转化成大众能听懂的"大白话"是一门艺术。

我受聘担任本丛书的总顾问，深感荣幸和愉悦。究其原因，不只因为我有参与高铁论证与建设的经历，还源于心系铁路、喜爱火车的深厚情结，中国高铁的快速发展也圆了我自己多年的梦想。

在本套图书付梓之际，衷心希望凝聚作者大量心血的"中国高铁丛书"，能给读者带来所渴望的知识与阅读的喜悦。

2019年1月

序二

郑　健

　　高铁，作为现代工业文明的崭新成果，发端于日本，发展于欧洲，兴盛于中国。经过五十余年的发展，高铁以其安全、快捷、环保、节能等技术经济优势赢得了各国青睐。我国从20世纪90年代初开始开展高铁的前期研究，经过几代铁路人的探索实践，特别是党的十八大以来的创新发展，取得了举世瞩目的历史性成就，能亲身经历、见证参与、组织推动我国高铁建设，倍感荣幸。铁路建设者昼夜兼程、风雨无阻，逢山开路、遇水架桥，用智慧、心血和汗水励精图治、砥砺前行，实现了中国高铁从无到有、从探索到突破、从制造到创造、从追赶到领跑的崛起！如今，"复兴号"奔驰在祖国广袤的大地上，迈出了从追赶到领跑的关键一步；四通八达的高铁网络给百姓美好生活带来了新福祉，给世界高速铁路发展树立了新标杆，为党和国家赢得了新荣耀！

　　遥想20世纪初，为了振兴国家实业，孙中山先生在《建国方略之二：实业计划》中提出修建10万英里（16万公里）的铁路计划，指出"国家之贫富可以铁道之多寡而定之，地方之苦乐可以铁道之远近计之"，"铁路常为国家兴盛之先驱，人民幸福之源泉，国家统一之保障"。中华人民共和国成立后，党中央国务院高度重视铁路建设。1978年10月，邓小平同志访问日本，在从东京前往京都的新干线高铁列车上深有感触地说："就感觉到快，有催人跑的意思，我们现在正合适坐这样的车。"（中共中央文献研究室编《邓小平年谱（1975—1997）》（上）第413页）一代伟人的这句双关语暗示着中国的发展要有像新干线那样快的速度。同年12月召开的十一届三中全会拉开了改革开放的序幕。

　　40年的改革开放让铁路特别是高速铁路发展迎来了难得的黄金发展机遇。从20世纪90年代广深铁路开行准高速列车到世纪之交秦沈客运专线开通运行，从2007年实现第六次大面积提速到2008年京津城际高铁通车，从2010年12月京沪高铁创造时速486.1公里试验速度到2016年7月成功实现世界首次时速420公里交会，从"四纵四横"基本建成到"八纵八横"规划蓝图绘就，几代铁路人锲而不舍、坚韧执着，从未因道路曲折而半途而废，也从未因梦想遥远而放弃追求。从孙中山先生提出《建国方略》到今天，"复兴号"高铁动车组奔驰在祖国广袤大地上的情景，就是华夏儿女不忘初心、砥砺前行的生动写照；中国高铁能够领跑世界，就是中华民族追逐梦想、谋求复兴的时代象征。高铁精神，已成为象征着中华民族伟大创新精神的一座丰碑！

从1990年《京沪高速铁路线路方案构想报告》到2004年国务院批复的《中长期铁路网规划》明确将高铁建设作为铁路发展的核心，从中国高铁发展"三步走"战略谋划到工程建造、装备制造、列车运行控制等不同领域技术创新路径的实施，中国高铁经历了艰难的战略抉择、艰苦的探索实践和艰辛的开拓创新历程。2008年8月1日，中国第一条时速300公里以上的高速铁路——京津城际高铁开通运营。波澜壮阔的高铁建设在长城内外、大河上下展开，呈现出了史诗般的巨幅画卷！

一分耕耘一分收获。经过几代铁路人卧薪尝胆，迎来了与世界第二大经济体相适应的高铁网络体系的蓬勃发展：建成了2.5万公里的高铁网络，搭建了专业一流的研发平台，在高铁线路、桥梁、隧道、客运枢纽等重大工程方面积累了丰富的实践经验，全面掌握了在各种复杂地质、地形及气候环境下修建不同速度等级高速铁路的成套技术，建造了以京沪高铁为代表的一大批世界级的标志性工程，拥有了完整的中国高铁技术标准体系，打造了中国高铁品牌，形成了规划设计、工程建造、装备制造、运维服务等方面的比较优势，总体技术水平已迈入世界先进行列，成为推动世界高铁发展的重要力量！

不断延伸的高铁网络对经济社会发展产生了深刻的影响。如何衡量高铁对经济社会发展的"溢出效应"，如何评价高铁效应在国家发展、国际交往、地缘政治中的作用，需要坚实的高铁经济理论作为支撑。2012年原铁道部设立了高铁经济重大课题，从政治经济、社会文化、生态环境等多维度探究高铁效应的理论基础，从哲学层面发现其内在规律，从理论层面研究其影响机制，旨在通过研究回答社会对高铁建设运营的普遍关切，探究未来高铁发展之路。

如今我们欣喜地看到，高铁网络极大地缩短了时空距离，让旅途不再漫长；极大地改善了出行品质，让百姓出行有了更多的幸福感；拉动了文化旅游井喷，稀缺独特的旅游资源得到充分开发；促进了铁路装备升级改造，高铁动车组等高端装备制造业快速发展，强劲带动了上下游相关产业链的全面升级；改变了经济资源配置格局，城市综合经济竞争力得到了大幅提升，区域产业经济结构得到了优化调整，区域经济一体化进程进一步加快。高铁网络创造出了比别的经济体更多的时间，承载了更为宏观的经济意义，以更高的速度赋能一切生产要素，以更高的质量和效率不断放大着"乘数效应"。作为新经济学革命的高铁经济已成为中国经济增长的新引擎，正构建着中国经济发展的新版图。中国高铁今天历史性的成就就是对中山先生、小平同志最好的告慰！

"雄关漫道真如铁，而今迈步从头越"。党的十九大确立了习近平新时代中国特色社会主义思想，作出了建设交通强国的重大决策部署。在不到半年的时间里，习总书记两次"点赞""复兴号"，这既充分体现了党中央对高铁发展成果的充分肯定，更指明了中国高铁的前进方向。中国高铁将始终坚持以人民为中心，进一步构建更安全、更高效、更智能、更绿色、覆盖率更高的高铁网络，持续创新引领世界铁路发展，让全国各族人民共享铁路发展改革的成果，满足人民在新时代的需求，让人民从高铁发展中有更多的获得感、幸福感、安全感！

高铁发展需要全社会的关心和爱护。这套"中国高铁丛书"对讲好中国高铁故事、传承勇往直前的高铁精神，汇聚高铁发展共识、凝聚高铁发展正能量，弘扬新时代主题、追逐民族复兴梦想必将产生积极的作用。热切希望这套图书能与广大读者尽快见面，更真诚期望能有更多的专家、学者关注中国高铁，走近中国高铁，宣传中国高铁，支持中国高铁，关爱中国高铁，以促进中国高铁的健康可持续发展！

2019年1月

> 前 言

前言

　　1964年10月1日，东京奥运会开幕前夕，世界第一条高速铁路——日本东海道新干线建成通车。这条闻名遐迩的高速客运专线铁路全长515公里，设计时速240公里，运营时速210公里。它由日本自主研发，拥有高标准的线路、现代化的装备、靓丽的流线型头车，投产后立即展示出高超的科技内涵和迷人的风采。随后，日本相继建成山阳线、东北线、上越线、北陆线、九州线等多条高速客运专线。2016年3月26日，北海道新干线开通，标志着日本新干线网几乎覆盖整个日本列岛。继日本之后，法国于1983年建成本国第一条高速铁路，成为世界上第二个拥有高速铁路的国家。1991年，德国国内第一条高速铁路也投入运营。在这些先行者的带动下，世界高铁建设渐入佳境，拥有高铁的国家和地区不断增加，设计速度和最高运营速度不断被突破。

　　我国在改革开放大潮的推动下，于20世纪90年代初着手组织高铁研究，筹划建设高速铁路。相对于高铁原创国家，中国的高铁事业起步较晚，起点较低。但是，有志者事竟成。在国家、社会和铁路全行业的共同努力下，经过二十多年的拼搏与积累，充分发挥后发优势，中国走出了一条高铁崛起之路，终于拥有了大规模建设高铁和大范围运营高铁的能力。截至2017年12月31日，中国高铁营运里程已达到2.5万公里，"四纵四横"的高铁主骨架提前建成并成网运营，中国已成为世界上高铁运营规模最大、运营速度最快的国家。中国高铁在拉动经济社会发展、推进城镇化进程、放大中心城市辐射力、改变公众出行方式、缓解铁路运能压力等方面的作用，已充分显现，并得到公认。

　　根据2016年发布的《国家中长期铁路网规划》，到2025年，我国铁路网规模将达到17.5万公里，其中高铁里程3.8万公里。远期展望到2030年，我国将建成发达完善的现代化铁路网，基本实现内外互联互通、区际多路畅通、省会高铁连通、地市快速通达、县域基本覆盖，为我国基本实现社会主义交通现代化提供强大的运输支持。届时，"八纵八横"高铁网全面建成。与此同

时，实施中的"一带一路"倡议，将进一步增强中国铁路尤其是中国高铁的影响力，铁路走出国门的步伐也将大大加快。

高铁事业发展蒸蒸日上，乘坐高铁、关注高铁、走近高铁、研究高铁的人越来越多，对高速铁路知识的兴趣也越来越浓。然而高速铁路是一个非常复杂而又庞大的系统，除技术上涉及科技、工程、制造、管理等外，还受政治、经济、军事、社会、市场、国内、国外等诸多因素影响，只字片语间难以讲通讲透。为了满足大家对高速铁路的认知需求，我们编写了这本《走近中国高铁》，深入浅出地把高速铁路的来龙去脉和关键技术原理讲清楚。期望通过通俗易懂的语言、图文并茂的形式，为广大读者走近高铁导航。

本书是上海科学技术文献出版社出版的"中国高铁丛书"的第一分册，共分七章，分别介绍高速铁路的起源与发展、中国高铁的崛起之路、高铁的系统构成与核心技术、高速铁路规划与建设、高铁运营与维护、高铁的社会功能、面向未来的高铁等内容。这些内容不仅可以为广大高铁爱好者答疑解惑，也可供从事高铁事业的同仁、学习高铁专业的同学参考。本书由钱桂枫负责编写，原铁道部工程设计鉴定中心主任蔡申夫撰写提纲并参加前言、第一章、第二章编写，张骏参加第四章、第五章编写，毛晓君参加第三章、第七章编写。中国铁路总公司总工程师郑健、国家铁路局张跃玲、中国中铁公司叶娟等亦对编写提纲和书稿内容提出了极为中肯的意见并提供了大量最新资料。全书写作过程得到了"中国高铁丛书"顾问、编委以及丛书写作团队的指导和帮助。由于编写人员水平有限，不当之处在所难免，敬请读者不吝赐教，以利改正。

目录

序 一
序 二
前 言

第一章　高速铁路的起源与发展 ……1
一、当代世界需要高铁 …3
二、日本高铁一马当先 …5
三、法德两国急起直追 …7
四、境外高铁纷纷登场 …10
五、中国高铁后来居上 …14

第二章　中国高铁的崛起之路 ……19
一、瞄准世界水平的追赶 …21
　　发展基础 …21
　　目标选择 …22
　　目标落实 …24
二、二十年的探索和积累 …26
　　确立工作路线的依据 …26
　　在达速提速中更新速度概念 …27
　　秦沈客运专线实战演习 …28
　　标志性的京津城际铁路 …30
　　与时俱进地推进标准和规范 …31
三、名副其实的领先地位 …33
　　从追赶到领跑 …33
　　多项指标位居世界第一 …41
　　高铁技术迈入世界先进行列 …42
四、创新驱动中国高铁崛起 …45
　　科技创新推动中国高铁发展 …45
　　观念创新引领中国高铁前进 …51
　　管理创新保障中国高铁成功 …54
五、中国"高铁之最"集锦 …57
　　运营列车试验速度之最 …57
　　运营里程之最 …58
　　首条建在湿陷性黄土区的高速铁路——郑西高速铁路 …58
　　首条建在严寒地区的高速铁路——哈大高速铁路 …59
　　首条建在高原和戈壁荒漠地区的高速铁路——兰新高速铁路 …60
　　首条穿越秦岭南北的高速铁路——西成高速铁路 …61

第三章　高铁的系统构成与核心技术 69

一、高铁系统的主要技术特征 ...71
　　速度革命与技术革新 ...71
　　更加突出的系统动力学问题 ...72
　　高铁子系统基本技术特征 ...73
二、高铁的系统构成及主要技术标准 ...76
　　主要"核心"系统 ...76
　　主要技术标准 ...78
三、高速列车系统 ...79
　　"火车"的进化 ...79
　　高速列车的特点与构成 ...80
　　高速列车"大家庭" ...83
四、轨道线路工程 ...88
　　轨道系统 ...89
　　路基工程 ...96
　　桥梁工程 ...99
　　隧道工程 ...105
五、高铁车站 ...108
　　车站布置与站场客运设备 ...110
　　旅客站房 ...113
　　站前广场 ...114
　　其他生产和生活房屋 ...115

六、牵引供电系统 ...116
　　高速铁路的牵引供电等级 ...116
　　牵引变电所 ...117
　　接触网 ...118
　　电力子系统 ...118
　　牵引供电技术创新 ...119
七、信号与控制系统 ...119
　　通信系统 ...120
　　信号系统 ...122
　　中国高铁列控系统与创新 ...124
八、信息系统 ...127
　　运营调度管理系统 ...128
　　客票及旅客服务信息系统 ...128
　　动车组管理信息系统 ...130
　　灾害监测系统 ...130

第四章　高速铁路规划与建设 135

一、精心规划，体现发展需求 ...137
　　2004年《中长期铁路网规划》...137
　　2016年《中长期铁路网规划》...138
　　高速铁路网规划 ...140

目录

二、精心设计，适应高铁特点...144
  高速铁路的选线...144
  高速铁路车站的选址...149
  高铁环境保护和水土保持评价...151
  高铁经济评价...153
  高铁设计落实新发展理念...154

三、精心施工，坚持科学管理...157
  项目协调...158
  标准化管理...158
  "四化"施工...163
  以科技为支撑...167

四、严格验收测试，严把高铁质量关...169
  静态验收...169
  动态验收...171
  初步验收与安全评估...173
  国家验收...174

第五章　高铁运营与维护......177

一、高铁运营管理...179
  高铁运输组织...179
  高铁客运营销...181

二、高铁设备养护维修...183
  网格化管理...183
  线路综合检测...184
  高铁动车组运维...185

三、运维技术创新发展...186
  综合旅客服务系统...186
  基础设施运维技术...187
  严密的高铁安全防护...188

第六章　高铁的社会功能......191

一、中国高铁的基本功能...193
  提供新型交通方式...193
  缓解铁路运输供求矛盾...196
  完善综合交通运输体系...197
  驱动经济发展...200

二、支撑国家发展战略 ...202
　　全面推动国家现代化建设 ...202
　　推动长江经济带发展 ...209
　　助力京津冀协同发展 ...212
　　为"一带一路"建设当好先行 ...214
三、高铁与城市协调发展 ...217
　　高铁新城平地起 ...217
　　重构城市商业布局 ...219
　　催生城市发展新模式 ...220
　　促进城镇化进程和城市群发展 ...222
四、高铁提升百姓获得感、幸福感 ...223
　　提供多样化生活 ...224
　　创造更多就业机会 ...224
　　高铁让百姓生活更美好 ...225
五、中国高铁的国际影响力 ...227
　　高铁成为国家对外交往的"新名片" ...227
　　让世界爱上中国造 ...228
　　高铁"朋友圈"越来越大 ...230

第七章　面向未来的高铁 233
一、高速列车运行速度的发展趋势 ...235
　　普速列车速度的回顾 ...235
　　高速列车速度的较量 ...238
　　高速列车运行速度新趋势 ...240
二、高速铁路运输安全的发展趋势 ...241
　　建立更完善的安全保障体系 ...242
　　从源头质量上保障高铁安全 ...242
　　从运营管理上保障高铁安全 ...244
三、高铁信息化、智能化的发展趋势 ...245
　　高速铁路信息化 ...246
　　高速列车自动驾驶 ...252
　　新一代无线车地通信技术 ...253
　　高速列车制造智能化 ...256
　　智能高铁 ...257
四、更高速度轨道运载列车的研究 ...259
　　时速600公里的磁悬浮列车 ...259
　　高温超导磁悬浮技术 ...262
　　超级高铁的设想 ...263

第一章

高速铁路的起源与发展

一、当代世界需要高铁

二、日本高铁一马当先

三、法德两国急起直追

四、境外高铁纷纷登场

五、中国高铁后来居上

1825年9月27日，英国人乔治·斯蒂芬森驾驶"旅行者"号蒸汽机车试车成功，人类迈入了铁路时代。蒸汽机车牵引的列车以其能力大、速度快、效率高、气候适应性强等优势，成为当时最先进的陆上运输工具。此后，欧美各国相继掀起铁路建设高潮，并将轨道版图扩展到亚非拉地区。从19世纪30年代开始，铁路凭借其在持续发展中形成的行业优势，在交通运输界独占鳌头百余年。然而，随着科技的发展，新兴的汽车和飞机向火车发起猛烈的攻势，便捷的公路运输和快速的航空运输，渐渐把铁路拉下了交通老大的宝座，铁路运输由兴旺走向衰退。经过多年的徘徊和探索，铁路人在痛定思痛中找到出路，确定了客运高速化、货运重载化、全行业信息化的发展方向，铁路才逐步走上了重振雄风的复兴之路。1964年，日本东海道新干线建成投产，风驰电掣的高速列车让世人看到了客运高速化的风采，听到了高铁时代来临的脚步声。

一、当代世界需要高铁

在人类社会的发展进程中，交通运输以提供客货运输服务、邮政电信服务为直接目的，是保障人类社会有序运转和持续发展的重要基础，是保障国家稳定、经济社会发展和人民生活幸福的战略性要素和关键领域。由铁路、公路、水路、航空、管道等五种主要运输方式构成的现代运输体系为国家、社会和公众提供客货运输服务。体系中的各种运输方式，既在互相协作中为需求方提供运输服务，又在相互竞争中想方设法扩大自己的市场份额。日新月异的交通需求和科技进步是推动各种运输方式发展的原动力。高速铁路就是以客运高速化为目标，在传统铁路基础上大量吸纳现代科技成果、脱胎换骨后形成的现代运输方式。

如今，高速铁路早已成为人所共知的熟词。可是，究竟什么是高速铁路，目前世界上还没有统一的标准答案。日本政府1970年第71号法令《全国新干线整备法》规定：列车在主要区间能以200公里以上时速运行的干线铁路称为高速铁路。世界铁路联盟（UIC）认为，高速铁路是由铁路基础设施、高速列车和运营条件等共同构成的系统，其基础设施应满足新线设计时速250公里以上，既有线改造后满足时速200公里的要求。1985年，联合国欧洲经济委员会对高速铁路列车运行时速的规定：客运专线300公里，客货共线250公里。1996年，欧洲铁路联盟发布的互通运营指导文件规定：新建铁路运行时速达到或超过250公里、既有线改造运行时速达到200公里者才是高速铁路。

我国将高速铁路定义为设计开行时速250公里以上（含预留），并且初期运营时速200公里以上的客运列车专线铁路。如今，世界各国新建的高速铁路，大多把设计时速定位在250至350公里，可以说，250公里是速度的分界点。

基于以上情况，关于高速铁路的认识应包括下列内容：①高速铁路是一个由铁路基础设施、高速列车和运营条件等共同构成的系统。系统的所有组成部分，都满足与设计时速相应的要求，在协同工作中实现安全、快捷、舒适、高效的运营效果。②国际上通常认定，新建高速铁路的设计时速达250公里以上（含预留），初期运营时速200公里以上；既有线改造时速要达到200公里及以上。新建高铁的设计时速根据实际需要确定，大多定位在250至350公里。中国高铁均为新建高速铁路，无既有线改造的高铁。③高速铁路必须在全线主要区间内以设计时速或设定的运营时速运行。四、高速列车有动力集中（机车牵引的高速列车）、动力分散（高速动车组）两种形式。目前，中国高铁均采用的是高速动车组模式。

对高铁的需求，源于传统铁路已难以适应当今的运输需求，无法提供当代世界需要的现代客货运输服务。面对航空运输和公路运输的竞争，铁路运输的优势一度丧失，高铁的出现提升了铁路运输竞争力，扭转了运输竞争的态势。铁路的客货分线运输模式提高了运输效益与能力，高速铁路在铁路运输节能、环保等绿色交通上的优势得到了更大发挥。

第二次世界大战结束后，全球形成了工业化、城镇化、信息化和经济一体化的发展趋势。置身于发展大潮中的世界各国，尽管根据自身不同的政治、经济、科技、文化等发展情况，选择了不同的发展道路和发展模式，但追求国家富强稳定、经济社会发展和人民生活幸福的终极目标是一致的。在这种大发展、大调整、大变革的环境中，需要交通运输体系充分发挥支撑功能，为推进工业化、城镇化、信息化和经济一体化保驾护航。以适度超前发展的交通运输引领和支持国土开发、区域发展，助推社会进步；以高效的快速运输缩短时空距离，支持城镇化建设，加大中心城市的辐射力；以节能低碳的绿色交通保护生态环境；以安全、快捷、方便、舒适的客运满足公众的出行需求等等。

新兴的高速铁路拥有超越其他陆路运输方式的速度优势、服务品质，以及对生态环境的亲和力；高速铁路提升了铁路客运的竞争力，因而受到欢迎。先行的日本新干线和后来居上的中国高铁，已经用成功的实践和傲人的业绩，充分显示了高速铁路的先进性，证明了高铁的价值。越来越多的国家开始发展高速铁路，全球的高铁运营里程也在稳步增长。

二、日本高铁一马当先

20世纪50年代后半期，发达的京滨、中京、阪神地区成为第二次世界大战后带动日本经济发展的火车头。连接这些地区的东海道铁路成为全日本最繁忙的线路，这段仅占日本全境铁路总长的3%的线路，却承担了全国客运总量的24%、货运总量的23%，运输能力几乎达到极限。1957年，日本运输省设立了由专家学者组成的"日本国有铁路干线调查会"，研究探讨如何增强东海道铁路运输能力。1958年12月，日本内阁会议批准在东京—大阪间建造一条采用标准轨距、客货运分离的客运专线——东海道新干线，开行超特快列车。1959年4月，新干线正式开工。

1964年10月1日，世界上第一条高速铁路——日本东海道新干线，建成通车。该线路径由东京至大阪，全长515公里，设计时速240公里，采用日本自主研发的高铁技术。开通后运行0系高速旅客列车，最高运营时速达210公里，全程运行时间4小时，第二年，又缩短至3小时10分钟，比既有东海道铁路特快列车缩短了3小时20分钟。旅客出行时间大大缩短，瞬间增强的铁路运输竞争力，致使东京至大阪间的民航停运。新干线开通后的第一年，平均日载客量达6万人次，超高的速度、稳定的运行、设计感强的列车、优质的服务、舒适的乘坐体验让公众认识了高铁，也让高铁得到了社会广泛认可。

图 1.1 富士山脚下的新干线

在东海道新干线的带动下,干线沿线社会经济加速发展,高铁技术也在日本不断推广。从 1972 年至 1997 年,日本相继修建山阳、东北、上越、北陆、九州等多条新干线,形成了纵贯日本的新干线网,被誉为战后日本"经济起飞的脊梁"。截至 2017 年底,日本新干线运营总里程达到 2 734 公里。在新干线网联通期间,通过技术创新,不断进行速度升级和新型车辆开发,山阳新干线和东海道新干线的运行时速分别提高至 300 公里和 275 公里,东北新干线运行时速达 320 公里。

图 1.2　新大阪车站——日本东海道新干线

三、法德两国急起直追

二战后欧美国家着力发展公路运输和航空运输，高速公路发展尤为迅猛。铁路被视为"夕阳产业"，备受冷落。后来，由于全球能源危机和环境污染，运能高且能耗低的铁路运输才再受关注。日本新干线的成功，让欧洲国家受到了启发，开始调整交通运输政策，发展高速铁路。

法国是欧洲第一个建设高铁的国家，也是世界上第二个拥有高铁的国家。1971 年，法国政府批准修建由巴黎至里昂的

TGV 东南线。1976 年，法国高铁正式开工，该线全长 417 公里，其中新建高速铁路线 389 公里。1981 年，第一代 TGV 高速列车开发成功，TGV 东南线部分通车，1983 年全线建成通车，最高运行时速 270 公里，全程旅行时间 2 小时。1989 年至 2001 年间，根据高速铁路网的规划，法国相继建成开通了 TGV 大西洋线、北方线、地中海线、巴黎东部线等高速铁路。自 2003 年 6 月起，TGV 地中海线的部分区间（约 40 公里）最高运行时速达 320 公里。同时，法国的高速列车可以在既有线运营，构成了以高速铁路为骨干、纵贯法国的客运网。

法国第一条高速铁路的开通时间虽然比日本晚了 17 年，但刷新高速列车行车速度的成就令世人瞩目。1990 年 5 月 18 日，法国 TGV 高速列车最高试验速度达 515.3 公里/小时；

图 1.3　时速 320 公里的法国 TGV 高速列车　罗春晓摄

图 1.4　德图 ICE-1 和 ICE-4 高速列车

2007 年 4 月 3 日，又创造了 574.8 公里/小时的试验列车高速新纪录。截至 2017 年底，法国共有 9 条高速铁路开通运营，线路总长度 2 696 公里，在建里程为 634 公里，形成了以巴黎为中心、辐射法国各城市及周边国家的高速铁路网络。

1982 年，德国开始实施高铁计划，将新建高速铁路与既有铁路线改造结合形成高速运输网。1985 年，德国试验列车 ICE-V 问世，1991 年提交第一代高速列车 ICE-1。同年，第一批高速铁路——汉诺威至维尔茨堡线（全长 327 公里）、曼海姆至斯图加特线（全长 107 公里，其中新建线 99 公里）建成开通，最高运行速度达 250 公里/小时，以后提速到 270 公里/小时。1995 年，开工修建科隆到法兰克福的客运专线，设计速度为 300 公里/小时，线路最大坡度 40‰，最大轴重限制为 17 吨，2002 年开通运营。为满足该线路运营，德国还研发出了动力分散的 ICE-3 型列车。目前，德产 ICE 高速列车已拥有 ICE-1、ICE-2、ICE-3、ICT、ICT-VT 等诸多型号，可通达德国境内多数大城市，实际运营最高时速达 300 公里。截至 2017 年底，德国已开通运营的高速铁路线路总长度已有 1 575 公里。与日、法高铁不同，德国高铁采用白天客运、夜间货运的运营方式。

走近中国高铁

图1.5 截至2016年的欧洲主要铁路线路图（红线为高铁线）

四、境外高铁纷纷登场

在高速铁路发展浪潮中，欧洲的西班牙、意大利、比利时、荷兰、瑞典等发达国家纷纷登场，制定具有本国特色的高速铁路发展规划，同时引进高铁技术，建设高速铁路。西班牙动作迅速，赶在巴塞罗那奥运会开幕前，于 1992 年 4 月 21 日建成开通了马德里至塞维利亚的高速铁路。该线路全长 471 公里，设计时速 300 公里，采用法国技术，运行 AVE 高速列车。后来又建成开通了马德里至托莱多、马德里至莱里达等高速铁路，形成了西班牙高铁网。在目前的世界高铁运营里程排名中，西班牙位居第三，法国、德国、意大利分别位于第四、五、六位。

欧洲高铁有两个显著特点，一是与传统铁路系统的一体化连接，另一个是跨国运行，如著名的"欧洲之星"就穿越了英吉利海峡。

图 1.6　横跨英吉利海峡的"欧洲之星"

走近中国高铁

在亚洲，韩国和我国台湾地区首先启动高铁建设。韩国的第一条高铁是首尔（原汉城）至釜山线，规划阶段称为"京釜高速铁道"，后来改称KTX（Korea Train Express），即韩国高速列车，线路全长412公里。1992年6月底开工，后来因受亚洲金融危机影响，决定分段实施。2004年4月1日首尔至

图1.7　韩国首尔至釜山高速铁路（KTX）正式开通

图1.8　台北至高雄高速铁路

大邱段建成通车；2010年11月1日大邱至釜山段建成，全线投入运营。该线采用法国高铁技术，设计时速为350公里。投入运营后，从首尔到釜山运行时间比原来减少约2小时。KTX建成后，韩国成为世界上第6个拥有高速铁路的国家。

中国台湾地区的高速铁路由台北至高雄，全长345公里，是贯通台湾岛西海岸的交通大动脉。1998年确定兴建计划，2000年开工，采取BOT模式（兴建、营运、转移）建设，2007年1月5日建成通车。台湾至高雄高速铁路采用日本新干线技术，部分细部设计、机电系统则采用欧洲规格，最高运行时速为300公里。投产后，由台北至高雄只需1.5小时，快捷、舒适，已成为台湾地区民众出行的主要交通工具。

图1.9 截至2016年的亚洲主要铁路线路图（红线为高铁线）

走近中国高铁

近几年来，随着高速铁路效益的显现，世界范围内高铁建设高潮迭起。俄罗斯、新加坡、柬埔寨、泰国、印尼、美国、印度、巴西、沙特、委内瑞拉等许多国家，都有建设高铁意向，有一些国家已制定规划，有些已进入实施阶段。

五、中国高铁后来居上

在过去的几十年里，世界高铁出现过三次建设浪潮。第一次发生在高铁起步阶段，为20世纪50年代末到80年代末；第二次发生在欧洲高铁大发展阶段，为20世纪90年代；第三次是世界范围的高铁发展阶段，为21世纪初至今。中国高铁建设起步较晚，第一次浪潮没赶上。第二次浪潮来临时，中国开始起步，在技术和人才两方面打基础、作准备。第三次浪潮与我国铁路的发展机遇同时到来，胸有成竹的中国铁路真刀真枪上阵，取得了后来居上的成效。

1990年，中国正式启动高铁计划，着手筹建高速铁路。此后，通过组织产学研相结合的科研攻关，修建时速160公里的广深准高速铁路、开展京沪高铁预可行性研究、实施既有线

图1.10 行驶在京津城际铁路上的"和谐号"高速动车组

提速，开工建设设计时速 200 公里（预留 250 公里条件）的秦沈客运专线（其中还包括一段时速 300 公里高速列车的试验段）等，在拼搏和积累中奠定了建设高速铁路、发展高铁事业的基础。2004 年，国务院批准《中长期铁路网规划》，将发展高速铁路、建设城际快速客运系统写入规划，明确了高铁的发展方向和奋斗目标。在国家、社会和铁路行业的共同努力下，中国铁路充分发挥后发优势，终于形成了大规模建设高铁和大范围运营高铁的能力，实现了从无到有、从少到多、从弱到强的转变。2005 年，京津城际铁路、武广高铁等项目相继开工。2008 年 8 月 1 日，京津城际铁路在北京奥运会开幕前夕建成，以时速 350 公里投入运营。大规模的高铁建设与高铁技术研究、高速列车研发、高铁规范标准编制、高铁项目管理和运输管理现代化同步推进，共同谱写了中国铁路发展史上的辉煌篇章。

在运营层面上，中国高铁已跻身于国际先进行列。"四纵四横"高铁主骨架提前建成并成网运营。截至 2017 年底，我

图 1.11　2017 年 6 月 26 日从北京南站开往上海虹桥站的 G123 次"复兴号"列车

国铁路营业里程达到12.7万公里，其中高铁2.5万公里，占世界高铁总里程的66.3%，相当于其他国家高铁里程之和的两倍。当前，高铁已通达全国31个省市自治区中的28个，2017年中国铁路完成的旅客发送量30.39亿人中，动车组发送17.13亿人，占比56.4%，平均每天乘坐高铁出行的人数超过400万，单日最高人数接近800万。中国高铁在拉动经济社会发展、推进城镇化进程、放大中心城市辐射力、改变公众出行方式、缓解铁路运能压力等方面的作用已明显呈现，并得到广泛认可。

在技术层面，中国高铁同样跻身国际先进行列。其中，土建技术处于国际领跑地位，应对能力强，自主创新多，实践经验丰富；高速列车技术与日法德等先进国家齐头并进，具有完全自主知识产权的"复兴号"动车组是当前中国高速列车的代表作；通信信号技术在信息化潮流中发展快、变化大，一改以往我国技术薄弱的面貌；目前高速列车运行控制核心技术和产品已实现自主化，自主研发中的高铁自动驾驶系统最为抢眼，最受关注。从总体上看，先进、成熟的中国高铁技术、高铁装备、高铁标准不仅在国内大放光彩，而且在"一带一路"倡议的推动下，还将目光投向了更广阔的范围。

【知识链接】《中长期铁路网规划》

铁路网是在一定空间范围内（全国、地区或国家间），为满足一定历史条件下的客货运输需求而建设的相互连接的，由铁路干线、支线、联络线以及车站和枢纽所构成的网状结构的铁路系统。为实现高效、经济地组织运输生产，需要运输网络的主次干线、支线等之间在数量、结构、分布上有比较好的组合。因此，铁路网的规划对铁路发展极其重要。

2004年，国务院批准了我国首个《中长期铁路网规划》，制定了到2020年的铁路发展目标和主要规划方案。2016年，修改后的《中长期铁路网规划》是当前我国铁路基础设施的中长期空间布局规划，规划期为2016—2025年，远期展望到2030年。规划中首次明确提出了高速铁路网及其规划方案：至2020年铁路网规模达到15万公里，其中高速铁路3万公里，覆盖80%以上的大城市；2025年铁路网规模达到17.5万公里左右，其中高速铁路3.8万公里左右，网络覆盖进一步扩大，路网结构更加优化，骨干作用更加显著，更好发挥铁路对经济社会发展的保障作用；2030年，基本实现内外互联互通、区际多路畅通、省会高铁连通、地市快速通达、县域基本覆盖。

第二章

中国高铁的崛起之路

一、瞄准世界水平的追赶

二、二十年的探索和积累

三、名副其实的领先地位

四、创新驱动中国高铁崛起

五、中国"高铁之最"集锦

中国高铁事业起步于20世纪90年代初。1990年铁道部向国务院报送《关于"八五"期间开展高速铁路技术攻关的报告》，十几年间，中国铁路在高铁领域实现了从无到有、水平从低到高的突破并掀起了高铁建设高潮。2017年，中国高铁运营里程达2.5万公里，"四纵四横"高铁主骨架提前建成并成网运营。中国高铁在立足国情、博采众长、尊重科学、自主创新的原则指导下，一步一个脚印地确立了后发优势，走上崛起之路，冲进世界高铁方阵的前列。

一、瞄准世界水平的追赶

中国高铁能够在起步较晚、起点较低的情况下，取得后来居上的成效，与目标选择、科学决策和有序推进有着直接的关系。

发展基础

中华人民共和国成立后，国家对铁路发展非常重视和支持，在百废待兴的情况下大力推进铁路发展，充分发挥铁路的作用。建国后铁路取得巨大进步，在很长一段时期里都是我国交通运输体系中最重要的运输方式，是支撑经济社会发展的先行者。然而，由于种种原因，铁路的发展逐渐滞后于经济社会发展，铁路网规模过小、运输能力不足和服务质量欠佳的问题越来越突出，供需矛盾尖锐。从20世纪80年代中期开始，铁路运输进入全面短缺状态，客车"一票难求"、货车"一车难求"成为常态；车站拥挤不堪、车厢水泄不通，这种现象不仅春运期间随时可见，在繁忙线路上平时也屡见不鲜。京沪铁路的情况尤为突出，这一南北繁忙区段每天开行的列车达118对，达到了客货共线铁路运输能力的极限。京沪线长度仅占全国铁路的2.8%，却负担着全国铁路运输14.3%的旅客和8.8%货物周转量，客货运密度分别为全国铁路平均水平的5.4倍和3.7倍。铁路运输已经从支撑经济社会发展的先行官，演变成为制约经济社会发展的因素，提高铁路运输能力刻不容缓。

如何改变"负重爬坡"的被动局面，实现铁路复兴，成为铁道部门和铁路专家们必须解决的重要问题。在追踪世界铁路发展动向、研究各国铁路经验教训、寻求中国铁路出路的过程中，铁路管理部门逐渐形成了以疏通铁路运输大通道为重点，实行繁忙干线客货分线，推进客运高速化、货运重载化、铁路信息化的思路，并将其纳入1993年颁布的《铁路主要技术政策》，作为推进铁路技术进步的一项重要任务。《铁路主要技术

政策》明确提出，在特别繁忙的干线，根据运输发展的需求修建第二双线，实行客货分线运输。其中，以货运为主的线路采用重载技术，客运专线采用高速技术；还提出在东部沿海地区，发展最高时速250公里及以上的高速客运专线，准高速线路最高时速160公里。在发展高速铁路的同时，要普遍提高旅客列车速度，相应地提高货物列车的速度。同时提出，要积极发展中长途双层客车、空调客车、高级旅游车和高速客车。

在当时的中国，全国旅客列车的最高行车时速不足120公里，平均旅行时速只有48公里。虽然在普速铁路领域拥有很强的建设能力和运营经验，但没有涉足过快速和高速铁路实践。虽然有能力研发制造机车车辆和其他铁路装备，但技术水平和现代化程度比发达国家落后几十年。在这样的水平上起步，去研发高速列车、修建时速250公里及以上的高速铁路，并期望在十几年内初见成效，是一项非常艰难的任务，看上去几乎无法完成。因此，对于如何推进高铁事业、需要付出什么代价、如何确保成功等基本问题，出现不同想法、持有不同观点也在所难免。

目标选择

发展高铁的序幕拉开后，首先要做的是建立发展目标，明确工程对象、速度目标、技术方案、建设方式、发展规划和实施计划等。然后要按照大型复杂系统工程的要求，精心组织、精心设计、分工协作、保质保量地按期完成任务。铁路管理部门最初设想在京沪大通道上修建京沪高速铁路，作为通道的第二双线，采用轮轨技术方案，既立足国情又博采众长，坚持自主设计施工，设计时速250公里，力争1995年开工，2000年前建成。

按此规划，铁道部于1990年上报《京沪高速铁路线路方案构想报告》，1992年上报《关于尽快修建高速铁路的建议报告》。1993年，国家科委、国家计委、国家经委、国家体改委和铁道部（四委一部），组织一百多位专家开展京沪高速铁路前期研究，认为面对建设京沪高速铁路的迫切需求，技术上可行，经济上合理，国力能够承受，建设资金可以解决。1994年，"四部一委"编制完成《京沪高速铁路重大技术经济问题前期研究报告》并上报国务院，随即又上报《关于报送建设京沪高速铁路建议的请示》，建议国家尽快批准立项，力争京沪高铁能于1995年开工，2000年前建成。1994年5月，国务院总理办公会议听取了有关京沪高速铁路建设的汇报；6月，中央财经领导小组原则上同意铁道部关于开展京沪高速铁路预可行性研究的建议；12月，国务院批准开展京沪高速铁路预可行性研究，铁道部相应专门成立了京沪高速铁路预可行性研究办公室。

一切都在按部就班地向前推进。铁道部在组织力量深入进行高铁技术研究的同时，开始安排勘测及设计工作。面对是否要建高速铁路、怎样建设高速铁路，铁路各领域的专家们都积极建言献策。此时也有专家提出不同意见，建议采用电气化扩能或采用摆式列车对既有京沪铁路进行技术改造，缓建京沪高铁。1998年6月，又有专家建议作为国家战略应大力发展高速磁悬浮列车。

1998年6月，铁道部组团访问德、法两国，重点考察了德国磁悬浮运输系统、德国城际高速铁路（ICE）和法国高速铁路（TGV），考察团形成了《德、法高速铁路考察报告》。对磁悬浮系统和轮轨系统进行全方位比较后，基本否定了在京沪线上应用磁悬浮技术的方案，同时建议由科技部牵头，将"磁悬浮高速"作为国家重大课题立项，组织国内从事磁悬浮技术研究的单位联合攻关，选择合适项目建设磁悬浮试验线。这一年，中国工程院连续组织了3次研讨会，比较磁悬浮与高速轮轨方案。会后形成的报告认为：目前世界范围内尚未建成磁悬浮商业运营线，所以至少在10年内不宜在京沪全线采用磁悬浮技术，并得出了在京沪线上宜采用轮轨技术方案的结论。随后，中国国际工程咨询公司两次组织了对《京沪高速铁

路立项报告》的评审，也得出了相似的结论，认为当前京沪线应用磁悬浮技术尚不成熟，但可以做个试验线作为技术储备。

2000年6月，磁悬浮试验线方案确定，2001年3月1日中国首条磁悬浮线路开工；2002年12月31日，应用德国技术建设的上海磁悬浮示范线举行了通车典礼。2004年1月7日，在国务院常务会议上，通过了《中长期铁路网规划》，同时批准了京沪高速铁路采用轮轨技术方案，标志着京沪高铁就此进入了实质性的项目设计和建设阶段。2006年3月，国家发改委宣布《京沪高速铁路项目建议书》获国家批准，京沪高铁采用高速轮轨技术建设，项目正线全长1 318公里，全线最高设计时速350公里、运行时速300公里。

设计时速350公里，代表了当代世界高铁的最高水平。中国高铁的追赶目标就瞄准在这里。

目标落实

中国的高速铁路技术攻关和工程建设，是一项立足现实、面向未来、规模庞大、影响深远的系统工程，是政府主导、多行业参与、社会关注度高的国家工程。

实践表明，中国高铁发展目标的实现，需要遵循立足国情、博采众长、坚持自主创新的方针。需要在科学决策、合理规划、精心组织的基础上，细化目标、落实任务、协同工作，通过政府、行业、社会和所有参与者的共同努力，高水平、高质量地完成任务。其中，国家层面的高层决策和组织指挥，国家出台的规划、计划和相关政策，对高铁技术攻关、高铁工程建设、高铁运营管理和高铁产业发展具有决定性的重要作用。

从1990年初至今，国家对开展高铁技术研究和发展中国高铁高度关注，在国家发布的《国民经济和社会发展五年计划纲要》《国家科技攻关计划》和《中长期发展规划》中，都纳入了与发展高铁相关的内容，为发展高铁确定了指导思想、发展目标和工作任务，提供了配套政策和保障措施。

例如，在1991年发布的《中华人民共和国国民经济和社会发展十年规划和第八个五年计划纲要》中,明确提出加强能源、交通、通信、重要原材料和水利等基础工业和基础设施建设,是国民经济和社会发展的一项主要任务。提出要坚持贯彻"经济建设必须依靠科学技术、科学技术必须面向经济建设"的基本方针。明确交通运输建设要着眼于国民经济发展对运力的需要,要搞好综合运输体系建设,以增加铁路运力为重点,同时发挥公路、水运、空运、管道等多种运输方式的优势,并使各种运输方式衔接配套。要求铁路采用先进适用技术改造旧线,逐年减少"限制进口";加快新线建设,保证完成重点铁路建设任务。在《中华人民共和国国民经济和社会发展"九五"计划和2010年远景目标纲要》中,进一步强化了交通运输现代化的要求,明确"九五"期间要推进大能力通道建设,增开旅客列车,提高行车速度。提出21世纪前十年,要基本建成综合运输体系和现代化通信体系,着手建设京沪高速铁路,形成大客运量的现代化运输通道。随后,这些要求在第十个至第十三个"五年规划纲要"中得到全面体现,综合交通体系的建设思路更为完善:明确提出交通建设要统筹规划,合理安排,扩大网络,优化结构,完善系统,推进改革,建立健全畅通、安全、便捷的现代综合运输体系。

  国家在"八五"至"十三五"期间的各个《国家科技攻关计划》中,将高铁技术体系研究、高铁工程建设技术、高速列车和高铁设备制造技术、高铁信息工程技术、高铁环境影响评价、高铁运输管理技术、高铁经济研究等方面的多个专题列为科技攻关重点项目,并在国务院发布的《国家中长期科学和技术发展规划纲要(2006—2020)》中,明确给出了交通科技的发展思路,将高速轨道交通系统、高效运输技术与装备、智能交通管理系统、交通运输安全与应急保障等列入优先主题。为高铁技术攻关和高铁建设与发展,提供了不可或缺的科技支撑。

  在国家发布的《中长期铁路网规划》《综合交通网中长期

发展规划》中，根据中国国情的发展变化，科学预测国家、社会和公众交通运输需求的发展趋势，从支撑国家发展、满足社会需求的角度，提出了体现时代要求和国情特点的规划，为铁路和综合交通发展明确了指导思想、发展目标、主要任务，对完善和推进我国交通运输体系现代化，强化交通运输的服务功能和支撑作用，具有非常重要的指导作用和现实意义。

二、二十年的探索和积累

中国高铁技术从1990年开始科研攻关，到2017年建成"四纵四横"主骨架并成网运营，27年间高铁崛起伴随着中国客运铁路的巨变。回首过去，可以清晰地看到支撑这些成就和变化的，是几十年的坚持探索和积累，是所有参与者的奋力拼搏，是立足国情、博采众长、尊重科学规律、坚持自主创新的工作路线。

确立工作路线的依据

对比今天的中国高铁与20世纪90年代的普速铁路，车变了、车站变了、铁路线路变了，这不是一般性的变化，是天翻地覆的巨变。这些更迭时代般的变化背后蕴含着怎样的工作路线？

这条贯穿于中国高铁之路全程的工作路线就是：立足国情，博采众长，尊重科学规律，坚持自主创新。选择这条路，是因为我们是世界高铁成员里的后来者。当我们走上高速铁路起跑线的时候，除了铁道研究院所和相关院校的少量专家对国外高铁技术和高铁动向进行过追踪研究外，整个铁路行业里接触过高铁的人极少。面对中国高铁起步晚、技术薄弱、信息缺乏的情况，向先行者学习，是不可或缺的必要过程。但是高铁强国不止一家，日本、法国、德国的高铁技术各有所长，哪些技术可以借鉴，哪种模式更适合国情，是放在中国铁路人面前的重要问题。一切问题都要充分考虑国情条件和时代要求。在处理外来引进与自主创新的关系方面，以往的经验和现实都证明，真正的核心技术买不到、换不来。唯有尊重科学规律，结合实际需要，坚持自主创新，才能形成并发挥后发优势，实现后来居上。

中华人民共和国成立后，中国铁路培育了大批人才，在形成规模庞大的运输系统、建设系统、工业系统和科研系统，在发展普速铁路方面做出了巨大的贡献、取得了突出的成绩，积累了丰富的实战经验。在走进世界高铁家园的道路上，在日趋坚实的基础上，坚持自主创新，注意扬长避短，注意博采众长，一定能在高铁领域做出新的贡献。

在达速提速中更新速度概念

"高速"是"提速"的发展升级，提速是"高速"的必然准备。讲到中国高速铁路，不能不提及铁路"大提速"。

我国铁路实施提速计划首先从广深线开始。最高时速从原来的 100 公里提高到 160 公里（其间还设有 26 公里长的试验段，试验时速达 200 公里）。速度提升的实现，需要技术力量的支撑，原铁道部组织开发了无缝线路成套技术，制造可动心道岔，研制时速 160 公里的机车客车和新型信号系统，并对原有路基、桥梁进行了改造。整体改造历时 4 年，1994 年 12 月升级后的广深线，"春光号"提速列车运行时间从原来的 2 小时 48 分缩短为 1 小时 12 分（后缩短为 1 小时），成功完成了提速升级计划。

1995 年，铁道部决定对繁忙干线进行提速试验，开展了对新技术，如机车牵引、列车制动、道岔、信号、接触网等的深入研究，并对桥梁、线路载荷、列车动力学性能等进行充分测试。得出的结论是：采用新技术后，线路安全没有问题。随后，1996 年 4 月 1 日起在沪宁线开行时速 140 公里的"先行号"快速列车，1996 年 7 月 1 日起在京秦线开行"北戴河号"快速列车，1996 年 10 月 8 日起在北京至大连间开行长

图 2.1 时速 160 公里的准高速列车

距离快速列车，显著缩短了运行时间。快速列车的安全性、舒适性受到广泛好评。

在试验取得成功的基础上，中国铁路开始了长达十年声势浩大的6次大面积提速。6次大提速分别实施于1997年、1998年、2000年、2001年、2004年、2007年，基本覆盖了我国全铁路网，特快列车的最高时速从100公里提至140～160公里，部分区段达200公里，客车平均时速提高了30%～40%，显著提升了铁路的竞争能力，在社会上引起很大反响。

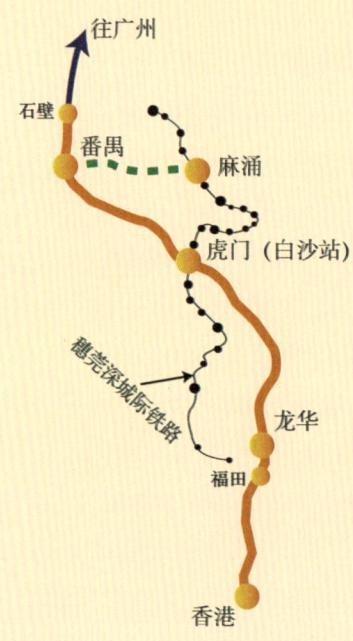

图2.2　广深准高速铁路示意图

秦沈客运专线实战演习

秦沈客运专线是我国自主设计建造的第一条客运专线。该线由秦皇岛至沈阳，全长405公里。该线立项于京沪高铁技术路线争论期间，按时速200公里客运专线设计，线下预留时速250公里工程条件，并设置一处长66公里、允许行车时速300公里的综合试验段。1999年8月秦沈客运专线全线开工，

2003年10月建成投产。

秦沈客运专线建设按照高速铁路的要求,在设计理念、建设管理、新技术应用等诸多方面,突破了普速铁路的传统观念,为中国铁路进入高铁家园进行了实战演习。在设计方面,第一次引入了高铁选线概念、高铁桥梁的动力响应要求、路基工程的高标准沉降控制和不同结构物之间的刚度过渡要求、车站的大区间布点;在建设管理方面,第一次在建设工期中安排了综合调试时间,要求项目建成时即按设计时速验交,实现了设计速度、验交速度和运营速度的一致性。在新技术、新结构、新设备的应用方面,首次采用了一次铺设的跨区间无缝线路、箱形简支梁、大号码道岔、牵引供电监控综合自动化系统、高速牵引供电接触网、新型的列车运行控制系统、无线列调的数话并传装置等。同时,在该线的试验工程中,进行了无砟轨道试验。秦沈客运专线也为我国已开展多年的高速列车科研成果提供了很好的实际运行检验场所,在综合试验段上,自主研制的动力分散动车组"先锋号"最高试验速度达到292.0公里/小时,动力集中动车组"中华之星"又创造了当时的"中国铁路第一速"——321.5公里/小时。可以说,秦沈客运

图2.3 "中华之星"电动车组

专线的建设和运营，为中国高铁事业的发展做出了巨大贡献。

标志性的京津城际铁路

京津城际铁路又称京津城际高铁，简称"京津城际"，是我国首条以时速350公里标准设计、建造的高速铁路，它的建成投产标志着我国已经有能力自主设计、建造和运营一流水平的高速铁路。

京津城际是连接北京、天津两大直辖市的城际客运专线，也是环渤海地区城际轨道交通网的重要组成部分。京津城际线路全长120公里，设计时速350公里。2005年7月全线正式开工，2008年8月建成投产，调试期间最高试验时速达394.3公里。目前"复兴号"动车组在京津城际的最高运营时速为350公里，北京至天津运行时间为30分钟。

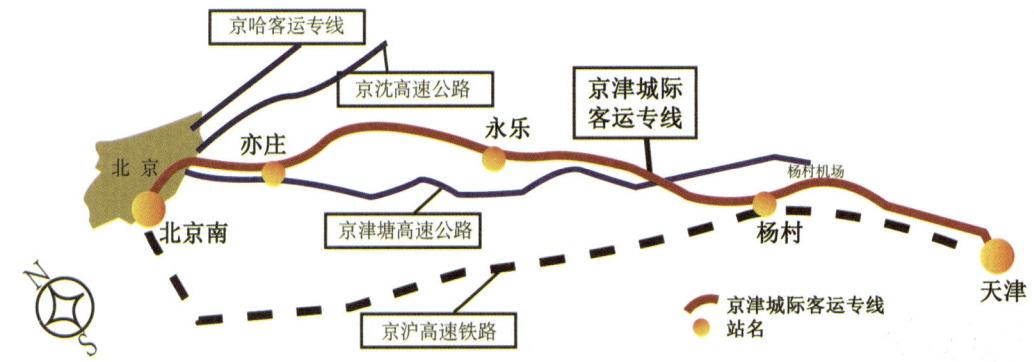

图2.4 京津城际铁路线路走向示意图

京津城际采用无砟轨道、一次铺设的跨区间无缝线路、简支整孔箱形梁、大号码道岔和新型通信信号系统，开行"和谐号"动车组，并设置声屏障。该线在2008年北京奥运会开幕前夕建成通车。投产后的京津城际，安全、快捷、舒适，对促进京津两地同城化、一体化，和两地经济社会持续发展，起到有力加速器的作用。同时，作为中国高铁的标志，对后续大规模建设和发展中的高铁项目，起到了很好的示范作用。

图 2.5 京津城际高速铁路开通运营

与时俱进地推进标准和规范

启动高铁技术研究、高铁装备开发和高铁建设项目后,中国铁路非常重视高速铁路技术标准、产品标准、设计规范的编制和修订工作。在研究借鉴和学习国外标准、规范的同时,要充分考虑国情条件和发展高铁的需要,及时将技术研究成果、产品开发成果和建设经验等,提炼、转化为适宜的标准、规范,用于实际指导工作。随着中国高铁的发展,标准和规范水平不断得到提升。以高铁建设项目设计规范为例,1996 年组织编制《京沪高速铁路线桥隧站设计暂行规定》,1999 年颁发使用;2002 年制订《京沪高速铁路站后设计暂行规定》,并于 2003 年合并形成《京沪高速铁路设计暂行规定》;2004 年对《京沪高速铁路设计暂行规定》进行了修改,出台了《新建时速 350 公里高铁设计暂行规定》。这些规范、规定的编制,有效支持了当时正在进行中的项目的可行性研究、建设项目设计等工作。这些规范、规定的及时使用,有利于在实践中得到检验,进一步提升工作水平。秦沈客运专线、京津城际等项目能够顺利推进,也都从中大受裨益。

2015 年 2 月 1 日,我国《高速铁路设计规范》(简称《规范》)颁布实施,标志着成熟、先进、具有中国特色的高速铁

路技术体系已经形成。新《规范》充分体现了安全优先、绿色节能、先进成熟、技术经济可行的重要原则。

在安全优先方面，《规范》明确高速铁路仅运行动车组列车，强化了牵引供电系统在防雷措施、防灾避害、故障监测等方面的可靠性和安全性，强调了信号系统故障导向安全的基本原则，完善了自然灾害、异物侵限等灾害及次生灾害的风险防范措施。对体型复杂、重要的站房及跨线设施规定结构安全标准，重视结构安全健康监测体系，提高安全可靠性标准。

在绿色节能方面，《规范》倡导高铁建设全寿命周期的节地、节能、节水、节材和保护环境的"四节一保"绿色建设理念，规定车站（场）选址应满足城市规划和运输需求，考虑地形地质条件、既有建筑物拆迁、土地资源开发和城市发展等因素。

在技术经济方面，《规范》还强化总体设计和接口设计的有关要求。结合我国国情、经济社会发展水平、运输需求和环境条件等因素，合理优化速度匹配、设备配套和各专业主要设计参数，优化了复杂路网条件下的高铁运营调度系统设计、高密度大客流的客运服务系统设计，使技术标准更符合系统性、先进性、成熟性及经济合理性的要求。同时，高铁车站设计还纳入了近年来的建设新理念和经验总结，增加了综合客运交通枢纽、绿色客站、综合开发等内容，更加适应国家可持续发展战略要求。

在此环境下，高铁技术的规范不仅反映了成熟的先进技术，还体现了高速铁路建造技术的最新水平。《规范》囊括了无砟轨道、轨道减振降噪、列车控制、站后系统技术的集成创新等关键技术方面取得的重大成果；在郑西客运专线黄土和湿陷性黄土地基处理成套技术、合宁铁路膨胀土路段路基处置技术、京津城际区域地面沉降及对策研究等方面获得的重大突破；在900吨级大吨位桥梁制运架成套技术、深水大跨桥梁建造技术、大吨位桥梁建造技术等方面取得的具有世界先进水平的重大创新成果；在软土、松软土、冻土、湿陷性黄土等特殊地质构造的隧道修建技术上取得了中国特有技术创新成果等等。这些具有世界先进水平又充分体现中国铁路独特优势的创新成果,为丰富我国高速铁路建设标准提供了坚实的基础。

二十多年来,铁路系统出台的技术标准、产品标准、建设标准、设计规范、施工规范、竣工验收规范、标准图、通用图等等,已经全面覆盖高铁领域,为规范运作提供了保证。中国高铁建设的成果来之不易,是中国铁路人在高速之路上多年坚持探索、持续创新的结晶。

三、名副其实的领先地位

时至今日,中国高铁已跻身于全球先进高铁之列。中国成为世界上高速铁路建设里程最长、运营速度最高、运营场景最丰富、对自然环境适应性最强的国家。中国高铁在运营层面、技术层面的优势,第一章已经有所介绍,结合典型实例和数据,我们将全面了解中国高铁的领先地位。

从追赶到领跑

2004年《中长期铁路网规划》拉开了中国高速铁路建设

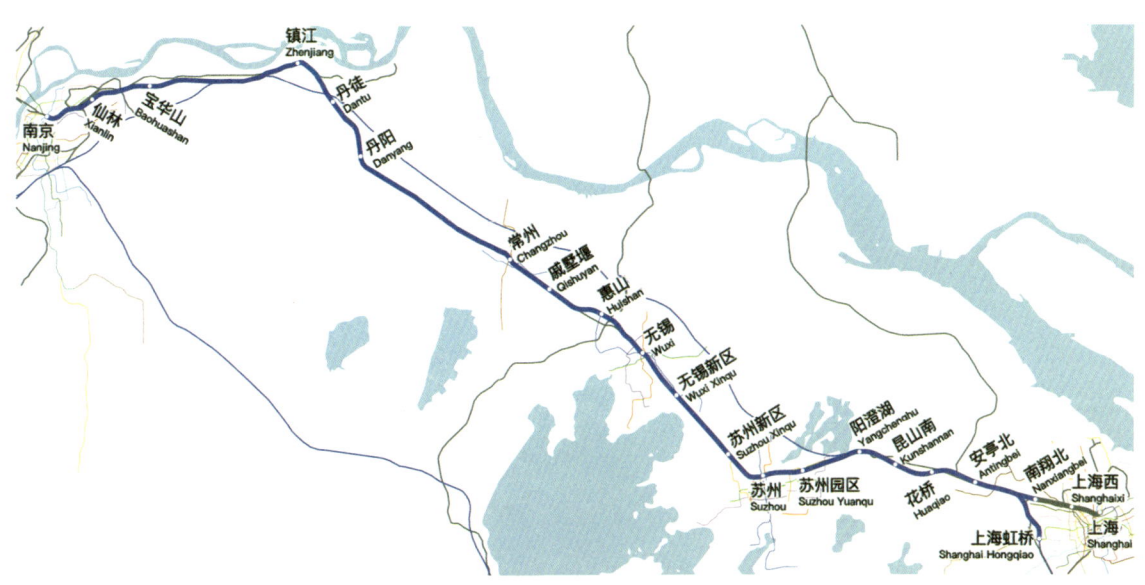

图2.6 沪宁城际高铁线路平面示意图

走近中国高铁

发展的序幕。2008年度中央经济工作会议确立"保增长、扩内需、调结构"的经济总基调,把改善民生作为保增长的出发点和落脚点,提倡发展的成果要由全体人民共同分享,进一步促进了高铁的加快建设和发展。

2008年8月1日,北京至天津的京津城际高铁闪亮登场,最高运营速度为350公里/小时,为北京奥运会提供了现代化的轨道交通服务。中国从此登上世界的高铁舞台。

2010年7月,上海至南京城际高速铁路开通运营;2010年10月,沪杭高速铁路(又称沪杭客运专线或沪杭客专)开通运

图2.7 沪杭高铁线路平面示意图

营，助力 2010 年上海世博会，吸引了世人的目光。沪宁城际、沪杭高铁地处长三角经济发达地区，工程建设攻克了路网密集、管线交错、深厚不良软土地质等技术难题，分别应用 CRTS Ⅰ 型无砟轨道和 CRTS Ⅱ 型无砟轨道技术，进一步实践和积累了我国自主建造无砟轨道、设计时速 350 公里高铁的经验。沪宁城际、沪杭高铁极大地改善了长三角地区中心城市上海、南京、杭州之间及其与周边城市之间的客流、物流、资金流和信息流，成为驱动区域经济发展，辐射全国经济增长的新引擎。

2011 年，北京至上海高速铁路开通运营，开创了中国两个特大城市间的生活新空间。京沪高速铁路北起北京南站、南至上海虹桥站，途经天津、山东、安徽、江苏、上海等省市，线路全长 1 318 公里，设计时速 350 公里，2008 年 4 月开工建设。在联调联试中，"和谐号"CRH380AL 动车组曾创造运营列车最高试验时速 486.1 公里。京沪高铁位于最繁忙的京沪大通道，开通 6 年来累计运送旅客 6.3 亿人次，单日运送旅客最高纪录 66.6 万人次。

2012 年，北京至广州高速铁路全线贯通，让旅客在 8 小时里感受到窗外的不同季节和色彩变换。京广高铁设计时速 350 公里，线路全长 2 298 公里，跨越温带、亚热带等多个气候带，穿越长江、黄河、山区、平原等多种地理环境，连接环渤海经济圈、中原经济区、武汉经济圈、长株潭城市群、珠三角经济区，是纵贯我国南北，运营长度

图 2.8 京沪高铁线路走向示意图

走近中国高铁

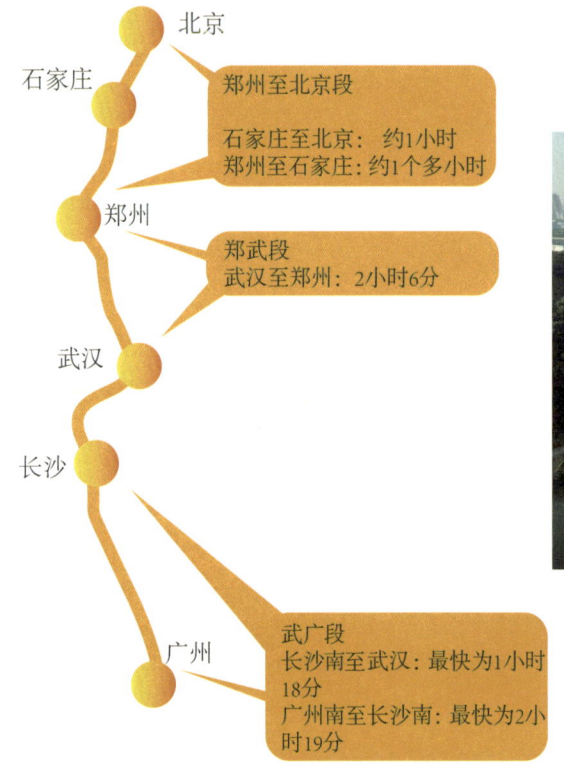

郑州至北京段
石家庄至北京：约1小时
郑州至石家庄：约1个多小时

郑武段
武汉至郑州：2小时6分

武广段
长沙南至武汉：最快为1小时18分
广州南至长沙南：最快为2小时19分

图 2.9 京广高铁线路走向示意图（左）和运行中的高速列车（右）

图 2.10 雾凇中的哈大高铁 CRH380BG 型动车

最长、辐射范围最广的高速铁路。

2012年，哈尔滨至大连高速铁路开通，中国版图的北端也有了银色飞龙。哈大高铁线路全长921公里，纵贯东北三省，途经哈尔滨、长春、沈阳、大连四个省级、副省级城市和六个地级市。哈大高铁2007年8月开工，2012年12月建成通车，全线跨越高寒季节性冻土地区，设计时速350公里，全线桥梁占比2/3以上。2015年，哈大高铁开始实行冬夏统一运营图，运营时速300公里，标志着我国全面掌握了高寒冻土地区高速铁路的建设、运营、维护技术。

2014年，兰州至乌鲁木齐高速铁路开通运营，乘客可以在旅行中尽览雪山风景和沙漠戈壁映衬下的西部风光。这是我国首条建设在高海拔和戈壁荒漠地区的高速铁路，由兰州西至乌

图 2.11　高速动车组行驶在兰新高铁高寒风沙区段　罗春晓摄

鲁木齐南，又称兰新高铁。兰新高铁全长1 776公里，途经甘肃、青海、新疆三省区，穿越烟墩、百里、三十里和达坂城风区，这里最大风速达到60米/秒。该线线下设计时速350公里，线上设计时速250公里，初期运营时速210公里。兰新高铁在应对和防治高寒、高温、强风沙等恶劣气候和环境方面提供了解决方案，为特殊地区和特殊环境的高铁建设运营积累了经验。

2015年，海南国际旅游岛环岛高速铁路运营，让旅客能体验到高铁与大海的美丽邂逅。海南环岛高铁由东环铁路和西环铁路共同形成环岛铁路。东环高铁从海口出发至三亚，沿途经过文昌市、琼海市、万宁市和陵水黎族自治县，于2010年12

图2.12　三亚站远景

月30日先期通车运营。西环高铁沿岛西行,经过澄迈、临高、儋州、昌江、东方、乐东6个市县,分别在既有的海口站和三亚站与东环铁路接轨完成闭环。环岛高铁对海南岛的交通、经济、文化交流具有重要的作用,结束了海南岛东部沿海长期没有铁路的历史,也使海南的交通网布局更加合理与科学。

2016年,上海至昆明高速铁路全线通车。该线由沪杭客运专线(又称沪杭高铁)、杭长客运专线(杭长高铁)、长昆客运专线(长昆高铁)组成,途经上海、杭州、南昌、长沙、贵阳、昆明6座省会城市及直辖市,线路全长2 266公里,设计时速350公里,是中国东西向线路里程最长、途经省份最多的

图2.13 沪昆高铁北盘江大桥 罗春晓摄

走近中国高铁

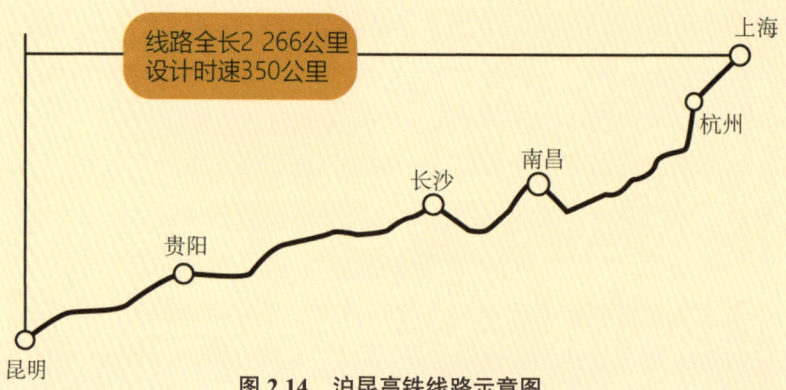

图2.14 沪昆高铁线路示意图

高速铁路。沪昆高铁横跨了大半个中国,串起了滇池、黄果树瀑布、花江大峡谷、平坝天台山,洞庭湖、鄱阳湖、西湖等旅游胜地,因此也被称为中国最美高铁线。

2017年,西安至成都高速铁路投入运营,从此蜀道不再难。西成高铁由西安北站至成都东站,全长643公里,设计时速250公里,是我国第一条穿越秦岭的高速铁路。它连通了中国的西北和西南,自北向南穿越关中平原、秦岭山脉、汉中平原、巴山山脉、四川盆地,线路所经区域地质地貌非常复杂,

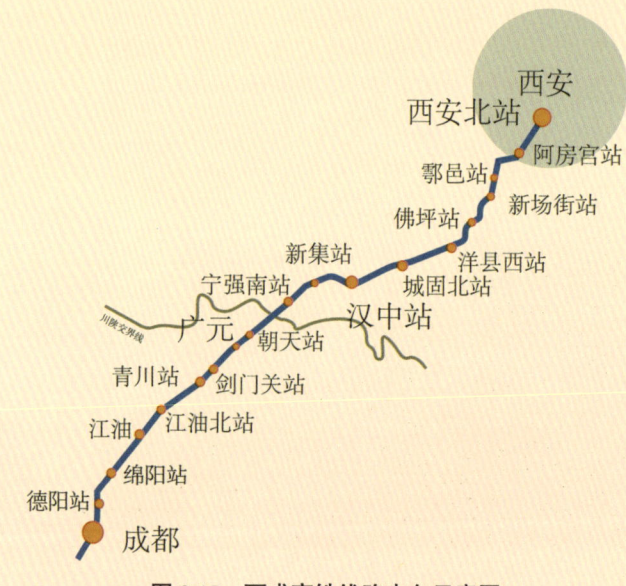

图2.15 西成高铁线路走向示意图

隧道多，连续长大坡道多。全线路中穿越秦岭地段长135公里，隧道占127公里，全线10公里以上特长隧道7座，最长的隧道15.96公里，堪称名副其实的"高速蜀道"。

西成铁路的建成标志着中国高铁"四纵四横"主骨架提前建成。中国高铁引领中国铁路进入全新时代，其中高铁旅客发送量连续5年保持两位数增长。2017年9月21日，"复兴号"中国标准动车组在京沪高铁正式运营，中国高铁迈出了从追赶高铁强国到领跑全球的关键一步。

多项指标位居世界第一

最大的高铁网和运营规模：2017年底，中国铁路营业里程达到12.7万公里，其中高速铁路突破2.5万公里，占世界高铁总量的三分之二，是其他国家累计值的2倍。"四纵四横"高铁主骨架成网运营，高铁网通达全国31个省市自治区中的28个。2017年高铁发送旅客17.13亿人次，高铁动车组累计发送旅客已突破70亿人次，单日最高发送量近800万人次。

运营场景最丰富：时速达200～350公里等级的动车组，服务于2.5万公里的高速路网，运行速度涵盖不同速度等级。中国幅员广阔，地形复杂，气候、地质条件差异极大，中国高铁的建设和运营对最复杂工况和环境有极强的适应能力。中国企业在高铁动车组制造、工程建设和线路运营方面，不断创新，针对冻土、软土、松软土、岩溶、黄土、断裂、滑坡带等各种不利地质条件，以及高原气候、风沙环境、高寒等各种运营环境，创造性提出了解决方案，不仅为中国铁路的发展积累了经验，也为别国铁路发展提供了借鉴。

运营速度最快：速度是高速铁路区别于传统铁路的核心特征，速度也是高铁系统综合实力的体现。2017年9月21日，"复兴号"中国标准动车组在京沪高铁运行，以当今世界高铁的最高运营速度——350公里/小时再次将世人的目光聚焦到世界各国的高铁速度上。1964年10月，第18届东京奥运会开幕前9天，东海道新干线正式开通营业，动力分散的高速

走近中国高铁

图2.16 "复兴号"在京沪高铁以350公里时速运行

动车组运行速度为210公里/小时，从东京至大阪间旅行时间由6小时30分缩短到3小时——空间距离被重新定义。随后，法国、德国奋起直追，屡屡改写高铁的速度纪录。多年来，日本、法国、德国始终是高铁速度的领跑者。中国高铁立足于新的起点，以当今世界的最高水平为目标奋力追赶。2010年12月3日，CRH380AL运营列车在京沪高速铁路先导段最高试验速度达486.1公里/小时。如今，"复兴号"中国标准动车组已经在京沪、京广、京津、广深、沪昆、沪宁、宁安、宁杭、杭深等多条高铁线路上开行，以世界第一的速度通达广州、深圳、武汉、北京、天津、上海、合肥、济南、长沙、昆明等23个省会级城市及直辖市。

高铁技术迈入世界先进行列

中国高铁发展以创新为驱动，遵循"自主创新、重点跨越、支撑发展、引领未来"的科技方针，联合行业内外科技力量，开展自主创新和关键技术攻关，借助引进消化吸收，构建了涵盖工务工程、高速动车组、列车控制、牵引供电、运营管理、风险防控六个方面的高速铁路技术体系，形成了在核心技术体系、成套建造体系、产业制造体系、运维服务体系、人才支撑体系等方面的五大优势。中国高铁总体技术水平迈入世界先进行列，成为引领当今世界铁路发展的一支重要力量。

中国幅员广阔，地理条件和气候特征复杂多样：西部有干燥高原、湍急河流；东部濒临大海，河流宽阔；北部高寒。规划的"八纵八横"高铁干线辐射东西南北中，跨越长江、黄河、珠江，穿行巍巍高山、深山峡谷。中国高铁建设了世界上数量最多的长大隧道，架设了世界上跨度最大的公路铁路桥梁，全面掌握了在各种复杂地质、地形及气候环境下修建高速铁路的成套技术。已建成和在建的跨度超过200米的大跨度桥梁达60余座，主跨度超过500米的10座。这些桥梁有修建在经济发展地区的多功能合建的高铁大跨桥梁，也有兴建在交通繁忙地段的高铁桥梁，还有建造在复杂艰险山区的高墩大跨高

图 2.17 中国高铁的五大优势

铁桥梁。这些桥梁在桥梁跨度、车载能力、列车速度等主要技术指标上，均达到世界领先水平。中国高铁还修建了众多长大、深埋隧道，部分隧道修建在断层、岩溶、高地温、高地应力、湿陷性黄土等复杂地质环境中。同时，中国高铁还全面掌握了系统集成、列车控制、牵引供电、弓网关系、制动技术、轮轨关系、桥隧技术、无砟轨道等核心建造技术。

中国高铁自主研制了多种型号的动车组，构建了250公里/小时、350公里/小时的中国高速动车组技术体系。中国企业搭建的动车组产品谱系化研发平台，可满足用户差异化需求，形成了35种型号动车组，涵盖时速160～350公里速度级，运用于既有线提速铁路、城际铁路和客运专线等不同线路，能适应高温、高寒、高湿、沙漠等不同气候环境。除了"和谐号"CRH1、CRH2、CRH3、CRH5等多个系列产品，时速350公里的"复兴号"中国标准动车组全面拥有自主知识产权，在关键技术上实现重要突破。中国标准动车组基于运用需求，采用正向设计，基于顶层目标层层分解，实现了整车及关键系统部件系统化自主化创新。通过统一司乘界面、操作界面、旅客界面以及统型零部件，实现了简统化和互联互通，使得不同厂家动车组能够相互重联、救援、热备。采用涵盖所有关键系统和设备的网络监控，同时应用高速以太网与传感技术，实现智能化全面提升。高铁车辆的系统化技术创新，使高铁系统的安全性、舒适性与节能环保特性得到有效提升。

通信信号技术在信息化潮流中发展快、变化大，以往我国高铁技术中相对薄弱的环节，现在也有了长足的进步。目前高速列车运行控制核心技术和产品已实现国产化，自主研发中的高铁自动驾驶系统也有望带来新的突破；高铁运营管理技术在现代管理理念、信息化技术手段和大量运营实践的支撑下，在世界高铁强国第一梯队中走向前列。在运维服务体系和人才支撑方面，中国高铁也形成了比较优势，以最大的路网和运营规模，积累了丰富的管理经验和运维技术，培养和锻炼了一批专业精湛、素质过硬的高铁人才队伍。

当今世界，技术标准的竞争越来越激烈。谁制定的标准为世界所认同，谁就会从中获得巨大的市场和经济利益。高铁领域亦是如此，谁掌握了标准的话语权，谁就取得高铁市场的主动权。中国铁路有国家标准182项，行业技术标准1 036项，铁路总公司（企业）技术标准和标准性技术文件1 582项，还有大量存在于各个企业的企业标准。在使用的高铁各种标准中，我国自主制定的标准占80%左右，采用和借鉴的国际标准占20%。中国主持和参与了55项ISO、UIC国际标准制修订工作。中国高铁标准全面吸纳了本国高铁基础理论研究、应用技术研究、综合实验、成果应用等多方面的最新成果，能适应多种速度、适应多种气候条件、适应多种地貌地质、适用多种运输模式。在新技术标准规范的推动下，铁路自身所具有的运能大、速度快、能耗低、占地少、污染小的比较优势将得到更充分体现。目前，《高速铁路设计规范》英文版翻译工作已经启动。随着中国高铁为越来越多的国家、地区及社会公众所认识，中国的高速铁路设计规范必将在世界高速铁路建设发展中发挥越来越重要的作用。

四、创新驱动中国高铁崛起

中国高铁起步较晚，起点较低，但发展迅速，成绩斐然。是什么引领和支撑着中国高铁的飞速发展呢？是科技创新、观念创新和管理创新。

科技创新推动中国高铁发展

高速铁路的基本特征是行车速度快，时速分别达到250、300、350公里，甚至更高。为了实现速度目标，需要高性能的运载工具——高速列车，还需要与之匹配的基础设施和运营条件。因此，高速铁路提升运输系统的科技含量比普速铁路系统高得多，两个技术平台的高差很大，由普速铁路提升到高速

铁路，需要攀登很高的台阶。

面对这个高台阶，日本、法国、德国等先行者是依靠自主创新成功攀登的。后继者中多数是通过引进技术来解决技术难题的，也有在引进的基础上合作开发完成。中国高铁博采众长，在借鉴、学习、吸收外国先进技术的基础上，通过科技创新实现后来居上。这条道路举步维艰，是向自己发出的挑战。

回望中国铁路发展历程，中国铁路人始终关注着先进国家的动态，20世纪80年代，铁道部就安排专家跟踪世界高速铁路发展动态，1990年开始启动高铁项目后，中国铁路争分夺秒，走上了迅速崛起的道路。依靠着奋力拼搏和科技创新，经过夯实基础、攻坚克难、自主创新以及驱动发展四个阶段，实现弯道超车、后来居上，跻身世界高铁强国的前列。

□ 夯实基础，积累高铁基本功

1990年到1994年，中国铁路在落后中出发，在这个起步阶段，中国铁路立足国情，深入分析高铁需求，认真学习高铁基础知识、组织出国考察和学术交流，在既有基础上，形成和提高思索与研究高铁问题的能力，着手进行高铁科技攻关并筹划高铁建设问题。1993年，"四委一部"组织一百多位专家，历时一年，进行《京沪高速铁路重大技术经济问题前期研究》，该研究报告首次提出：迫切需要修建京沪高速铁路，建设京沪高铁在技术上可行、经济上合理、国力能够承受、建设资金可以解决，而且越早建设越好。这项研究的完成，标志着我国已具备研究高铁问题的基本能力。

□ 攻坚克难，形成时速250公里高铁建设能力

形成时速250公里高铁建设能力的阶段，主要在20世纪90年代中期到秦沈客运专线建成的这段时间。秦沈客运专线是我国按照高速铁路的理念和要求，自主设计、建造的第一条快速客运专线。该线路设计时速200公里，预留时速250公里条件，同时还设有时速300公里的综合试验段。这其中饱含着中国铁路人的智慧和创新，也是对打基础阶段成果的全面检验。

图 2.18　铁科院东郊环行试验线（16 辆长编组"复兴号"列车在试验线上进行综合试验）

据统计，1990 年至 2002 年，被列入"八五""九五"国家重点科技攻关计划和铁道部科研计划的高铁技术研究课题近 300 项。这些环环相扣的科学研究和工程试验，深化了中国铁路人对高铁技术的理解，增强了建设高铁的信心和能力。在这一阶段，通过《我国高速铁路发展模式》《高速铁路运输新技术研究》《高速铁路线桥隧设计参数选择的研究》《高速铁路试验工程前期研究》《高速铁路线桥结构与技术条件（标准）的研究》等课题研究和试验工程实测分析，中国高铁的发展构想越来越具体，一系列设计参数、技术条件和设计标准纷纷出台，将中国的高铁理念和高铁技术向前推进了一大步。在铁科院东郊环行线和郑武线进行的时速 200 公里以上列车高速运行综合试验中，对路基、轨道、道岔、桥梁的现场测试，对动力响应、噪

声振动、弓网受流性能、列车交会压力波、机车车辆的动力学性能、牵引制动性能、电磁辐射等高速技术的初步试验研究，为中国铁路获取了第一手资料，为理论研究建立了来自现场的比照对象。根据课题研究和现场测试编制的《京沪高速铁路线桥隧站设计暂行规定》，及时将研究成果转化为工程建设依据，有效地支撑了秦沈客运专线的设计。在此阶段还研发完成了大量新技术、新结构、新设备、新机具、新规定，例如首次采用的一次铺设的跨区间无缝线路、箱形简支梁、大号码道岔、新型的列车运行控制系统、无线列调的数话并传装置、600吨型架桥机等；首次引入铁路设计的高铁选线概念、高铁桥梁的动力响应要求、路基工程的高标准沉降控制和不同结构物之间的刚度过渡要求、车站的大区间布点；首次在建设工期中安排了综合调试时间；首次要求项目建成时即按设计时速验交，实现了设计速度、验交时达到的速度和运营速度的一致性等等。这些要求、规定和成果，是秦沈客运专线一举成功的技术保障。

早在20世纪80年代，为满足广深线准高速和既有线提速运行的需要，我国在机车车辆方面开展了大量的科研攻关，成功研制了160公里/小时等级提速机车车辆，为既有线提速提供了自主研发的机车装备。在"八五""九五"期间，围绕高速列车技术，中国铁路又开展了百余项科研攻关，完成了高速列车总体技术条件及方案的制定，完成了交流传动牵引系统、车载微机控制网络系统、高速动力和非动力转向架、轻量化车体、高速列车制动系统等核心部件的设计及制造。在这些科研攻关成果的基础上，"十五"期间进一步开展高速列车的整车研制，成功完成了动力分散的"先锋号"和动力集中的"中华之星"高速电动车组研制，在秦沈线综合试验中先后创造了292公里/小时和321.5公里/小时的最高试验速度纪录。

通过秦沈客运专线的建设，中国高铁在设计、施工方面攻克了许多技术难关，验证了"八五"和"九五"期间取得的高铁研究成果，积累了设计、施工、制造和调试经验，成功搭建了时速200～250公里高速铁路的技术平台，提升了铁路建设和制造水平，培养了一大批技术人才，为修建时速300至350公里高速铁路夯实基础、创造条件。

☐ 自主创新，形成时速350公里高铁建设能力

形成时速350公里高铁建设能力的阶段，主要在京津城际建设期间。京津城际铁路是中国自主设计、建造的第一条设计时速350公里的客运专线。该线建设在我国高铁设计思路调整期，轨道结构选择正在由有砟轨道转向无砟轨道；高速列车正在由动力集中方式转向动力分散方式；大型车站设计正在由平面布局的传统车站，转向立体布局的综合交通枢纽。面对铁路设计思路的转变，京津城际按《新建时速350公里高铁设计暂行规定》设计，有着区别于以往的显著特点：一、设计速度高，达到当时世界最高水平；二、设计理念更趋人性化、绿色化；三、采用更多的新结构、新材料、新工艺、新机具。在京津城际铁路设计和建造过程中，依靠科技创新，掌握了时速

图2.19 列车驶出北京南站

350公里高速铁路土建工程建造技术；解决了空间线形设计及动态评价、深厚松软土地区高标准沉降控制、高精度勘察控制网与施工控制网、运营维护控制网的"三网合一"、全线采用无砟轨道要求施工精度控制在毫米级等技术难题；攻克了时速350公里的弓网受流技术难题；创新了高速铁路的系统集成和联调联试技术。创新技术形成的合力，确保了京津城际高铁建成投产时一次性达到设计时速。京津城际的成功，提升了中国高铁的技术水平，为接下来的高铁建设积累了具有指导意义的经验，为高铁技术的进一步研究，提供了极具价值的实例。

□ 驱动发展，在大发展中升华

2008年，京津城际投产后，中国高铁进入了大发展时期，开工项目多，分布范围广，投产里程迅速上升。此后，在"一带一路"倡议的推动下，中国高铁积极走出国门。经过这十年的大发展，中国高铁的运营里程、高铁网规模、高速铁路建设能力和建设水平、高速列车开发能力和制造水平、高铁运营管理能力和运营水平，都已处于世界高铁方阵的前列。从高铁科技创新的角度分析，这一阶段中国高铁取得的成就主要体现以下方面：一是在高铁轮轨关系、弓网关系和流固关系的研究中

图2.20　京张高铁智能动车组示意图

取得成效，完善了中国高铁技术进步的理论基础；二是对秦沈客运专线和京津城际中没有实际经验，在本阶段高铁建设中大量出现的大断面高铁隧道和特殊设计的特大桥，进行了大量、深入的研究，取得了很多技术成果，积累了非常丰富的实战经验，保证了高铁建设的顺利推进；三是结合项目经由地区特定的气候、地质、地形等条件，对项目采用的建设技术进行了深入细致的研究，形成了一批工法，大幅度提升了中国高铁技术的适应性和实用性；四是全面梳理高铁建设实例，分析发生过的问题，研究"疑难杂症"的治理经验，推进相关技术的发展；五是充分吸纳研究成果和高铁建设与运营的实践经验，进一步修订高铁建设和运营的规范、规程；六是结合运营实际，对不同型号的"和谐号"动车组，实现国产化、简统化。研发成功拥有完全自主知识产权的"复兴号"中国标准动车组。

当前，中国高铁系统，包括高速动车组、工务工程、通信信号、牵引供电、运营调度、旅客服务等方面的技术升级，正在全方位推进中。科技创新支撑中国高铁实现了后来居上，科技创新将推动中国高铁更上一层楼。

观念创新引领中国高铁前进

从无到有，从少到多，从追赶到领先，中国高铁的崛起之路始终在讲述观念创新的巨大作用。

高速铁路是科技含量极高的新生事物。当我们决定走上铁路强国的那一刻起，当我们攻克高铁技术难关、建设高速铁路、开拓高铁营运的时候，很快就发现既有的传统观念与高速铁路的内涵不符，不根本性改变观念就没法理解高铁，更谈不上发展高铁。

拿铁路选线来说，专家们在研究既有线提速时，曾研究过既有的普速铁路，它们共同特征是线形曲折、半径小、展线多、桥隧占比不大，即便中小桥也要正交过河，甚至不惜采用S形弯道。高铁与此完全不同：高速铁路线形流畅顺直，"以桥代路"的路段很多，桥梁隧道的占比很大，除特殊设计的特

大桥外，桥位一般由线形控制。如此之大的反差，除了高铁速度快、技术标准高，还有设计理念的差异。多年来，由于运能短缺，建设资金不足，在少花钱多办事的原则支配下，把减少工程量、节约投资的要求看得很重，形成了先通车后配套，重眼前、轻发展的设计理念。因此，在选择曲线半径和布置曲线时，强调减少工程量，控制投资。

  近十多年来，新建的高铁车站近千座。这些车站除了靓丽的站房吸引眼球外，更重要的是车站设计本身就体现着以人为本、可持续发展、绿色发展等新观念。高铁车站在布点时除了需要考虑高铁运输的内在需求外，还要注意发挥高铁带动和支持区域经济发展、城市发展的作用；在车站设计和服务设施配置时，要把方便旅客、服务旅客摆在重要位置，突出人性化的服务意识；在大型车站设计时，以车场、站房、站前广场的立体布局，取代了传统的平面布局，减少了建设用地，实现了高铁与其他运输方式的无缝衔接；在站房设计时，大量采用新结构、新材料、新技术、新工艺，重视采用节能设备、可再生能源。

  上海虹桥站就是体现高铁客站新理念的代表作之一。上海虹桥站紧邻上海虹桥国际机场，于2008年7月20日正式开工建设，2010年7月1日启用。车站北端引接京沪高速铁路、沪汉蓉高速铁路，南端与沪昆高速铁路接轨，是上海虹桥综合交通枢纽的组成部分，也是华东地区规模最大、最重要的铁路客运枢纽。全站总占地面积超过130万平方米，相当于3个天安门广场，立体共分5层，总建筑面积约24万平方米。同时接入城市轨道交通，2号线、10号线"虹桥火车站"站位于虹桥铁路站地下层，乘坐地铁10号线可至"虹桥1号航站楼站"；乘坐上海地铁2号线，可换乘地铁2号线东延段、或至龙阳路站换乘磁悬浮列车前往浦东国际机场。铁路广场公交枢纽站位于东侧，设置多条公交线。旅客可通过虹桥铁路站与虹桥机场2号航站楼之间的联络通道或地铁2号线前往第2航站楼前的公交枢纽站，搭乘至铁路上海站、闵行区、嘉定城区的公交线路，或搭乘机场1线至浦东机场。虹桥铁路站的西侧连接长途汽车站，运营车辆主要发往江苏、浙江、安徽三省相关地区。

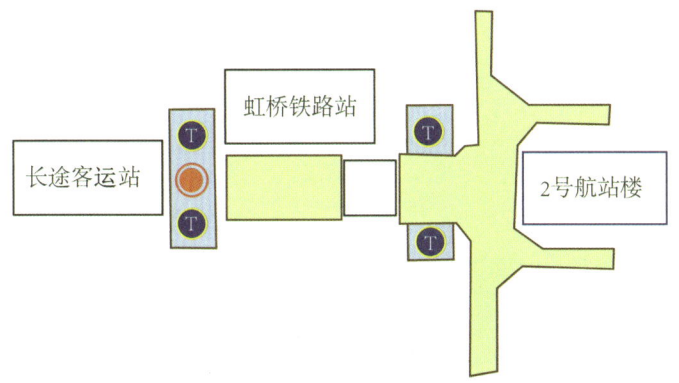

图 2.21　上海虹桥站平面示意图

虹桥站铁路站房面积约 145 000 平方米，候车大厅面积约 11 340 平方米，最多可同时容纳 1 万人候车。站场设 16 站台、30 股道、30 站台面，雨棚面积约 11 万平方米。虹桥铁路站还在南北两侧各设置一处出租车上客点，方便不同方向前来的乘客进出虹桥铁路站。

对高速铁路全新的理解不仅改变了中国铁路和铁路人，也指导着中国铁路走进了世界高铁的大家庭。同时，高速铁路也改变

图 2.22　高铁驶出上海虹桥站

走近中国高铁

了乘客体验和出行方式。在我国最南方，海南岛像一只漂亮的雪梨，横卧在碧波万顷的南海上。环岛而建的海南高速铁路北端连着海口美兰机场，南端连着三亚凤凰机场，同时连接粤海铁路，对接高速公路和港口。海口美兰机场与环岛高铁美兰站相连接，旅客通过仅需步行5分钟的换乘通道即可乘上高铁列车环岛畅游。适度超前的交通条件与美丽的自然风光合力，为海南人民造福，为广大旅游爱好者造福。这就是新观念、新思路下的决策。

图 2.23　航拍的海南环岛高铁东线三亚段

观念决定行动，思路决定效果。纵观当今的中国高铁，无论它的规划思想、发展思路、建设意图、设计理念，还是它那优美的线形、超长的"以桥代路"的高架线路、流线型的高速动车组，以及将铁路与城市衔接在一起的车站和"八纵八横"的高铁网规划，无一不是在"创新、协调、绿色、开放、共享"先进理念指导下成就的。

管理创新保障中国高铁成功

高速铁路是一个复杂、庞大的系统工程。发展高铁涉及国家、社会、铁路,政府、企业、公众,技术、资金、人力等诸多方面,需要多行业层面的共同努力,还需要各种要素的合理匹配、协同支持。因此,中国高铁必须依靠系统管理和管理创新的保障。

中国高铁的成功崛起,充分体现了中国现行体制和政府主导型发展模式的优势。事实上,中国高铁技术的发展、中国高铁网的建设、中国高速列车的发展,都是在政府主导下的国家行为。发展高铁技术是《国家中长期科学和技术发展规划》中的任务,推进高铁网建设是《中长期铁路网规划》的要求,发展高速列车也名列《"十二五"国家战略性新兴产业发展规划》《中国制造2025》之中。从中国高铁的发展过程看,由初期铁道部组织启动,发展到多部门的技术、资金、政策支持;由刚开始的铁路系统的技术集成,进而扩大到整个国家创新系统的组织集成;以及在关键时段,对高铁技术发展模式的干预和把控,对高铁技术自主创新发展道路的确立,都说明了我国政府在高铁崛起过程中发挥的主导作用,说明了政府主导与市场机制配合的成效。

管理创新包含管理思想与管理理论创新、管理制度创新、管理技术和管理方法创新三方面的内容,这三者相互联系、互相作用。以往中国铁路的管理方式和管理水平,长时间处于传统管理的水平和状态。虽然从20世纪80年代中期起,通过引进现代管理理论、方法和工具,管理水平有所提高,但总体而言,管理模式的变化不大,计算机等现代工具的使用,虽在局部提高了工作效率,但远未达到信息化管理的水平。在中国高铁崛起过程中,中国铁路基于立足现实、突破传统、依托实际、推动变革的思路,在组织推进高铁技术进步和高铁项目建设过程中,在管理创新方面收获良多,有效地提升了管理水平,助力中国高铁的成功崛起。

中国高铁管理创新的成绩斐然,在高铁建设方面通过构建高铁建设标准化管理体系,推进了高铁建设项目标准化管理;

图 2.24　铁路调度指挥中心

　　通过构建确保高铁质量可控的组织管理和质量管理体系，提升了工程质量水平；通过建立覆盖全部项目的高铁建设信息化管理平台，开发和推广铁路建设项目管理信息系统，实现了在建高铁项目信息化管理；同时，推动和实现了高铁设计图纸数字化。在运输管理方面，通过全面建设高铁视频监控系统，发展智能监控技术，以及应用高铁运行控制与动态调度一体化技术，协同其他安全保障措施，提升了高铁运输安全水平和调度水平。通过构建中国高铁旅客服务系统集成管理平台，开发和使用 12306 铁路客户服务中心，搭建网络订票平台。通过应用生物识别技术的身份识别技术，实现了刷脸进站。

　　管理创新推动了高铁管理的规范化、现代化，大量信息化手段的引入，迅速提升了高铁建设管理水平、运输管理水平和旅客服务水平。

　　中国高速铁路之所以能成功实现从无到有、从弱到强、从"跟跑"到"并跑"再到"领跑"的赶超，成功实现从"技术引进"到"中国制造"再到"中国创造"的跨越，成功形成完整的高速铁路勘察、设计、建设、装备、运营、安全管理标准体系,打造高铁装备品牌,归根结底是因为中国高铁坚定不移地选择了具有中国特色的自主创新道路。

五、中国"高铁之最"集锦

运营列车试验速度之最

2011年6月30日,全球首条高标准、一次建成里程最长的高速铁路——京沪高速铁路开通运营。京沪高铁连接首都北京和经济中心城市上海,全线按最高时速350公里、初期运行时速300公里设计。京沪高铁2008年4月18日全线开工,历经三年建设施工,2011年6月30日正式通车运营,在2010年12月3日运行试验期间,新一代"和谐号"动车组CRH380AL在京沪高速铁路枣庄至蚌埠间的试验段创造了时速486.1公里运营列车试验速度新纪录。

京沪高铁沿途连接北京、天津、山东、安徽、江苏、上海,贯通我国东部最发达地区。通车运营以来,京沪高铁客流逐年攀升,2015年营业总收入234.24亿元,净利润65.81亿元。

2016年1月8日,国家科学技术奖励大会在北京人民大会堂隆重举行。"京沪高速铁路工程"科技成果荣获2015年度国家科学技术奖特等奖。"京沪高速铁路工程"创新涵盖了包括土建、动车、运行控制、高速接触网、检测验证以及技术创新和建设管理在内的设计、施工、制造、运营等高速铁路关键技术,创新成果包括复杂工程环境下的高速铁路工程建造技术;研制新一代时速350公里系列高速动车组;构建时速350公里的CTCS-3级高速铁路运行控制系统技术;创新基于受电弓主动控制策略的双弓高速受流技术;构建高速铁路成套检测验证技术;创新我国高速铁路技术发展模式和建设管理模式等多方面。技术创新成果成熟应用于工程建设,项目总体达到国际领先水平,对推动我国和世界高速铁路技术的进步意义重

大，也为促进我国经济社会发展产生重大影响。

运营里程之最

京广高速铁路途经北京、河北、河南、湖北、湖南、广东，全长 2 298 公里。京广高铁设计时速 350 公里，初期运营时速 300 公里，沿途设有北京西站、石家庄站、郑州东站、武汉站、长沙南站、广州南站等 36 座车站。全线连接环渤海经济圈、中原经济区、武汉都市圈、长株潭城市群、珠三角经济区，是世界上运营里程最长的高速铁路。

京广高铁建造工程于 2005 年启动，全线分为三段建设。南段的武广段于 2009 年 12 月 26 日率先通车运营，郑州至武汉段于 2012 年 9 月 28 日通车运营，北京至郑州段在 2012 年 12 月 26 日投入运营。这条世界上运营里程最长的高速铁路贯通运营后，北京至广州全程缩短至 8 小时左右。京广高速铁路南端与广深港高速铁路相连，构成《中长期铁路网规划》中规划的"四纵四横"铁路快速客运通道中北京至香港的客运专线。形成一条与京广铁路并行、纵贯我国南北、辐射范围最广的高速客运通道。

首条建在湿陷性黄土区的高速铁路——郑西高速铁路

郑西高速铁路，又称郑西客运专线、郑西高铁。该线是建设在我国黄土地区的高速铁路，由郑州至西安，全长 505 公里，是徐兰客运专线中的一段，也是首条建设在湿陷性黄土区的高速铁路。郑西高铁 2005 年 9 月开工，2010 年 2 月建成投产，设计时速 350 公里，运营时速 300 公里，是我国中西部地区第一条时速 350 公里等级的高铁，沿线 80% 区段为黄土覆盖，湿陷性黄土区施工技术是最大的技术难题。调试期间"和谐号"动车组曾创造出最高试验时速 394.2 公里。

郑西高铁是徐兰客运专线中最先开工、最先建成通车的一段，全线设郑州东站、洛阳龙门站、西安北站等 10 个车站，是我国中西部地区第一条投入运营的时速 350 公里的高铁。

首条建在严寒地区的高速铁路——哈大高速铁路

哈大客运专线是我国《中长期铁路网规划》"四纵四横"客运专线网中京哈客运专线的重要组成部分，是我国首条在严寒地区设计建设标准最高的高速铁路。哈大高铁北起黑龙江省哈尔滨市，南抵辽宁省大连市，线路纵贯东北三省，途经哈尔滨、长春、沈阳、大连四个省级、副省级城市和六个地级市及其所辖区县。线路全长921公里，为双线电气化铁路，基础设施按时速350公里建设，其中黑龙江省境内81公里，吉林省境内270公里，辽宁省境内553公里，沿途共设23个车站。哈大高铁2007年8月23日开工建设，2012年12月1日开通运营。

图 2.25　哈大高铁

走近中国高铁

哈大高铁是全球首条投入运营的新建高寒地区长大高铁。为确保冬季运营安全，在通车运营初期，哈大高铁实行冬季和夏季两张列车运行图，分别按时速200公里和300公里两个速度等级开行动车组列车。经过近3年的运营实践，特别是连续3年冬季运营，铁路部门探索研究出了一整套克服季节性冻土影响、控制高铁冬季冻胀的办法，积累了有效应对恶劣天气的安全运营经验，为优化运行方案创造了条件。自2015年12月1日起，对这两条高铁优化运行方案实行冬夏一张运行图，全年按时速300公里运行。哈大高铁冬夏同运标志着中国铁路全面掌握了高寒地区的高铁建设、运营和维护技术。

首条建在高原和戈壁荒漠地区的高速铁路——兰新高速铁路

兰新高铁是我国首条在高原、高海拔和戈壁荒漠地区修建的高速铁路。兰新高铁自兰州铁路枢纽兰州西站引出，经青海省西宁，甘肃省张掖、酒泉、嘉峪关，新疆维吾尔自治区哈密、吐鲁番，引入乌鲁木齐南站，全线共设21个客运车站，总长1 776公里。线下设计时速350公里，线上设计时速250

图 2.26　兰新高铁

公里，初期运营时速210公里。

兰新高铁从初期规划到建设至通车运营，名称几经变更。2009年6月24日国家发改委批复时，为了与既有的兰新铁路区别，该线定名为"新建兰新铁路第二双线"。批复的项目建议书批复全线按国铁Ⅰ级、双线电气化设计，设计行车速度200公里/小时，其中兰州至西宁段和哈密至乌鲁木齐段预留250公里/小时条件。建设期间，线路建设标准提高，为了准备联调联试及开通运行前的准备工作，名称由"兰新铁路第二双线"变更为"兰新铁路客运专线"。2014年10月，国家铁路局对高速铁路重新定义，新建时速250公里及以上的都称为高速铁路，"兰新铁路客运专线"又变更为"兰新高速铁路"。2016年国家《中长期铁路网规划》，将兰新高速铁路明确纳入"八纵八横"高速铁路网中"八横"之一的陆桥通道：连云港—徐州—郑州—西安—宝鸡—兰州—西宁—乌鲁木齐高速铁路。连接华东地区、华中地区、西北地区，贯通徐州城市群、中原城市群、关中城市群、兰西城市群、河西走廊、天山北坡城市群等。

兰新高铁是在中国西北高寒风沙区域修建的首条高速铁路，高铁运营采用适合在高寒、高温、强风沙环境下运行的CRH2G型动车组车体，为该类区域发展快铁和高铁积累了宝贵的探索经验。兰新高速铁路的建成，使新疆与内地间形成一条全天候、大能力的高速铁路客运通道，大幅缩短了行车时间，兰新高铁也在甘肃、青海、新疆三省区间形成一条新的大能力快速铁路通道，进一步完善西部铁路网结构，对促进新丝绸之路经济带建设具有重要意义，为实施国家"一带一路"倡议和西部经济腾飞增添动力。

首条穿越秦岭南北的高速铁路——西成高速铁路

2017年12月6日，西安至成都高速铁路全线开通运营，至此从古蜀道的"难于上青天"到"千里蜀道一日还"不再是梦想。

走近中国高铁 >

　　西成高铁是首条穿越秦岭进入四川的高速铁路,是名副其实的"高速蜀道"。线路设计长度643公里,北起西安北站,经户县进入秦岭山区,沿涝峪而上穿越秦岭,经佛坪、洋县、城固至汉中,跨汉江经南郑、勉县、宁强,过米仓山入川,由朝天经广元、剑阁、青川至江油,与成都—绵阳—乐山城际铁路相接。西成高铁2012年10月开工建设,2017年6月份开始联调联试、试运行、初步验收,11月22日启动全线拉通空载模拟运行,12月6日全线开通运营。

　　西成高铁是首条穿越我国南北分界线秦岭山脉的高铁,也是首条4G信号设备实现全覆盖的山区高铁,穿越隧道群规

图 2.27　秦岭中的高铁

图 2.28　西成高铁

模、连续长大坡道为全国之最。西成高铁穿越秦岭山区线路总长 135 公里，其中隧道里程长达 127 公里。全线 10 公里以上特长隧道共有 7 座，设计最长的秦岭天华山双线隧道，约 16 公里。西成客专秦岭山区隧道群首次采用 25‰ 的大坡度，且大坡道持续段落长达 46 公里，这在国内拟建的山区高标准现代化铁路建设中属首次尝试。

　　西成高铁连接西北、西南地区，在成都与成渝高铁相连，在西安与徐兰、大西高铁相连，使得西南与西北、华中、华东、华北地区联网形成了一条新的快速通道。全国各地的旅客均可快捷到达成都、重庆等地，对助推西部省区市均衡发展有特殊意义。

走近中国高铁

图 2.29　既有陇海铁路与徐兰高铁宝兰段　罗春晓摄

【知识链接】磁悬浮技术与磁悬浮列车的发展

磁悬浮列车这种轨道交通工具是通过电磁力实现列车与轨道之间的无接触的悬浮和导向，再利用直线电机产生的电磁力牵引列车运行。1922年，德国工程师赫尔曼·肯佩尔（Hermann Kemper）提出了电磁悬浮原理，1934年申请了磁悬浮列车专利。20世纪70年代以后，德国、日本、美国等国家相继开展了磁悬浮运输系统研发。其中德国和日本取得的成就令世人瞩目。

德国研发的是磁吸型的高速常导磁悬浮列车，利用电磁铁吸力使列车悬浮，悬浮的间隙较小，一般为10毫米左右，列车时速可达400～500公里。1993年，试验时速达到450公里，最高纪录为505公里。1997年4月，德国决定在柏林和汉堡之间建一条全长292公里的磁浮线，原计划1998年下半年动工，2005年投入商业运行。后来，预测表明新线将面临亏损危险，于2000年2月取消了这条线路的建设计划。

日本从1970年开始进行常导磁悬浮列车研究，1972年进行试验。经过深入研究日本决定研发磁斥型的超导磁悬浮列车，利用超导体的抗磁性使列车悬浮。此后，日本的超导磁悬浮列车屡创试验速度世界纪录，1979年试验时速达到517公里，2003年达到581公里，2015年603公里。2014年10月，日本政府批准东海铁路公司（JR东海）开工建设磁悬浮中央新干线，最高时速500公里。计划2027年开通运营东京至名古屋段，2045年东京至大阪全线贯通。

图2.30　德国磁悬浮试验列车（左）和日本磁悬浮列车（右）

中国的磁悬浮列车研究工作起步较晚，1989年国防科技大学研制出中国第一台磁悬浮试验样车。1995年西南交通大学建成中国第一条磁悬浮列车试验线，并成功进行了稳定悬浮、导向、驱动控制和载人运行试验。

2000年6月，中国上海市与德国磁浮国际公司合作，进行中国高速磁浮列车示范运营线可行性研究，同年12月决定建设上海浦东新区龙阳路地铁站至浦东国际机场高速磁浮交通示范运营线，设计最高运行时速430公里，部分区段运营时速300公里。2004年5月，上海磁浮线投入商业试运行，2006年4月26日通过国家验收，次日正式开始商业运营。

走近中国高铁

图2.31　上海磁悬浮列车

2016年10月,时速600公里的中国高速磁悬浮项目正式启动,以填补高速铁路时速400公里与民航飞机巡航速度800公里之间的速度空白。时速600公里的高速磁悬浮项目的主要内容为:建设一条长度不小于5公里的高速磁悬浮试验线,研制具有完全自主知识产权、最高设计时速600公里以上的高速磁悬浮列车,研究高速磁悬浮运输工程化系统,并进行线路集成示范和试验验证,构建高速磁悬浮运输系统协同创新与集成化试验平台。

【知识链接】《铁路主要技术政策》

《铁路主要技术政策》是铁道部制定和发布的指导铁路技术发展的纲要文件,是指导铁路科学技术工作的行动纲领。它的主要作用是指导和规定有关铁路技术发展的综合性、原则性、方向性的重大技术原则问题,指导铁路有关规划、规章、规程、规范、标准等的编制和修订,确定在一定时期内,铁路技术应该发展什么、不发展什么、技术进步的目标值是什么等。它主要指导一定超前度的技术问题,而非现行规范或具体操作性问题。

1983年,铁道部制定和首次发布《铁路主要技术政策》,其内容和精神,充分反映了形势发展的需要,具有明显的时代特征。1988年、1993年、2000年、2004年、2013年修订、发布了新的技术政策。至今《铁路主要技术政策》共发布过6次,贯穿在这六版《铁路主要技术政策》中的总原则是:依靠科技进步与创新,构建和完善具有中国铁路特点的技术体系,建设安全、高效、节能、环保、高度信息化的现代化铁路。以安全为前提、市场为导向、效益为中心,系统提升运输安全、工程建设、经营管理等领域的技术水平与装备水平,增强铁路的可持续发展能力。

【知识链接】湿陷性黄土及其地基处理

湿陷性黄土是黄土的一种,凡天然黄土在一定压力作用下,受水浸湿后土结构会被迅速破坏、发生显著变形,强度也

图2.32 郑西高铁

随之降低的黄土，称为湿陷性黄土。湿陷性黄土分为自重湿陷性和非自重湿陷性两种。自重湿陷性黄土在上覆土层自重应力下受水浸湿后，即发生湿陷；而在自重应力下受水浸湿后不发生湿陷，需要在自重应力和由外加荷载引起的附加应力共同作用下，受水浸湿才发生湿陷的称为非自重湿陷性黄土。

湿陷性黄土地基的湿陷特性，会给结构物带来不同程度的危害，使结构物大幅度沉降、开裂、倾斜，甚至严重影响其安全和使用。因此，在黄土地区修筑铁路桥涵等结构物时，应对湿陷性黄土地基有可靠的判定方法和全面的认识，并采取正确的技术措施，防止或消除其湿陷性，这个过程称为湿陷性黄土地基处理。

第三章

高铁的系统构成与核心技术

一、高铁系统的主要技术特征

二、高铁的系统构成及主要技术标准

三、高速列车系统

四、轨道线路工程

五、高铁车站

六、牵引供电系统

七、信号与控制系统

八、信息系统

高速铁路在激烈的客运市场竞争中以其突出的优势脱颖而出，不但在高铁发祥地日、法、德等国占据了铁路干线地面交通的主导地位，而且在世界诸多经济发达的国家和地区迅速扩展。如此迅猛的发展，根本原因是轮轨系的高速技术发挥了既先进又实用的特点，特别是在中长距离运输中优势明显。

高铁源于传统铁路，但是"青出于蓝而胜于蓝"，列车运行速度的大幅提高使得高速铁路在技术的难度、系统的复杂性等方面产生了"质"的飞跃，已经完全突破了传统铁路的概念。

> 第三章 高铁的系统构成与核心技术

一、高铁系统的主要技术特征

速度革命是交通运输设施技术革新和再造的原动力,高速铁路亦是如此。高铁列车速度的提高,引发更加突出的系统动力学问题,对铁路各子系统的设计、建造、营运提出了更高的要求。

一条高速铁路从无到有,通常要在速度目标值确定之后才能选定线路的设计参数,确定列车总体技术条件,以及列车运行控制、通信信号等系统核心技术要求。尽管运量规模、行车密度、运输组织、成本效益也属于高铁第一层次系统目标,但是速度目标始终是第一位的,它是高铁系统第一层次之首要的目标。

速度革命与技术革新

自 1825 年现代铁路诞生以来,已经走过了将近两百年历史,几乎贯穿了人类整个近代工业化的历程。在长期的实践

图 3.1 时速 350 公里的"和谐号"动车组试验列车飞驰在京津城际铁路的高架桥上

中，铁路行业已形成了完善的技术管理规程、系列规范、各种标准、各项规定等一整套可操作的规定，使具有复杂综合集成特性的铁路系统有据可循、有序运作。

然而，人们对于速度的渴望与追求从没有停歇。对旅客而言，他们更关心的是列车实际运营速度和乘车时间的缩短，因此只有提高列车运营速度才能给旅客带来缩短乘车时间的实惠。自20世纪下半叶以来，世界范围内的铁路旅客列车运行速度连续跃上几个台阶，60年代的高速列车运行速度为210公里/小时，80年代初高速列车运行速度达到270公里/小时，至90年代高速列车运行速度已达到并超过了300公里/小时，21世纪的中国已将350公里/小时的高速列车投入运营。

提高列车的运行速度是一项复杂系统的工程，列车的性能非常关键，但这不仅仅只是列车性能优劣的问题，还取决于线路设计建造水平、配套设施完善程度、行车组织及运营管理能力等。速度，重新定义了铁路各子系统间的相互作用及变化规律。高铁不仅要求每个子系统都具有卓越的性能，还要求系统有强大的集成能力。如果系统中某项参数或标准选择不慎，都将引发连锁反应，造成严重后果。例如线路参数、路基密实度或桥梁刚度选择不合理，引起的不仅是线路质量问题，还将影响列车运行的平稳性及可靠性，甚至可能干扰运输组织、行车指挥。反之，确定列车主要参数及性能也必须考虑线路参数与控制系统方案，否则最终都会制约整个系统效能的发挥。

高速铁路子系统之间的关系远比普速铁路复杂，在筹划高铁之初，必须从整体上认真研究并协调各子系统主要技术参数变异的合理范围，重视新系统的强耦联特性。高铁从可行性研究、规划、设计、施工、制造到运营管理，都要超前、系统地进行研究才能付诸实施。铁路实现"高速"梦想的背后，是一次从基础理论到铁路行业各系统及其相互关系的质变。

更加突出的系统动力学问题

根据动力学理论，列车在铁路上运行时，空气阻力作用下，车辆与线路、桥梁之间存在振动与冲击。列车在启动、制动及转弯过程中，惯性力巨大。随着列车速度的大幅提升，最直接的影响是更为突出的系统动力学问题。因为高速运行下的振动与冲击动力响应加剧，高铁的空气动力学问题、惯性问题也更为突出，直接影响着列车运行速度以及安全性和平稳性。

传统车辆动力学、轨道动力学理论体系，通常是将车辆或轨道子系统作为单一考察对象，分别从各自振动与冲击问题进行研究，不能完全解决高铁复杂的列车与线路动态相互作用等问题。科学家们进行了深入研究分析和基础理论创新，从列车与线路耦合进行动力学的系统研究。

高速列车在线路上行驶时速度越高，车—线—桥系统发生的振动与冲击越强，致振的敏感因素越宽。振动与冲击的频响函数关系，主要取决于参振系统各自的动力学特性，它包括其内在的物理力学参量、相互间发生接触或约束的几何参量与物理参量。很明显，相互接触的物体相对速度越高，可能发生的强作用点就越多。因此，高速铁路的基础设施及运载装备要具有优良的固有特性，还必须有均匀、平顺、光滑的界面特征，这是建立高速铁路各子系统都必须遵守的共性准则。

进行系统振动与冲击力学分析，最主要的目的是协调各子系统组成部分的特性参数，保证系统功能优化。对于高速铁路来说，最重要的是确保列车持续、安全、平稳运行。因此，必须预见在各种速度工况下系统的动力响应问题。例如，轮轨间接触力的变化，将直接影响列车牵引与制动的实现、轮轨的磨损与疲劳、运行的安全指标等；车—线—桥系统的动力反应，影响着结构功能与列车平稳运行；弓网系统的振动，影响着受电性能及行车安全。由此可见，动力响应是涉及高速行车技术的最基本问题之一。

高铁子系统基本技术特征

现代铁路是一项系统工程，涉及运机工电辆各个专业。随

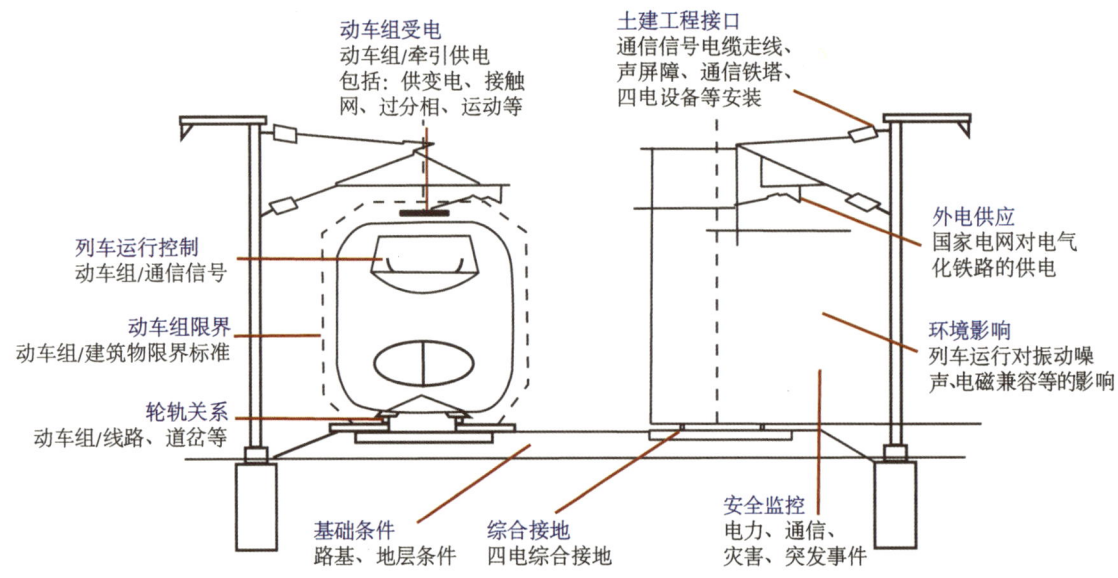

图 3.2　高速铁路各子系统间的相互关系

着列车运行速度的提高，不同功能的各个子系统之间的联系愈加紧密，高速铁路已经成为庞大复杂的现代化系统工程。它既要依靠各个学科、专业技术的进步和发展，由此提高各子系统的技术水平，更依赖于各个子系统间的协调、配合、集成创新。高速铁路系统需要高可靠和高性能的高速列车、高质量和高稳定的铁路基础设施、高安全可靠和先进性的列车运行控制系统、高可靠性的大功率牵引供电系统、高效的运输组织与运营管理系统。速度的提高使子系统间的相互作用发生了质的变化，各个子系统相互制约、相互依赖，只有共同的集成创新、合力提高，才能保证高速铁路大系统高水平运转。

□ 高速铁路基础设施

高速铁路基础设施是确保高速行车的基础，速度的提升对高速铁路基础设施的要求体现在平顺性指标上。高平顺性的最终表现是轨面的平顺性，无论轨道是在路基、桥梁上还是在隧道里，都要求它不仅在空间范围具有平缓的线形、高精度的允差、高光洁度的轨面，在时间上也必须具有稳固的高保持性。

平顺性决定了高速铁路基础设施各主要组成部分——路基、桥梁、隧道等的主要技术参数与技术规定，必须互相协调，使之整体上满足高速行车在运动学、动力学、空气动力学及运输质量方面各项技术指标。此外，基础设施在运营阶段还必须具备高可靠度、高稳定性与可维修、少维修的条件，以降低高速铁路的运营成本。

☐ 高速列车

高速列车是高速铁路的运输载体，是实现高速铁路功能的关键。为确保高速行车主要功能指标的落实，高速列车在车型、牵引、制动、减振、列控、检测、供电等一系列专业技术上都已取得重大突破。建立在轮轨系基础上的各型高速列车吸取了当代相关高新技术，已做出为世人瞩目的成就。

☐ 高速铁路的运行控制、行车指挥及运营管理

高速铁路运行控制、行车指挥及运营管理各系统是确保高速铁路列车运行安全有序、发挥效率与效益的核心体系。虽然高速铁路与普速铁路相似，其主要软硬技术都由区间轨道电路、自动闭塞、车站计算机联锁等所构成的调度系统支持，但由于运行速度的大幅度提高，列车密度增加，行车组织节奏明显增快，高速铁路的运行控制及调度系统应更加完备，运输组织与经营管理体系也应更加严密。

☐ 高铁是当代高新技术的集成

高铁技术的发展以基础专业技术的发展为支撑，是当代高新技术的集成。20世纪后期科学技术蓬勃发展，以此为代表的新技术迅速转化为生产力，即计算机及其应用，微电子技术、电力电子器件的实用化与遥控技术的成熟，新材料、复合材料的推广应用。高速铁路正是建立在这些相关领域高新技术基础之上，综合协调、集成创新的成果。高速铁路是高质量、高稳定的基础设施，性能优越的高速列车，先进可靠的列车运行控制系统，高效的运输组织与运营管理体系等的综合集成。各系统围绕整体统一的经营管理目标，彼此兼容，完整结合。

高铁技术集成，既包括通过结构化的综合布线系统和计算机网络技术将各个分离的设备、功能、信息等，集成到相互关联、统一、协调的系统之中，使资源达到充分共享，实现集中、高效、便利的管理，也包括解决各类设备和子系统间的接口、协议、系统平台、应用软件等与子系统、建筑环境、施工配合、组织管理和人员配备相关的一切面向集成的问题；还包括协调匹配高速铁路土建工程、牵引供电、列车运行控制、高速列车、运营调度及客运服务等不同子系统，保证各子系统间标准匹配协调、接口设计协调、固定和移动设施匹配兼容，实现系统优化和目标功能。比如高铁的信号与控制系统是集微机控制与数据传输于一体的综合控制管理系统，高速铁路通信信号一体化和智能化技术，实现了列车安全运行和调度指挥功能。高速列车又是运送旅客的动力设备，集机械、材料、电子、计算机、网络通信等领域的最新技术于一体，且具有机车车辆一体化的特征。高速列车系统、高速列车运行控制系统和运营调度系统之间的整体性和系统性功能，必须通过硬件和软件上的连接来实现。

二、高铁的系统构成及主要技术标准

高速铁路是一个极其庞大复杂的现代化系统工程，融合了机械、土木、电子、材料与结构、通信与计算机、现代控制等一系列当代高新技术，有显著的技术特点。各系统各司其职、各尽其责，共同实现并保障着高速铁路的安全、高效运营。

主要"核心"系统

中国标准动车组"复兴号"以每小时350公里的速度运行，是当今世界高铁的最高运营速度，"复兴号"的成功推出体现了高铁系统的强大功能。高速列车、轨道线路、牵引供电、通信信号、信息系统、高铁车站是实现中国高铁强大功能的六大"核心"系统，为实现高铁运输功能提供了先进可靠的

第三章 高铁的系统构成与核心技术

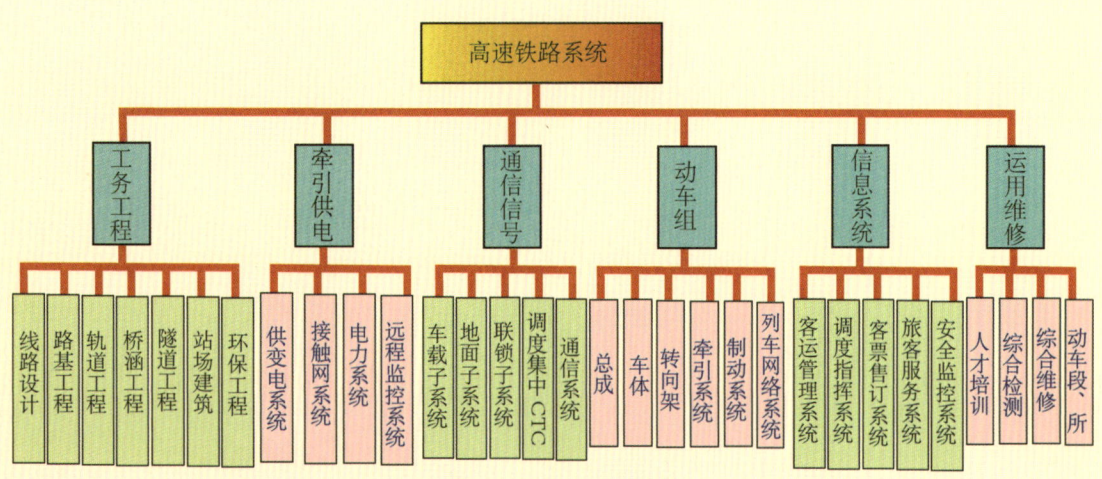

图 3.3 高速铁路系统构成

技术保障，集中体现了我国高铁的先进特点。

高速列车是指最高行车速度每小时达到或超过 200 公里的铁路列车。高速动车组系统包括系统总成、车体、转向架、牵引系统、制动系统和列车网络系统。这是我们最为熟悉的一个子系统，即我们平时乘坐的高铁车辆本身。

轨道线路包括路基工程、轨道工程、桥梁工程、隧道工程等。它是高速铁路基础设施中非常重要的内容，是高速列车车轮以下的部分。主要作用是为高速列车提供一个安全、平稳的运行基础。

牵引供电系统包括供电系统、变电系统、接触网系统、电力系统、远程监控系统。牵引供电系统的作用就是将电能从国家电网中取出来，通过变电系统，再由接触网系统实时供给运行中的车辆。

通信信号系统包括车载子系统、地面子系统、联锁子系统、调度集中 CTC（又称调度集中控制系统）和通信系统，主要作用是保持运行中的列车与集中调度之间的紧密通信，它的工作原理为列车通过地面轨旁设备或无线通信网络，获得车站联锁与列车控制中心的行车信息和命令，再由车载设备控制

77

列车运行。它是高速列车安全、有序运行的重要保障之一。

信息系统包括客运管理、调度指挥、旅客服务、客票售签、安全监控等系统。运营调度系统包括运输计划、运行管理、车辆管理、供电管理、客运管理和综合维修。运营调度系统对高速铁路日常运输生产进行统一指挥和组织，保证高速列车按照列车运行图正点运行。虽然是高速铁路系统幕后工作者之一，但它充当的角色却是铁路系统的指挥棒。

客运服务系统包括票务系统、旅客服务系统、市场营销策划和客运组织管理。是一个非常庞大的系统，我们熟悉的12306便是其中之一。它的主要目的是为乘坐高速铁路的旅客提供舒适、便捷、贴心的客运服务。

高铁车站是通往城市的门户，是办理高速列车始发、终到或通过，供旅客乘降的场所。高铁车站包括站场、站房、站前广场和各项客运设备（如站台、雨棚、天桥、地道等）。高铁车站多位于铁路沿线人口密集地区，也是铁路枢纽的组成部分，更是城市的窗口。

为了保证高速铁路安全、快速、平稳运行，高铁运用维修系统也必不可少。运用维修系统包括综合检测、综合维修、动车组运用维护等子系统，为高铁运营保驾护航。该部分内容不作为本章重点，将在后面章节再做叙述。

主要技术标准

高铁运行高速动车组，是专门用于旅客运输的客运专线，采用标准轨距，设计时速不小于250公里，这些标准既是我国关于高铁的基本定义内容，也是高铁最基本的技术标准。高铁设计速度有三级，分别为250公里/小时、350公里/小时，具体速度级别的确定，是根据该高铁线路在整个国家铁路网中的作用、运输需求、工程条件等进行综合比选确定的，同时还要符合旅行时间目标值的要求。

线路参数、列车运行控制方式等技术标准的选用，与线路的设计速度目标值密切相关。我国明确规定高速铁路运行动车组列车、标准轨距、客运专线等基础标准以及电力牵引、机车类型、轨道类型、供电方式等重要技术标准；将铁路等级、设计速度、正线数目、正线线间距、最小平面曲线半径、最大坡度、到发线有效长度、列车运行控制方式、调度指挥方式、最小行车间隔等列为主要技术标准。

三、高速列车系统

说起高速铁路，也许你直接想到的就是高速列车，它以流线型的俊朗外貌、风驰电掣般的运行速度、各种尖端技术集于一身的本领，为世人瞩目。如果说高速铁路是中国的国家名片，那么高速列车就是高速铁路的一张亮丽名片。虽然高速列车与最初诞生的"火车"都属于轨道交通设备，但是从"火车"发展至高速列车，已经经历了漫长的"进化"过程，两者差异巨大。与最初的"火车"相比，高速列车车厢、动力牵引方式、车辆组成部件及性能、乃至车辆外形等都有了颠覆性的变化，同时列车运行速度、旅客乘坐列车的舒适性、安全性、节能环保性能等也都有了极大的提升。

"火车"的进化

1804年，英国的矿山技师德里维斯克利用瓦特的蒸汽机造出了世界上第一台蒸汽机车，时速为5至6公里，最快时速24公里。当时的蒸汽机车使用煤炭或木柴做燃料，所以人们称之为"火车"。后来的"火车"，通常是指按规定的编挂条件、重量和长度将铁路车辆编成的车列，并配有牵引机车、乘务人员以及列车标志的车辆。

"千里眼""飞毛腿"表达了人类对更远距离、更快速度的渴望。我们发明望远镜以满足对浩瀚宇宙的好奇；我们发明汽车、火车、飞机以满足对更远世界的好奇。从火车诞生并成为重要的交通工具时起，世界各国的铁路工程师们就在致力于提高火车的速度。

走近高速铁路

图 3.4　2016 年 7 月 15 日，中国标准动车组成功实现了世界首次 420 公里 / 小时交会和重联运行　　罗春晓摄

20 世纪初动车组的问世，加速了高速列车技术的发展。1903 年 10 月 28 日，西门子公司制造的三相交流电动车组进行高速试验，创造了时速 210.2 公里的历史纪录。此后，德国、法国、日本高速列车制造技术率先快速发展。20 世纪 80 年代，高速铁路网在欧洲延伸，风驰电掣的各系 TGV 以 300 公里 / 小时的速度成为法国人的骄傲；90 年代，TGV 试验速度突破 500 公里 / 小时。21 世纪初，中国"和谐号"动车组投入运营，新的商业运营速度诞生。如今世界著名的动车组，德国"ICE"、法国"TGV"、"欧洲之星"、瑞典"X2000"和中国"和谐号"等，已经广为人知。2016 年 7 月，中国标准动车组试验列车交会时速达到 420 公里；2017 年中国标准动车组"复兴号"投入运营，最高运营速度达 350 公里 / 小时。

高速列车的特点与构成

过去我们说"火车跑得快，全靠车头带"，这句话道出了列车结构的最基本特点。传统列车由带动力的车头和不带动力的车厢两部分组成,车头的动力从最开始的蒸汽提供到后来由电力提供,分别被称为蒸汽机车和电力机车。可以说,火车能跑多快,完全取决于车头能提供多大的牵引力。

但高速列车与此不同,高速列车又称高速动车组。所谓动车组,从字面上便可理解是由多个"动车"组成的。但动车组也并不全由动力车组成,还包括不带动力的车厢,我们称之为"拖车"。因此动车组是一种由动力车(有动力)和拖车(没有动力)组成的自带动力、固定编组、在日常运用维修中不需解编的车组。动车组有三大特征,一是"固定编组",即若干车辆连接在一起,组成一个整体结构;二是动车组自身带有动力装置,可以自行行驶;三是动车组头、尾车均设司机室,可以前后两个方向行驶,省去了在终点站机车调头的麻烦。我们乘坐的城市轨道交通,俗称地铁,也是一种动车组。

我国高速列车采用的是动力分散式动车组,具有优良的空气动力学外形、高性能转向架、车体结构轻量化等等。高速列车对受电弓与接触网之间、轮轨之间的平顺度要求很高,高速动车组能保证列车高质量受电和高速度运行的安全可靠。

高速列车的关键技术主要包括以下方面:高速动车组总体

图3.5　高速列车与轨道及弓网关系示意图

方案及总成、轻量化车体及头形设计、高速转向架、大功率牵引传动系统（包括牵引变压器、主变流器、牵引电机、牵引传动控制系统等）、微机控制列车网络系统、微机控制制动系统等。动车组总成包括动车组的总体技术条件及顶层参数、子系统匹配、设备布置及参数优化等，同时还要确定动车组与运行外部系统的接口关系，如轮轨匹配关系、弓网关系、流固耦合关系、机电耦合关系、环境耦合关系等。车体是旅客乘坐的空间，也是各个系统设备的载体。高速列车的车体有更高的密封性和气动外形要求，关键技术是轻量化、模块化，并要有良好的制造工艺。其中转向架是列车高速安全运行的关键，在技术上要求高可靠性和轻量化，其悬挂装置、驱动、牵引电动机悬挂等结构直接影响到高速动力学性能。牵引传动系统为列车高速运行提供足够的动力，目前大都采用先进的交流（交—直—交）传动系统，关键技术是要有重量轻、体积小、效率高

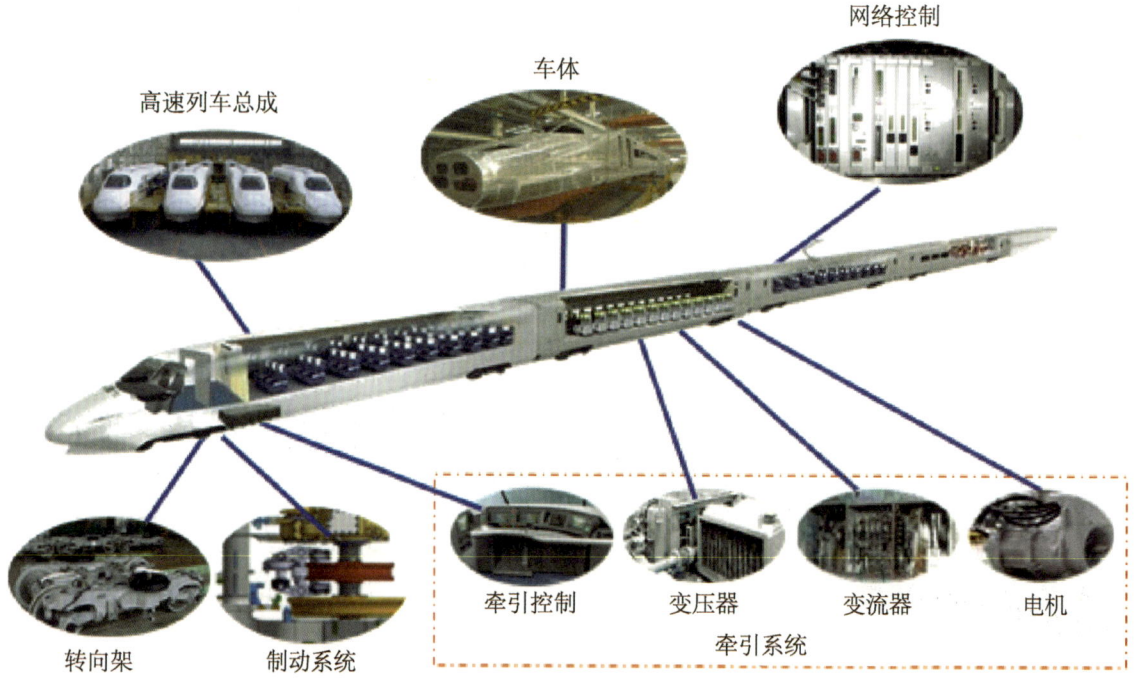

图 3.6　高速列车关键技术示意图

的牵引变压器，模块化、系列化和小型化的主变流器，重量轻、功率大、损耗低的同步牵引电动机，控制简单、性能优良的牵引传动控制系统。列车微机控制网络系统是"大脑和神经"，它由列车控制级、车辆控制级和功能控制级组成，分为运行监控、故障检测与诊断以及通信网络。制动系统是列车安全的重要环节，其关键技术在于可靠优异的系统控制及基础制动、动力制动、复合制动、非粘着制动、防滑控制装置等。

高速列车"大家庭"

"和谐号"动车组在国内可谓家喻户晓，之所以称其为"后起之秀"，还得从其身世说起。2004年原铁道部与加拿大庞巴迪、日本川崎重工、法国阿尔斯通以及德国西门子分别签订协议，引进动车组，在"引进先进技术、联合设计生产、打造中国名牌"的原则下，通过消化吸收的方式达到一定程度的国产化。国有高铁企业走"引进、消化、吸收、创新"之路，生产研制了CRH系"和谐号"高速动车组，CRH380A、B、C、D系"和谐号"新一代动车组。2014年具有完全自主知识产权的"中国标准动车组"完成设计方案，此时距离2004年恰好10年的时间。10年间，国内高铁路网的快速扩张，形成了巨大的高铁车辆市场需求，为高速列车技术发展创造了极佳的机遇，"后起之秀"顺势而生。

□ "和谐号"——CRH系列高速动车组

"和谐号"，英文名称CRH系China Railway High-speed的缩写，意为"中国高速铁路"动车组，由中国中车（原南车、北车）引进制造技术，并在其基础上自主研发制造。"和谐号"是在中国大陆运行的时速为140公里及以上电力动车组的统一名称。

"和谐号"高速动车组以CRH1、2、3、5系，CRH380A、B、C、D系为代表，通常也以"第一代""新一代"或"第二代"相称。

"和谐号"高速动车组采用交流传动及动力分散式，车头

83

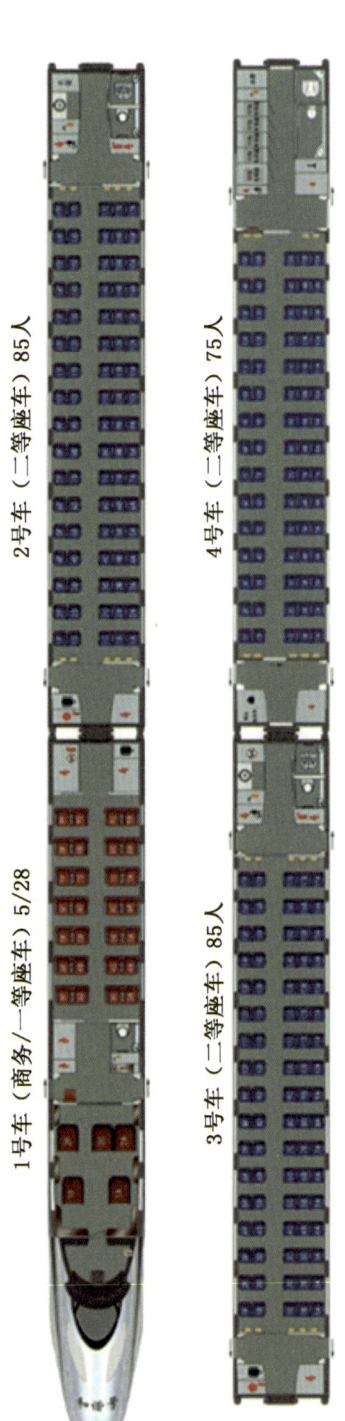

图 3.7 8 编组 CRH380A 平面布置图

车号	1	2	3	4	5	6	7	8
等级	商务/一等	二等	二等	二等	二等	二等	二等	商务/一等
定员（人）	5/28	85	85	75	63	85	85	5/40
总定员：556人（商务座10人，一等座28人，二等座518人）								

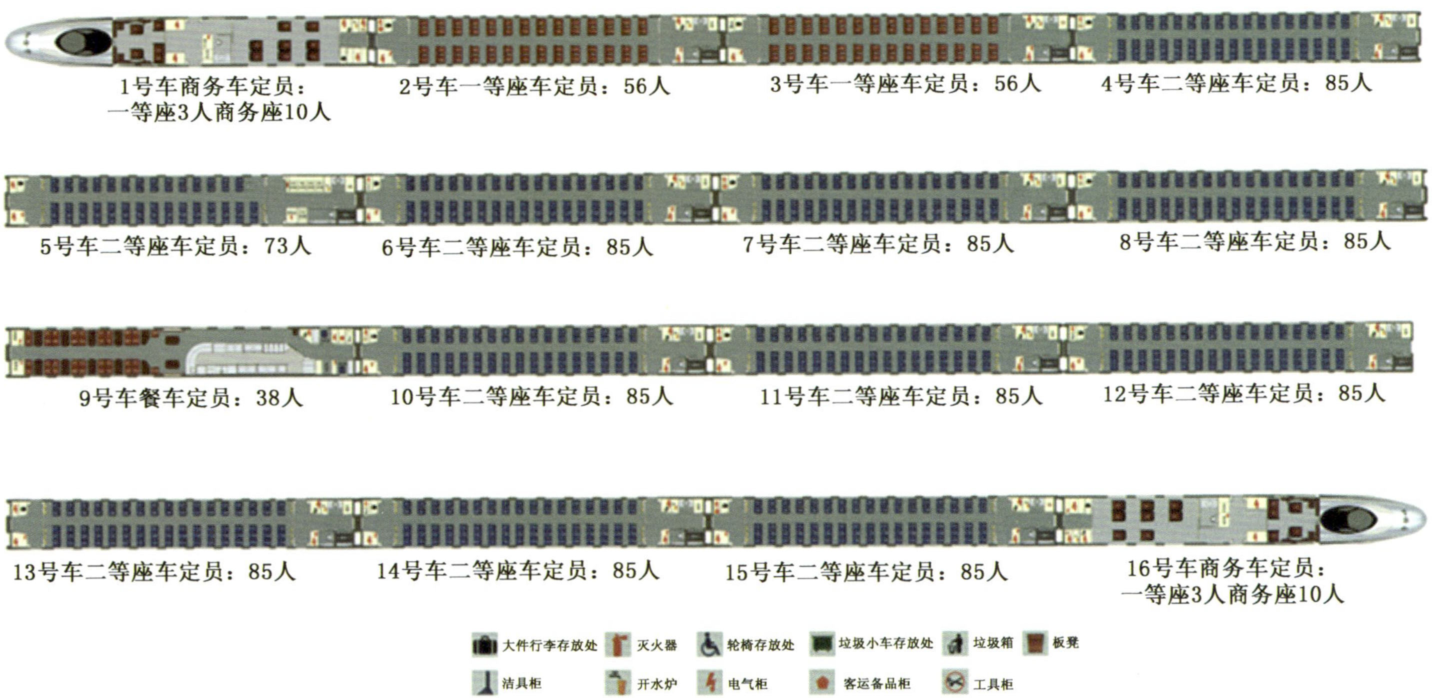

第三章 高铁的系统构成与核心技术

1号车商务车定员：一等座3人商务座10人
2号车一等座车定员：56人
3号车一等座车定员：56人
4号车二等座车定员：85人
5号车二等座车定员：73人
6号车二等座车定员：85人
7号车二等座车定员：85人
8号车二等座车定员：85人
9号车餐车定员：38人
10号车二等座车定员：85人
11号车二等座车定员：85人
12号车二等座车定员：85人
13号车二等座车定员：85人
14号车二等座车定员：85人
15号车二等座车定员：85人
16号车商务车定员：一等座3人商务座10人

图例：大件行李存放处、洁具柜、灭火器、开水炉、轮椅存放处、电气柜、垃圾小车存放处、客运备品柜、垃圾箱、板凳、工具柜

车号	1	2	3	4	5	6	7	8	9	10	11	12	13	14	15	16
等级	商务/一等	一等	一等	二等	二等	二等	二等	一等	餐车	二等	二等	一等	二等	二等	二等	商务/一等
定员（人）	10/3	56	56	85	73	85	85	85	38	85	85	83	85	85	85	10/3
总定员：1061人（商务座20人，一等座118人，二等座923人，不含餐座38人）																

图3.8 16编组CRH380A平面布置图

为可降低空气阻力的流线造型,运行时速达 200 公里以上,最高可达 350 公里。"和谐号"列车通过电脑控制行车,电子显示驾驶数据。列车的座位划分为商务座、一等座及二等座。商务座为 1+2 排列方式,二等座为 3+2 排列方式,一等座为 2+2 排列方式。车厢内部设计注重人性化,座椅可调节,座向可以转 180 度,附有可折叠的茶几、自动调节温度的空调等。200 公里级别列车主要在既有线路上运行,300 公里级别的车主要在高速专用线路上运行。

2010 年 CRH380 系列 A 新一代高速动车组问世,在引进技术的平台上做了改进和创新,先后在沪杭、海南东环、京沪、京广等高铁线路上投入运营,其速度快、安全性高、可靠性强、节能性好的优势赢得了广泛赞誉。新一代高速动车组有 8 编(6 动 2 拖)、16 编(14 动 2 拖)和 16 编(8 动 8 拖)三种编组形式,可持续运营时速 350 公里,成功实现了动车组头形、车体、转向架、牵引制动等关键技术的全面创新。

□ "复兴号"——中国标准动车组

尽管"和谐号"发展很快,且有"后起之秀"之美称,是否就无懈可击呢?其实不然。由于 CRHx 系列动车组源自国外不同的技术平台,技术标准也不同,在共同运行中产生了一系列不协调情况,且核心技术受制于人,导致运行成本增加。如不同系列的车型无法重联运行,无法共享维护零件、设备设施、车站设施等资源,还需要重复培训司机、乘务、维修人员等。

为了解决这些问题,2012 年开始,铁道部(现铁路总公司)开始研发具有统一标准的动车组,称为"中国标准动车组"。2013 年 12 月,由中国铁道科学研究院牵头,中国南车、中国北车完成顶层技术指标和技术条件的编制,2014 年 9 月完成设计方案,2015 年 6 月两列样车下线。中国标准动车组总体的技术条件是在总结已有动车组运行经验的基础上,结合我国实际运用的具体需求,如要满足持续长距离、高速运行,开行密度高、载客量大,以及高寒、多雪、高原风沙、沿海湿热以及雾霾等条件,融汇既有技术平台的优点来开展顶层设计。设计涵盖了动车组基础通用、车体、走行装置、司机室布置及设备、牵引电气、制动及供风、列车网络标准、运用维修等各个方面。其中主要采用了中国国家标准、行业标准以及专门为中国标准动车组制定的一批技术标准,形成了我国完全自主知识产权。

2015年10月22日开始,结合发改委战略新兴产业示范工程,在太原—原平间通过了型式试验,并开展了大量的科研试验和严格的应用考核。2016年7月两列动车组在郑徐线完

图3.9 "复兴号"动车组

成420公里/小时重联运行和会车试验，列车以如此高速的交会运行在世界上尚属首次，试验结果进一步全面验证了中国标准动车组的优良性能。而后两列动车组编入运行图实施载客运行，从2016年8月15日至2016年10月26日在哈大客运专线完成约15万公里的载客运行。60万公里运用考核结束后，两列标准动车组分别回送四方股份和长客股份实施解体检查。2016年11月24日，中国铁路总公司在北京组织召开了时速350公里中国标准动车组技术评审会，中国标准动车组全面完成研制任务，达到世界先进水平，我国高速列车总体技术跨进世界铁路第一方队。

2017年1月3日，国家铁路局分别为中车四方和中车长客颁发中国标准动车组CR400AF和CR400BF的型号合格证和制造许可证。2017年6月25日，正式命名为"复兴号"，6月26日10列（AF和BF各5列）中国标准动车组在京沪高铁投入运营，9月21日在京沪高铁以最高时速350公里运营。

四、轨道线路工程

早在古希腊和古罗马时代，当时的人们就已经开始修建道路，并利用轨道和以人力或马拉的车辆来运输物品。但是，这一出色的发明却在中世纪被人们所忘记。直到16世纪末，沿着轨道前进的车辆才再次被应用在煤矿中运输煤炭。这时运煤炭车辆的轮子和轨道已经使用铁皮包裹木头来制作了。18世纪，蒸汽机出现并被广泛应用在工业中。但是在交通运输中，蒸汽机和铁轨仍然被人们分别单独利用了很多年。当两者终于在某一天结合在一起时，铁路出现了。

轨道线路是铁路最基本的组成部分，属于铁路基础设施。对普速铁路而言，铁路线路以"路"居多，即在路基上铺设轨道，供机车车辆和列车运行，既载客也运货。高速铁路线路是专门行驶高速列车的固定线路,由于高速列车的运行速度更快,因此高速铁路线路的建设标准、养护维修标准都比普速铁路线路高,对可靠性、平顺性和稳定性的要求远远高于普通铁路。高速铁路与普速铁路的科技含量、技术要求和工程难度,都有着天壤之别般的差异。

轨道系统

高速铁路线路由线路上部建筑和线下工程构成。线路上部建筑为轨道结构系统,直接接触列车车轮,承受列车荷载,引导列车走向。线下工程是支撑线路上部建筑的基础设施,有路基、桥梁和隧道三种工程形式。轨道系统由钢轨、轨枕、扣件、道床、道岔等部分组成,是保障高速铁路列车安全、舒适、平稳运行的关键设备。按照轨道结构区分,分为有砟轨道和无砟轨道两大类。自我国高速铁路建设以来,高速铁路轨道工程技术走过了引进、消化、吸收再创新的历程。尤其是无砟轨道应用技术快速发展,CRTS Ⅲ型板式无砟轨道和高速道岔是无砟轨道技术创新取得的最新成果,具有自主知识产权。

□ 有砟轨道与无砟轨道

传统的普速铁路的轨道均为有砟轨道,即由石子做道床的轨道结构。这种轨道投资较低、弹性条件良好、具有较好的轮轨接触效应,维修较方便,但在列车通过时会有哐当声,其线路状态保持能力差,容易变形。在列车动荷载作用下,有砟道床养护维修工作量大,维修费用较大。

高速铁路多采用无砟轨道结构。无砟轨道是指采用混凝土、沥青混合料等整体基础取代散粒碎石道床的轨道结构。相比于有砟轨道,虽然无砟轨道初期建设成本稍高,但由于其具有结构高度低,自重轻,平顺性、稳定性和耐久性好等特点,在我国高速铁路建设中被广泛应用。我国高铁建设先后引进了德国、日本的无砟轨道技术,分别在京津城际、武广、郑西高速铁路中应用,形成了无砟轨道设计、制造、施工、评估、检验等系列技术标准。在引进、消化、吸收基础上,进行再创新

图 3.10　有砟轨道线路

图 3.11　无砟轨道线路

研究攻关,形成了具有自主知识产权的 CRTS 系列无砟轨道设计施工的技术体系,这一系统得到了全面推广应用。

日本和德国是使用无砟轨道最早的两个国家。日本从 20 世纪 60 年代中期开始进行板式无砟轨道研究。在这种轨道结构中,钢轨直接用扣件联结到工厂预制的轨道板上,轨道板直接被"放置"在混凝土底座上,通过在轨道板与底座板间填充满沥青混凝土材料来调整轨道板,确保铺设精度。目前日本有 A 型、框架型无砟轨道,适用于土质路基的 RA 型和特殊减震区段用的防震 G 型等板式轨道。德国无砟轨道类型较多,具有代表性的有 Rheda(雷达)、Zublin(旭普林)、Bolg(博格)等几种。德国铁路无砟轨道首先解决了土质路基铺设的技术问题,然后逐步推广到隧道和桥梁上,为全区间铺设无砟轨道创造了有利条件。

中国对无砟轨道的研究始于 20 世纪 60 年代,与国外的研究几乎同时起步,但初期取得的研究成果并未正式推广。1995 年以后,随着京沪高速铁路可行性研究的推进,无砟轨道研究重新得到关注。在 1996—2000 年"九五"国家科技攻关专题"高速铁路无砟轨道设计参数的研究"中提出了适用于我国高速铁路桥梁、隧道结构上的三种无砟轨道型式及其设计参数,即长枕埋入式无砟轨道、板式无砟轨道、弹性支承式无砟轨道三种。我国已建或新建高铁采用的无砟轨道主要有 CRTS Ⅰ型板式、CRTS Ⅱ型板式、CRTS Ⅲ型板式无砟轨道等类型。

CRTS Ⅰ型板式无砟轨道，又称为单元板式无砟轨道，由混凝土底座、水泥乳化沥青砂浆垫层、整体轨道板或框架式轨道板、凸形挡台及周边的填充树脂、钢轨、扣件等构成。沪宁城际铁路是我国第一条全线采用 CRTS Ⅰ型轨道板铺设的无砟高速铁路，其轨道板精度控制极严，仅为 0.5 毫米。

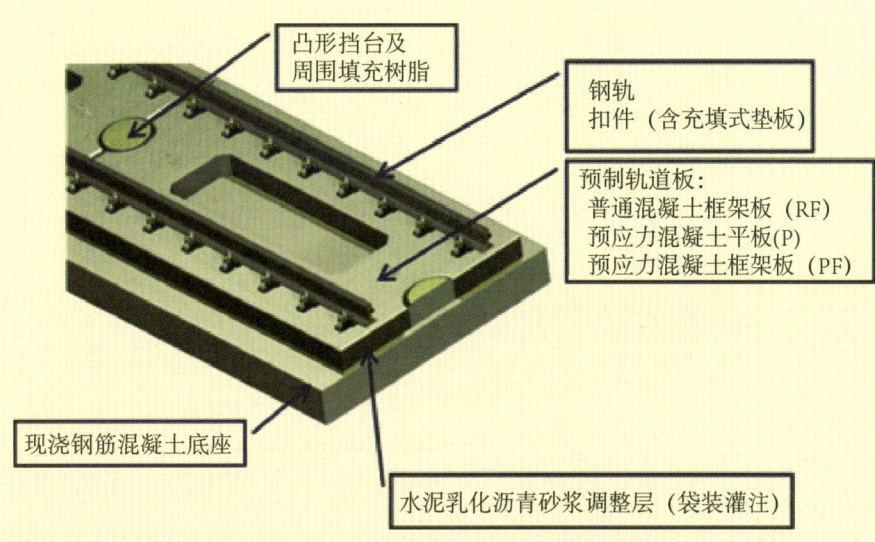

图 3.12　CRTS Ⅰ型板式无砟轨道示意图

设计研究人员开展的技术再创新包括：对板式无砟轨道板和底座的理论计算模型进行统一，确定了采用"梁—板—板"的有限元分析模型，对轨道板受力进行了多工况、多方案计算分析；首次考虑了列车荷载、温度荷载、基础沉降变形等不同荷载类型对结构承载的影响；以 32 米简支梁为基准，确定桥梁、路基、隧道内标准轨道板的外形尺寸，实现了扣件节点的等间距布置，从设计上实现无砟轨道纵向刚度的均匀性。

CRTS Ⅱ型板式无砟轨道，又称为纵连板式无砟轨道，由滑动层、底座板/支承层、水泥乳化沥青砂浆填充层、轨道板、板间纵向连接、钢轨及扣件等结构组成，已在我国京沪高铁、沪杭、哈大、石太、广深港、广珠等高速铁路上得到运用。CRTS Ⅱ 型板式无砟轨道每块轨道板都有自己的"身份证"——独立编号，这些编号对应着轨道板特定的线路平面及高程信息。现场施工时根据每块板的"身份证"号码，实现轨道板的精确铺设。

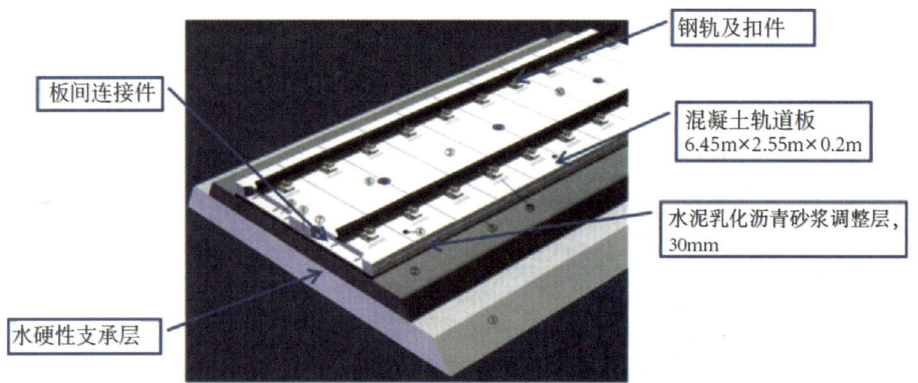

轨道板纵向设计：与Rheda、Zublin型相同，弹性地基梁
轨道板横向设计：按65cm宽的轨枕设计

图 3.13　CRTS Ⅱ 型板式无砟轨道示意图

设计研究人员开展的技术再创新包括：提出了纵连板式无砟轨道设计理论，系统计算分析列车荷载、温度荷载以及路基变形或桥梁挠曲变形对轨道系统的影响；研究确定轨道系统设计荷载；提出纵连板式无砟轨道路基及隧道内结构组成、形式尺寸、技术要求、防排水方案；提出桥上纵连板式无砟轨道结构组成、型式尺寸、技术要求，以及不同轨道结构过渡段设计原则、主要工程措施以及技术指标等。

CRTS Ⅲ 型板式无砟轨道，是我国自主创新，具有完全自主知识产权的无砟轨道。CRTS Ⅲ 型板式无砟轨道由钢轨、扣件、轨道板、自密实混凝土、限位凹槽、中间隔离层（土工布）和底座等部分组成。轨道板采用双向先张预应力，轨道板与自密实混凝土间采用门型钢筋的方式形成复合板结构，并在每块轨道板下设置两个限位凹槽；桥梁上底座为单元结构，路

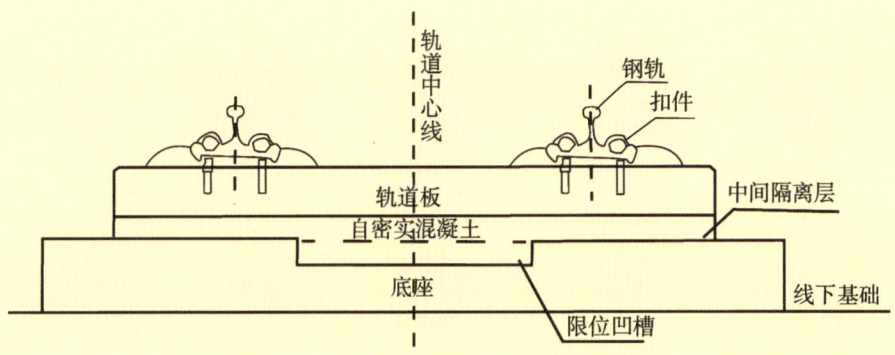

图 3.14 CRTS Ⅲ 型板式无砟轨道示意图

基上底座以 3～4 块轨道板为一个单元，并在底座板缝处设置传力杆。自密实混凝土具有高流动性、高间隙通过性、高抗离析性、高耐久性和高体积稳定性。自密实混凝土结构设计考虑了列车荷载、温度荷载及线下基础变形的影响，设计厚度约 90 mm，长度和宽度与轨道板对齐，采用单层钢筋焊网。

图 3.15 门型钢筋与限位凹槽示意图

□ 钢轨与无缝线路

钢轨直接承受着由机车车辆传来的巨大动力，并导向轨枕。轨枕承受钢轨传来的竖向垂直力、横向和纵向水平力后再将其分布于道床，并保持钢轨正常的几何位置。轮轨间的各种作用力通过轨枕和扣件的隔振、减振和衰减后传递给道床，并将作用力扩散传递于线下结构。高速铁路的轨道比普通线路具有更高的强度、安全性、可靠性和平顺性，轨道各部件的力学性能、使用性能也要比普通轨道部件高很多。

我国高铁轨道采用 60 kg/m 钢轨、一次铺设跨区间无缝线路。所谓无缝线路，是把标准长度的钢轨焊连而成的长钢轨线路，因为消除了轨条与轨条之间的缝隙而得名。与普通线路相比，无缝线路由于消除了大量钢轨接头，所以车上乘客听不到火车铁轨哐当哐当的声音，而且消除了接头冲击力，减少了线路损害。除此之外无缝线路还具有提高平稳性、减少行车阻力、降低行车振动等优点，为列车高速安全行驶提供了保障。

这里，读者是否有这样的疑问，任何事物都有热胀冷缩的物理学特性，钢轨也不例外，那么如此长的钢轨是如何解决温差带来的伸缩量的呢？为了避免钢轨高温伸长、低温缩短，铁路工程师们研发了专用扣件对钢轨进行约束，通过强大的线路阻力限制钢轨伸缩。但这也导致了钢轨释放不了的温度变形转变成了内部温度应力，而这个温度应力与温差变化直接相关。为此无缝线路在铺设过程中需要科学、合理地选定锁定轨温——也称"零应力轨温"，即钢轨在该温度下内部没有温度应力。当温度高于锁定轨温时，钢轨内部受压；当温度低于锁定轨温时，钢轨内部受拉。因为锁定轨温的选取往往结合线路所处地区的气温，在气温平均值上下取值。

□ 高速扣件系统

扣件将钢轨牢牢扣压在道床上，是保证轨道稳定性和可靠性的关键部件。由于无砟道床（混凝土结构）的弹性和结构可调整性不如有砟道床（碎石结构），无砟轨道结构中，扣件系统是主要的弹性提供者，也是无砟轨道精度调整和保持的主要"功臣"。因此，相比于有砟轨道而言，扣件系统在无砟轨道中的重要性更为突出。

高速铁路扣件分有挡肩和无挡肩两大类，一般与轨道结构配合应用。如 WJ-7 型扣件为无挡肩类型，应用于 CRTS Ⅰ 型板式无砟轨道；WJ-8 型扣件和 W300-1 型扣件为有挡肩类型，应用于 CRTS Ⅱ 型板式无砟轨道。

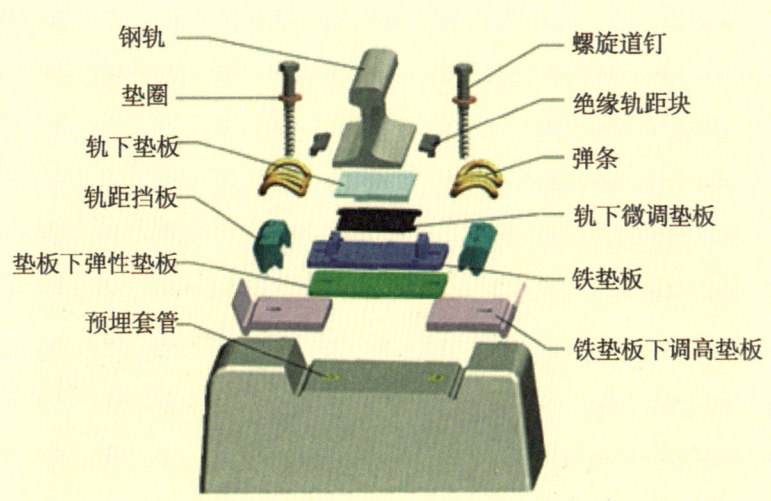

图 3.16　WJ-8 型扣件系统示意图

◻ 高速道岔

汽车的转向靠车辆的方向盘，铁路列车的转向则依赖于车轮下面轨道线路中的关键部件——道岔。道岔是使机车车辆由一股道转入另一股道的线路连接设备，是铁路车辆的转向盘。

道岔是轨道线路最薄弱的环节，其结构与状态对高速列车的安全性、平稳性以及旅客乘坐的舒适性等具有重要影响。高速铁路的道岔与普通铁路的道岔在结构和功能上没有什么根本区别，但对安全性和舒适性的要求更高。

高速道岔一般分为两种类型。第一类用于中间站、区段站的车站正线。因为通过道岔侧股时，必然是进站停车或停站后出站，所以侧向过岔仅要求满足中速运行条件，属于这一类的有我国客运专线的 18 号道岔、日本新干线的 18 号道岔、法国高速新线的 20 号道岔、德国高速新线的 18.5 号道岔等。第二类用于区间渡线和高速侧向过岔的部位，属于这一类的有法国高速新线的 46 号和 65 号道岔、日本新干线的 38 号道岔、德国高速新线的 26.5 号和 42 号道岔等。这类道岔的使用不仅因为站间距离较长，电务和工务实行天窗维护，需要反向行车；还由于高速客运专线与既有线大站间的联络线需要高速侧向过岔。

图 3.17　车站无砟高速道岔

我国高速铁路多使用 18 号及以上可动心轨道岔铺设。每一组道岔主要由转辙器、岔心、护轨和岔枕等单元组成。转辙器由一对尖轨、一对基本轨、转辙装置及一些连接零件所组成，用来引导机车车辆由正线转向侧线或由侧线转向正线。

路基工程

路基是最古老的线路结构型式，与桥梁和隧道相比，它就地取材，相对经济。高速铁路路基工程地基处理、基础结构及直接影响路基与安全的支挡等工程必须具有足够的强度、稳定性和耐久性，设计使用年限为 100 年，其中路基排水及路基边坡防护结构设计使用年限为 60 年。

□ **路基设计选型**

设计高速铁路路基时要尽量避免高填、深挖。根据地面标高和地质情况，常选用路堤式、路堑式、路堤路堑式等路基结构形式。为了保证路基刚度及变形沿线路纵向的均匀变化，路基与桥台、路基与横向结构物（下穿涵洞、立交框架等）、路基与隧道及路堤与路堑、有砟轨道与无砟轨道连接处等均须设置过渡段。图 3.18 中路基与桥台连接处设置的过渡段，采用沿线路向倒梯形过渡形式。桥梁、涵洞及隧道等结构物之间的

图 3.18 路基与桥台过渡段

图 3.19 路基边坡防护

短路基长度一般不小于 40 米。

路基工程设计特别重视路基排水、路基边坡防护工程。路基排水设施的设计降雨重现期为 50 年，对排水方式、排水设施的坡度和具体做法都有严格要求。路基边坡防护需根据当地平均降雨量、工程与水文地质条件、边坡坡度与高度、环境条件与景观要求多方面综合确定。在陡坡路基、深路堑、耕地区、临近城镇等地段，一般设置支挡结构以保证路基边坡稳定，节约用地并减少填筑工程量。

图 3.20 抗滑桩防护山区路堑

□ 路基变形控制技术

路基变形控制的难点是如何让具有多孔隙、大变形特征的天然土、石等建筑材料达到结构设计要求，保持高速列车轨道结构的平顺性。地基处理、路基填筑、路基堆载预压以及沉降观测与评估是控制路基变形的四大关键。

地基处理方法一般结合地质情况，由设计者选择确定。针对软土地质、湿陷性黄土、膨胀土、冻土、岩溶等各类不良地质，以及风沙、滑坡危岩泥石流等不良环境条件，要采取不同的地基处理技术和措施。例如软土地基正线通常采用管桩加固，膨胀土地段路基采用CFG桩复合地基处理，岩溶路基设计根据岩溶发育程度一般采用桩板结构及注浆处理。

为了加速地基的前期沉降，减少路堤的工后沉降，路堤地段基床底层顶面还需堆载预压土方，堆载预压时间通常不少于6个月。对于工期特别困难的地段，例如位于运梁通道上的路基段，堆载预压时间常常不能满足6个月的时长。为满足施工组织工期需要，采取的解决方法是超载预压。

路基变形监测的范围包括四部分，一是监测路基填土施工期间地基沉降以及路堤坡脚边桩位移；二是路基填土施工完成后，沉降期及放置期的变形监测，该阶段对路基面沉降、路基填筑部分沉降以及路基基底沉降进行系统监测，直到工后沉降评估满足无砟轨道铺设要求；三是铺设无砟轨道施工期的监测；四是铺设轨道后的监测。

对高速铁路路基而言，严格控制路基沉降变形在设计规范范围内，同时对填料压实、地基加固、过渡段施工、路基防排水等采取严密措施和严格控制，是设计施工和管理的关键。

□ 路基变形观测与评估管理——严控工后沉降

高速铁路对路基工后沉降有严格要求。所谓工后沉降是指铺轨工程完成以后，基础设施产生的沉降量。对于无砟轨道，要求工后沉降不超过15 mm，路基与桥梁、隧道或横向结构物交界处的工后沉降差异不能大于5 mm，同时要符合

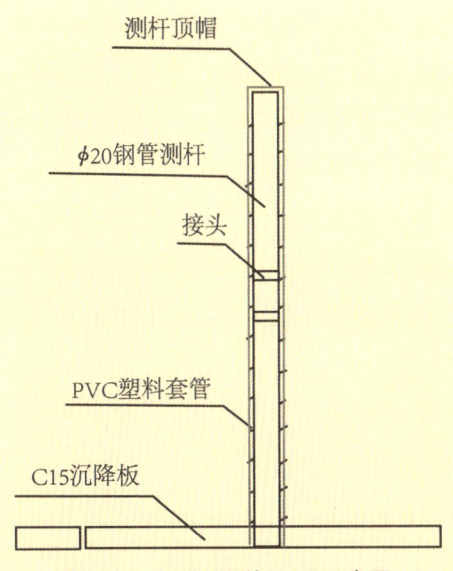

图 3.21　沉降观测板埋设示意图

线路平顺、结构稳定和扣件调整能力的要求。对于有砟轨道，工后沉降要求根据设计速度确定：设计时速为 250 公里的高铁，一般地段工后沉降不大于 10 cm，桥台台尾过渡段的工后沉降不大于 5 cm，同时要求沉降速率不大于每年 3 cm；设计时速为 300 公里以上的高铁，一般地段工后沉降不大于 5 cm，桥台台尾过渡段工后沉降不大于 3 cm，沉降速率不大于每年 2 cm。

在施工阶段，建设单位将路基变形观测与评估列入"质量红线"管理，要求在铺设轨道之前，必须对路基变形做系统的评估，预测的路基工后沉降符合要求后方可进行轨道的铺设。为了保证路基的工后沉降和变形符合设计要求，路基填筑完成后必须有不少于 6 个月的放置期，且经过一个雨季。

桥梁工程

对高速铁路而言，桥梁是一道亮丽的风景线。高架桥梁既满足了高速铁路跨越江河湖泊的需求，也解决了铁路线与公路、城市道路等既有道路交叉和行人的通道问题，且避免了铁路对城市的不合理分割。此外,"以桥代路"还是保证高铁线路的平直、平顺、节约土地资源,避开不良地质地段的最有效措施。

高速铁路桥梁主体结构的设计使用年限为100年。与普速铁路相比,高速铁路桥梁在设计荷载、结构型式、跨度布置、刚度要求以及桥梁的动力响应、整体性、耐久性、抗震性能等方面提出了更高的要求。经过多年的探索和积累,我国在高速铁路桥梁建设方面,形成了不同孔跨、不同结构类型、不同地质条件环境下的建造桥梁成套技术。

□ 桥梁特点和结构型式

我国高速铁路桥梁以32 m简支梁为主,24 m简支梁作调跨使用。跨度小于24 m的梁部结构,一般采用钢筋混凝土连续刚构、框构。跨度大于32 m的,跨越重点公路、铁路、通航河流的大跨度桥梁,选用预应力混凝土连续箱梁、连续梁拱、提篮拱等结构形式。

图3.22 合福高铁金寨路连续梁拱特大桥

高铁桥梁结构必须具备足够的强度和刚度,才能保证结构的可靠稳定性和桥梁轨道的高平顺状态。国内外大量的桥梁使用经验说明,结构的耐久性对桥梁的安全使用和经济性起着决定的作用。高速铁路的运营管理要求严格，规范用于检查、维修的时间有限，更加凸显了对桥梁结构安全性和耐久性的要求。综合考虑使用功能、建造难度、工程成本、运营维护等各种因素，设计高速铁路桥梁时应尽可能全盘考虑结构的简洁性、规格和外形的通用性与标准性以及施工建造质量的可控制性。

□ 多孔等跨简支梁桥

高速铁路多孔等跨简支梁桥的结构构造简洁，规格和外形统一，且便于标准化施工，易于控制建造质量，同时运营期的维修工作量少，因此多孔等跨简支梁桥是高铁桥梁最常用的形式。24 m、32 m 后张法预应力混凝土简支箱梁采用区段设场集中预制，大吨位架桥机架设的施工方法。个别墩处于小半径弯道上，或紧邻隧道进出口的一孔箱梁，无法架设的采用支架法现浇。

高铁桥梁建设在不断创新与积累中，形成了 24 m、32 m 箱梁制、运、架成套技术，攻克了 900 吨双线整孔箱梁制、运、架技术，满足了高铁对桥梁承载能力、刚度、转角、徐变变形、耐久性、动力特性等技术指标的要求。

图 3.23　多孔等跨简支梁桥

走近高速铁路

□ 特殊孔跨结构桥梁

中国地域辽阔，江河、峡谷众多，路网四通八达。高速铁路沿途跨越江河、峡谷、公路管网时，必须以特殊孔跨结构才能满足需求，连续梁桥、连续梁拱、钢桁拱桥、大跨度斜拉桥等特殊结构桥梁技术被广泛运用。

近年来，一大批技术含量高、施工难度大的高速铁路桥梁成功落成，如南京大胜关长江大桥为连续钢桁拱桥，主跨为 2 m×336 m 的钢桁拱连续梁，堪称近年来的"桥梁明星"；合福高铁铜陵长江大桥跨江主桥全长 1 290 m，采用两塔五跨斜拉桥结构，主跨 630 m；宁安城际安庆长江铁路大桥为六跨连续钢桁梁斜拉桥，大桥全长 2 996.8 m，主桥长 1 363 m；沪杭高铁跨沪杭高速公路和跨杭州市石大路为（88 + 160 + 88）m 自锚上承式钢筋混凝土拱桥；合福高铁跨合宁高速公路采用（90 + 180 + 90）m 跨连续梁拱桥梁，拱桥跨度 180 m，主跨 180 m 等。

图 3.24　南京大胜关长江大桥

> 第三章 高铁的系统构成与核心技术

图 3.25 合福高铁连续梁跨越南淝河

□ 桥面布置及附属设施

高速铁路桥梁采用加高挡砟墙或防护墙的措施，防止列车倾覆。桥面上设置通信、信号和电力电缆槽道，预留接触网基础，设置接触网支柱、作业维修通道或人行道、栏杆、声屏

图 3.26 铜陵公铁两用长江大桥

103

图 3.27 宁安铁路安庆大桥

障、轨道变压器。在桥梁设计阶段,要综合考虑上述要求后再确定桥面跨度和布置形式。桥梁长度超过 3 公里时,结合地面条件,每隔 3 公里(单侧 6 公里)左右,在线路两侧交错设置

图 3.28 桥面布置及附属设施实景图

一处可上下桥的救援疏散通道。此外，高速铁路桥梁还要设置便于检查和养护的设施、防排水设施、防撞设施等。

隧道工程

我国幅员辽阔，地质复杂，由于地理特性的差异，我国中西部的高速铁路隧道比例普遍较高，如2017年建成开通的兰新高铁，隧道比例高达60%以上。我国高铁设计规范规定，隧道主体结构（包括拱墙衬砌、仰拱、底板等）的使用年限按100年使用要求设计。此外，高速铁路隧道的设计和施工，从隧道断面尺寸和平面布置、隧道衬砌到洞口设计和排水等，均以隧道施工安全、高速列车运行安全、旅客体验的舒适度以及环境友好为出发点。

☐ 隧道中的空气动力学效应问题

当我们乘坐飞机起飞或降落时，会感到耳膜不适，这是由于气压迅速变化的缘故，物理学上称为空气动力学效应。高速行驶的列车进入隧道，速度与飞机起飞时相当，同样会带来空气压力的急剧波动，但是很少有听觉不适的感觉，这是为什么呢？

实际上，高速列车进入隧道后，也存在空气动力学效应问题，如产生瞬变压力、洞口微气压波、行车阻力、列车风、空气动力荷载等。瞬变压力使人的听觉不适，舒适度降低；高速列车进入隧道在洞口产生微气压，发出轰鸣声，甚至发生强烈的爆破声；行车阻力增大运营能耗，机车动力加大；列车风产生噪声。针对这些问题，铁路工程师们经过大量的理论研究和试验，从多方面找到了一系列有效控制和调节的方法，包括加大隧道横截面积、充分利用辅助坑道、设置洞口缓冲结构等。

☐ 隧道衬砌内轮廓和内部有效净空面积

隧道衬砌内轮廓的确定通常要考虑以下因素：隧道建筑限界、股道数和线间距、隧道设备空间、空气动力学效应、轨道结构形式和运营维护方式、养护及工程技术作业空间、救援通

图 3.29　双线隧道内轮廓实景

道空间、车辆密封性等。

可以想象，瞬变压力与隧道横断面的大小、列车速度关系密切。加大隧道内净空面积，降低列车速度，能有效缓解隧道内空气动力学效应；但净空面积加大，隧道横断面面积随之相应增大，也会引起施工量增大、建造成本增加。因此，净空面积大小要结合列车运行速度、旅客舒适性和工程经济性综合确定。现行高铁设计规范规定，设计速度为 300 公里/小时、350 公里/小时的双线隧道净空有效面积不宜小于 100 平方米，单线隧道不宜小于 70 平方米。设计时速为 250 公里/小时的双线隧道不宜小于 90 平方米，单线隧道不宜小于 58 平方米。

□ 隧道洞口工程

隧道洞口工程大有学问。隧道洞门结构有帽檐斜切式洞门、喇叭口倒斜切式、挡翼端墙式多种。隧道洞口设计要结合地形、地质和环境条件，综合考虑安全、舒适、景观等要求。隧道洞口通常要避免通过危岩落石发育区，无法避免的需设置明洞、棚洞，并进行加固、遮蔽等整治。洞口附近有建筑物或特殊环境要求时，要设置洞口缓冲结构降低微气压波。

图 3.30　马鞍山隧道洞口（左），乌溪隧道出口（右）

图 3.31　梓坑 1 号、2 号隧道（左），石榴明洞和蓝田隧道（右）

□ **隧道运营通风和防灾救援疏散**

高速铁路隧道运营通风和防灾救援疏散设施，与隧道主体工程同步设计、同步施工、同步验收投入使用。隧道运营通风与防灾通风设计根据专业设计标准、技术经济条件、维修、防灾救援因素综合确定，统筹考虑。防灾救援疏散设计遵循"以人为本、应急有备、方便自救、安全疏散"原则。通过设置避车道、通风风井、疏散通道，解决了长大隧道里的"出气孔"和"逃生道"，为高铁隧道运营安全和防灾救灾提供了保障。

□ 隧道施工技术

在近年的高速铁路隧道施工中,通过加强地质变形控制和高风险隧道施工安全管理,降低了地质灾害发生的概率,在围岩稳定性方面总结出了全新的理论和技术,还建立了隧道围岩稳定性综合评价方法。例如合福安徽段高铁全线共有隧道52.5座(含明洞2座),总长66.501公里,按照新奥法施工组织,根据不同围岩条件采用不同的施工方法。Ⅱ级三围岩段采用全断面法,Ⅲ级围岩段采用台阶法或全断面法,Ⅳ级围岩段采用三台阶七步开挖法或三台阶临时仰拱法,Ⅴ级围岩段采用三台阶七步开挖法,或三台阶临时仰拱法,或双侧壁导坑法,或六步CD、四步CD法。同时根据隧道规模、地形地质条件、支护类型和参数、开挖方式等制订隧道监控量测。采用"物探和钻探、长距离探测和短距离探测相结合"的探测方案,采用地震波反射法、地质雷达、超前水平钻孔、加深炮孔及地应力测试的探测方法,以及地表重要井、泉点的观测和深孔水位监测,以获取开挖面前方的地质信息,及时调整隧道施工方案,不仅指导了隧道安全施工,还避免了地质灾害的发生。

在大量的工程实践中,高铁建设者们不断探索创新,在钻爆法隧道施工、全断面隧道掘进机施工(TBM)、锚喷支护新奥法大断面开挖施工和盾构施工等高铁隧道施工技术方面,积累了大量的宝贵经验,成功建设了复杂地质隧道;具备了在江河水下、高压富水岩溶、高瓦斯、特殊岩土、高地应力及软岩大变形等复杂条件下的隧道建设能力,以及大断面高铁隧道设计、施工技术。

五、高铁车站

高铁车站和其他铁路房屋建筑是高速铁路系统的重要部分。高速铁路车站是办理列车始发、终到或通过,供旅客乘降

> 第三章 高铁的系统构成与核心技术

图 3.32 广州南站

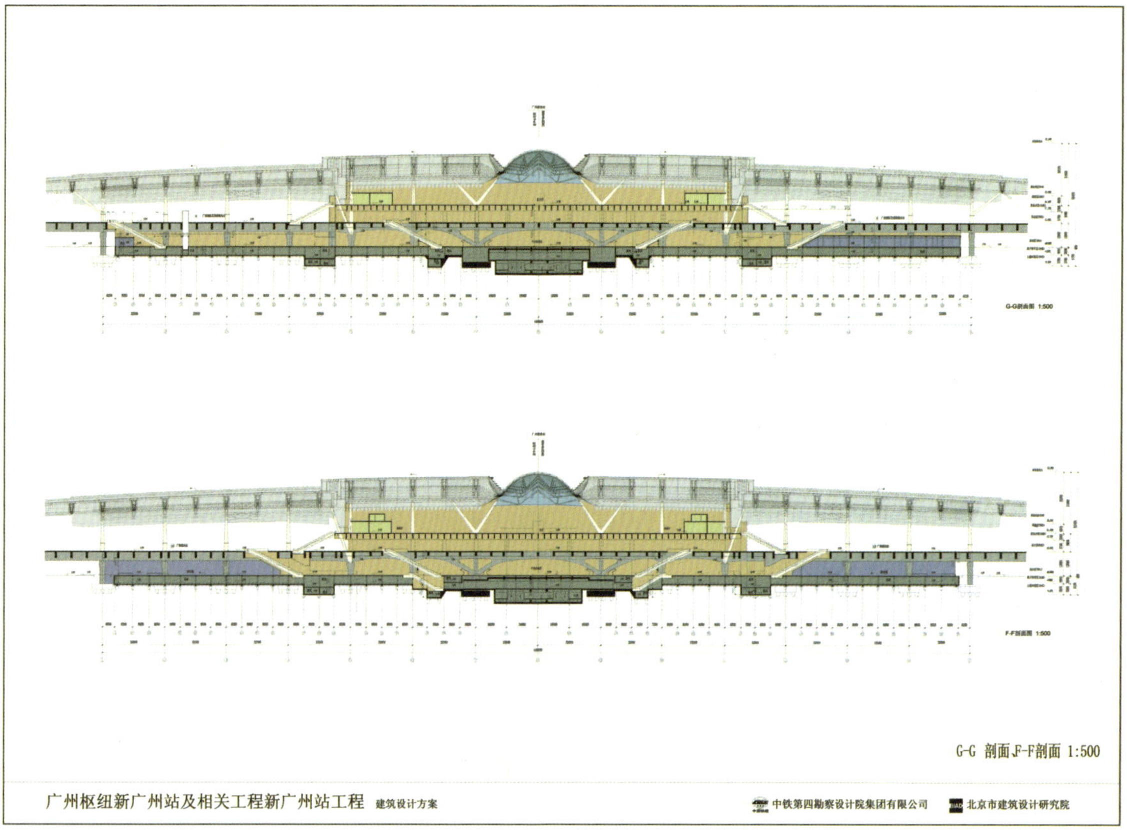

图 3.33 广州南站剖面图

109

的场所。铁路房屋建筑包括车站建筑，牵引供电、电力、通信、信号、信息、防灾安全监控、工务、动车、给排水、调度、公安、房产、乘务员公寓等各类生产房屋，以及食堂、浴室、单身宿舍等生产附属房屋。

高速铁路旅客车站为办理客运业务设置，一般由站场、站房、站前广场和各项客运设备（如站台、雨棚、天桥、地道等）组成。高铁车站多位于铁路沿线人口密集地区，也是铁路枢纽的组成部分，更是城市的门户和窗口。车站的选址和布置既要符合铁路网规划要求，还要与城市的发展规划紧密结合。如2010年建成的广州南站是大型铁路枢纽站，不仅是京广高铁、广州城际铁路的汇集地，还与地铁、公交车、出租车、社会车辆换乘无缝衔接。高铁站竖向设计有候车层、站台层、地面广场层、地下地铁层等，旅客出行方便快捷。

类似广州南站这样的大型、特大型高铁枢纽客站在全国范围内已建成五十多座，如上海虹桥站、北京南站、南京南站、杭州东站、合肥南站、昆明南站、兰州西站等等，这些高铁枢纽客站遍布祖国大地，成为方便快捷的交通枢纽。

车站布置与站场客运设备

车站按业务性质分为客运站和越行站。越行站是专门为办理旅客列车越行而设的车站，不办理客运业务。客运站按技术作业性质分为始发站和中间站：始发站主要办理列车始发、终到作业和客运业务；中间站主要办理列车通过、越行和客运业务。部分车站办理少量的列车折返作业。

由于列车平面布置与引入线路数量、运营需要、动车段（所）客车整备所的配置以及地形条件等因素关系密切，因此车站布置图形是综合分析的结果。例如南京南站共有28个站台，连接了8条高等级铁路：京沪高速铁路、沪汉蓉高速铁路、宁杭高铁、宁安城际铁路、宁合城际铁路、宁安城际铁路、宁启城际铁路、沿江高速铁路。其中1至10号站台供京沪线（上海至南京至北京）列车停靠，11 至 21 号站台供宁蓉线（南京至成都方向）和宁杭线（南京至杭州）列车停靠，22 号站台供沪宁城际铁路（支线）（上海、上海虹桥至南京南）列车停靠，23 至 28 号站台供宁安线（南京至安庆）列车停靠。

站场客运设备主要包括站台、雨棚、地道或天桥等跨线设施及安全门等。客运设施的选定要充分考虑方便旅客、安全舒适、以人为本的要求。如旅客站台长度是按照动车组列车长度加前后停靠余量确定的。按 CRH 系列动车组 16 编组为例，动车组列车长度为 430 米，考虑动车前后各加 10 米的停靠余量，确定旅客站台长度为 450 米。站台高度一律采用 1.25 米的高站台，站台宽度根据旅客流量大小确定。此外站台上还设有楼扶梯和引导标识系统，方便旅客乘降。地道和天桥是旅客进出站台的通道，其采用形式和数量取决于进出站流线。一般线平式站房多采用"下进下出"或"上进下出"流线，即旅客

图 3.34　福州南站无柱雨棚

走近高速铁路

通过地道进入、离开站台，或通过天桥进入站台、通过地道离开站台。

近年，随着新结构和新材料技术的发展，为了适应节约用地和建设综合交通枢纽的需要，诞生了一批"建、桥合一""场、棚合一""旅客地道和社会通道合一""铁路、地铁立体交叉"的大型客站。南京南站站房南北两端为侧式站房，中间（站场上方）是高架站房，共建有28个站台。南北侧式站房有高架车道直达，北侧设有北广场，旅客可从南北高架车道进站或从北广场进站。地下一层为旅客出站和换乘层，中心区域就是地铁的进出站口，东西两侧各设出租、社会车辆的上客区。地下一层与广场连接，广场南北两侧为公交上客区。南广场还有一个南京禄口国际机场快客停靠带，可直接接驳南京禄口国际机场。公路客运南站设在南广场，地下负二层设有地铁1号线、3号线和S1号线，分别到达市内江宁、江北、河西、

图3.35 南京南站南、北站房

禄口机场等不同方向。

旅客站房

我国目前已建成投入运营的高铁站房近千座,在车站建筑设计中融入最新设计理念,在站房功能上充分实现了现代化。站房的设计建造,不仅要保证乘客使用安全、方便,而且具有良好的内部和外部环境条件,可以为乘客提供舒适的乘车环境、购物条件及餐饮服务等。

旅客站房的平面布置主要根据站房所处城市的位置、旅客流向、旅客人数、旅客和行李通道的便捷等条件整体设计,并根据铁路与城市的发展规划预留增建的空间。站房的内部功能和流线设计,注重方便旅客乘车、导向明确和避免交叉干扰,为旅客提供舒适、高效便捷的服务设施。同时在建筑造型设计

图 3.36 呼和浩特东站

走近高速铁路 >

图 3.37　银川站

上，重视融合当地历史文化、地域特征。在建设阶段，满足绿色、环保、节能和可持续发展的要求，配合城市发展规划布置站房设备，为城市交通规划预留接口条件，使得客流组织合理、便捷。图 3.36 和 3.37 分别为具有地域文化特征的新建呼和浩特东站和银川站。

站前广场

站前广场既是城市为高铁建设提供的配套设施，更是联系铁路和城市、铁路和各类交通的桥梁。高铁车站站前广场是最具典型性的城市广场，综合了轨道交通（包括铁路、地铁、轻轨等）、公交车、长途汽车、出租车、私人小汽车及自行车等多种交通方式，并在换乘枢纽前供各种车辆停靠以及乘客利用的空间，实现多种交通方式之间客货流的转换与流动。同时，站前广场还兼有防灾避难、环境景观等多种功能。

站前广场是城市居民重要的城市公共空间，通常分为交通枢纽功能区和城市广场功能区两部分，分别实现交通枢纽功能和城市广场休闲娱乐功能。由于站前广场是第一映入眼帘的建筑物，是旅客对一个城市的初步印象，所以站前广场的规划设计和建设越来越得到广大市民、旅客以及城市管理者的关注和重视。

其他生产和生活房屋

其他生产房屋是指除了高铁车站站房外的牵引供电、电力、通信、信号、信息、防灾安全监控、工务、动车、给排水、调度、公安、房产、乘务员公寓等各类生产房屋,以及食堂、浴室、单身宿舍等生产附属房屋。房屋面积根据生产规模、生产工艺及设备使用要求确定。

为了给运输生产提供可靠设备保障,铁路房屋的选址非常重要。与铁路线路密切相关的生产用房和技术作业房屋,必须根据作业需要就近选址,且提供必要的道路交通运输条件。车站站区房屋除有铁路特殊工艺或管理要求的,一般按照功能分区集中建设、统一管理的原则,与站房、站区其他建筑同步规划协调。维修车间、工区内的单身宿舍、食堂等生活房屋通常集中设置,根据专业特点采取相对隔离措施或公用设施。铁路区间的生产设备房屋选址设计对室外地面高程有严格的规定,例如牵引变电所地面高程要按照满足洪水位或内涝水位重现期100年设计,电力变电所、配电室、区间通信信号设备房屋、给水站的泵站等按照洪水位或内涝水位重现期50年设计等。

铁路生产设备房屋本身对抗震、防火、结构安全、防雷、电

图 3.38　合福高铁巢湖东站维修工区(左)和黄山北站维修工区(右)

磁兼容、接地以及防尘、防震、防静电、防潮、防盗、防鼠等也有严格要求。例如行车调度、运转、通信、信号、供电、供水等房屋建筑的抗震为重点设防类；电缆、光缆及其竖井、沟（槽、管）等穿过房屋隔板、楼板时，必须进行防火封堵等等。

六、牵引供电系统

高速列车是一种电车，但它与电动能源车不同的是，高速列车并没有能够储存电量的部件，而采取"随用随取"原则，即在运行过程中从沿途的输电设备上获取电能，再将电能分散到各节动车车厢里。高速列车的"食粮"和行走的动力源称为电力牵引供电系统。

牵引供电系统，简单地说就是把电从电力系统引入到列车上，为列车行驶提供源源不断动力的专业化系统，系统主要包括牵引供电、牵引变电、供电调度系统、接触网等部分。

高速铁路的牵引供电等级

高速铁路在路网中是重要的客运通道，牵引负荷大、运行密度高。正线牵引网采用 2×25 kV 供电方式，以适应大负荷供电的需求。枢纽地区跨线列车联络线、动车组走形线、动车段（所、场）等行车速度较低，牵引负荷小，一般采用 1×25 kV 供电方式。

外部电源选择根据牵引负荷大小、负荷特性、供电可靠性、电力系统供电条件和对电力系统的影响等方面综合考虑确定。1961年，我国第一条电气化铁路宝成铁路宝凤段建成开通时，牵引变电所外部电源采用 110 kV 电源供电，随后建成的其他电气化铁路牵引变电所外部电源大部分均习惯采用 110 kV 电源供电。高速铁路牵引负荷较普速铁路牵引负荷增大，结合负荷需要和我国电网发展，牵引变电所进线电压等级选择 220 kV；在我国西部地区因无 220 kV 电压等级，因此牵引变电所进线电压等级选择了 330 kV。

牵引变电所

牵引变电所是供电系统的中转站，它将高压输电线送来的电能加以降压和变流后输送给接触网，以供给沿线路行驶的列车，即将电力系统的三相电压降低，同时以单相方式馈出。降低电压是由牵引变压器、单机容量为 10 000 千伏安以上的降压变压器来实现的；将三相变为单相是通过变电所的电气接线来完成的。牵引变电所中设有用来接通和开断电力电路的主断路器、检修和安全用的隔离开关，以及自动、远动控制与保护用的自动控制系统和断电保护系统等。牵引变电所是电气化铁路供电系统的心脏，如心脏一刻都不容许停止跳动一样，牵引变电所也需要具有高度的可靠性，因此牵引变电所引入两路独立的 220 kV（330 kV）外部进线电源，互为热备用。

一条高速铁路沿线设有多个牵引变电所，相邻变电所间的距离约为 40～50 公里。在线路长度更长的高速铁路中，为了缩小故障范围通常把高压输电线分段，除此之外每隔 200～250 公里还设有支柱牵引变电所，它除了完成一般变电所的功能外，还把高压电网送来的电能通过母线和输电线分配给其他中间变电所。

图 3.39　沪杭高铁松江南牵引变电所

接触网

列车在运行过程中车顶上有根"小辫子",我们称之为受电弓,受电弓升起后与沿线接触网相接触,由此将接触网中的电能传送给列车。因此,接触网实际上是向电力机车供电的特殊形式的输电线路。

高速铁路接触网沿铁路线上空架设,由接触悬挂、支持装置、定位装置、支柱与基础几部分组成。接触悬挂包括接触网导线、吊弦、承力索以及连接零件,其中接触网导线是高速电气化铁路接触网的核心部件,一般采用高强高导的导线材质,如铜合金、镁铜合金等。

 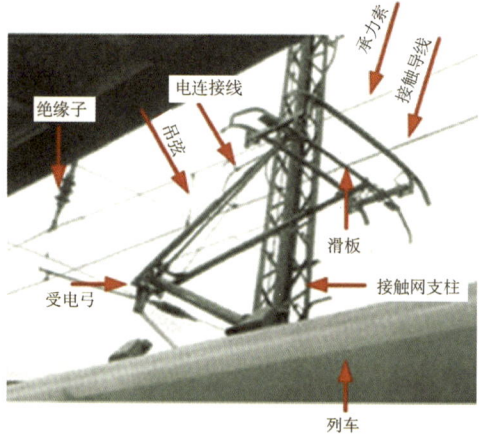

图 3.40　接触网(左)和局部示意图(右)

接触网的分类大多以接触悬挂的类型来区分,根据其结构的不同分成简单接触悬挂和链形接触悬挂两大类。高速铁路对弓网受流质量要求较高,接触网系统正线采用全补偿弹性链型悬挂,所有车站站线及联络线均采用全补偿简单链形悬挂。正线路基、桥梁段的支柱形式采用 H 型钢支柱。隧道内接触网采用化学锚栓后锚固形式,支持结构采用带斜撑的加强倒立柱结构。

电力子系统

电力子系统是确保调度指挥、信号、通信、旅客服务等系统负荷安全、可靠、不间断运行的基础设施，包括供配电网络、电力远动（SCADA）、机电设备监控系统（BAS）、火灾报警监控系统（FAS）、动力供电与照明等。

电力远动系统又称 SCADA（supervisory control and data acquisition）系统。其主要功能是对高铁电力供电系统运行设备进行遥控（调）、遥测、遥信及调度管理，是供电调度系统的一部分。

机电设备监控系统又称 BAS（building automation system）系统。一般中等以上规模的车站、地下车站、动车段（所）及设有应急照明、机械排水或通风的隧道，均设置 BAS 系统。

火灾自动报警系统也称为 FAS（fire alarm system）系统。高速铁路设施按照有关设计规范设置火灾自动报警系统（FAS）。

牵引供电技术创新

接触网系统与受电弓的动态关系（弓网关系）是极为重要的关键技术，直接影响着高铁运输的安全可靠性。

我国在牵引供电技术方面，攻克了一系列技术难题，并形成了自己的牵引供电特色，包括时速 300 公里商业运行高速铁路弓网重联的高速接触网系统成套工程解决方案，构建了高速接触网系统的安全可靠性评估技术体系，研发了能满足高速动车组双弓重联运行振动特性、适应恶劣自然环境要求、具有自主知识产权的高速铁路接触网系统成套合金零部件装备，形成了以一体化工艺为核心的高速接触网的高精度标准化施工建造技术，为高速铁路的设计、建设、运营提供了可靠的技术支撑。其中，大张力全补偿链型悬挂等接触网新技术实现了时速 300～350 公里高速动车组重联双弓稳定受流，填补了世界高速铁路牵引供电技术的空白。

七、信号与控制系统

列车控制系统是集微机控制与数据传输于一体的综合控

制管理系统，被形象比喻为指挥控制列车运行的"大脑"和"中枢神经"，是适应高速运营、控制与管理而采用的最新综合性技术。

高速列车控制系统的核心是通信技术的应用。铁路通信是专门的通信系统，经历了从传统有线通信发展为有线和无线结合，再发展为无线通信GSM-R技术的过程。基于无线通信GSM-R的列车运行控制系统基本实现了数字化、网络化、智能化和通信信号一体化。

通信系统

高速铁路通信系统以传输及接入、数据网、GSM-R专用移动通信等子系统为基础，为列车控制、旅客服务、电力及牵引供电等业务应用系统提供网络服务，为运输生产和经营管理提供稳定、可靠、畅通的语音、数据和图像通信业务。

高速铁路通信系统包括通信线路系统、传输系统、数据通信网、电话交换与接入网、有线调度通信系统、铁路数字移动通信系统、会议电视系统、综合视频监控系统、应急通信系统、综合布线系统、时钟同步与时间同步系统、通信综合网络管理系统、电源设备、电源与设备房屋环境监控系统等14个子系统。

传输系统为通信各子系统与信号、电力与牵引供电专业系统提供可靠的传输通道。

通信线路系统为信号、牵引及电力供电系统及通信子系统提供可靠的传输媒介。

电话交换与接入系统为高铁沿线车站、段所、保养点、区间中继站、牵引供电与电力供电系统节点以及铁路相关部门提供固定电话、音频业务和低速数据业务。

数据网系统属于全路数据通信网的区域网络，由区域网络核心节点、汇集节点及接入节点组成，承载本线IP数据业务。

应急通信系统由事故抢险现场设备和应急中心设备构成，在事故抢险时为现场和应急调度指挥中心之间提供语音、数据、图像通信业务。

有线调度通信系统为实现本线的运营调度指挥提供调度网。

电源设备为通信子系统提供高可靠性的电源供电保证，在沿线各通信机房根据需要设置高频开关、不间断电源设备、蓄电池等。

时钟同步及时间同步系统通过设置数字同步设备、综合定时系统等设备，提供时间同步信号。

通信综合网络管理系统通过采集通信各子系统的网管信息，分别完成管内通信各子系统资源和故障告警的综合管理。

环境监控系统通过在车站设置监控中心设备，沿线通信和信号机房设置远端监控单元设备，实现对机房温度、湿度、烟雾、水浸、门禁、开关电源、UPS设备、蓄电池组、机房空调等的监测监控。

GSM—R（global system for mobile communications-railways）是高铁专用移动通信系统，中文意为"铁路数字移动

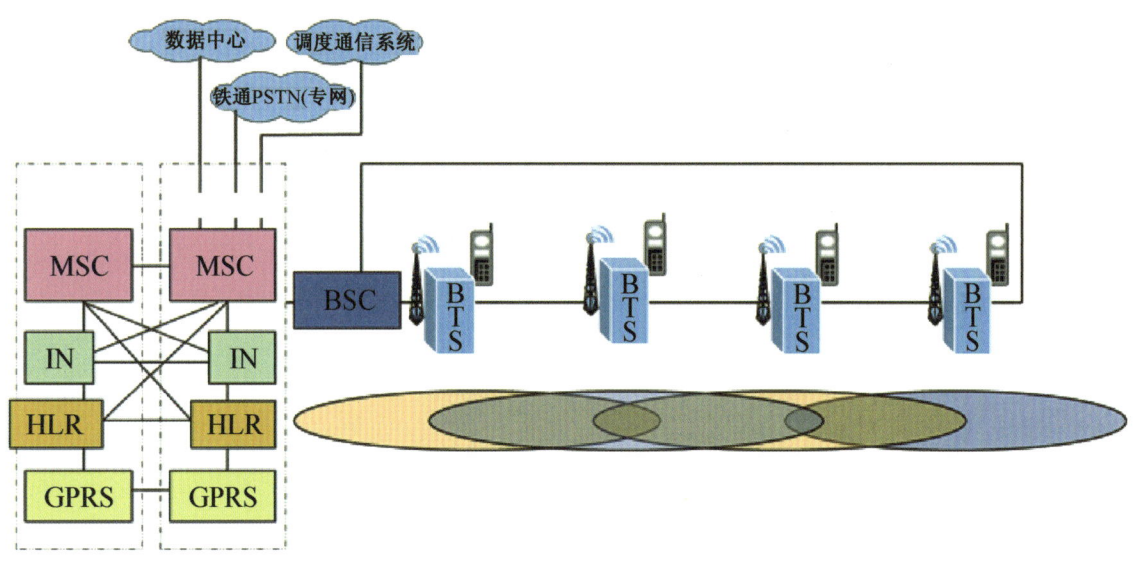

图 3.41　GSM-R 数据传输与基站场强覆盖示意图

通信技术"，是基于GSM制式的承载铁路语音和数据等业务及列车数据业务的综合数字移动通信系统。

高速铁路通过GSM-R系统提供语音通信、调度通信、列车控制数据传输、调度命令和无线车次号校核信息传达等业务。GSM-R系统包括核心网、基站子系统、业务与运营支撑子系统和终端等。其中核心网包括交换子系统、智能网子系统、分组无线业务子系统等。为了保障高速铁路调度通信的可靠性，数字调度通信系统调度所调度交换机按同城异地容灾备份设计，采用同站址双基站或交织基站方式的无线覆盖冗余措施。

高速铁路通信设备及安装对温度、湿度、防尘和振动等环境有严格要求，隧道内的设备要满足高速列车通过产生的风压要求。综合视频监控系统与电源及房屋环境监控、旅客服务系统、应急通信系统等实现互连或联动。

信号系统

高速铁路信号系统主要包括行车调度指挥系统（CTC）、列车运行控制系统（CTCS）、车站联锁系统、信号集中监测系统、网络及电源系统等。

行车调度指挥系统（CTC：centralized traffic control）又称调度集中，是为实现列车运行调度的计算机集中控制与指挥系统。高速铁路行车调度指挥系统包括调度中心子系统、车站子系统、调度中心与车站网络子系统和相关终端设备等。CTC系统设备和传输通道采用双套冗余备用结构。CTC网络系统由网络通信设备和传输通道构成，包括中心和车站的网络接入设备，以及中心和车站间双路冗余的专用数字通道。

一列高速运行的列车，如何保证其正常行驶？列车的启动、制动、改道、停靠如何实现？这就是列车运行控制系统——CTCS的作用。列车运行控制系统（CTCS：Chinese train control system）是保证列车按照空间间隔控制运行的技术方法，靠控制列车运行速度的方式来实现。CTCS 列控系统是以分级形式来满足不同线路运输需求的列车运行控制系统。在我国 CTCS 技术规范中，根据系统配置，CTCS 按功能划分为 5 级。

CTCS 是保障铁路运营安全、提高运营效率的核心技术装备，由地面子系统和车载子系统构成，如图所示，包括地面设备、车载设备、信号数据传输网络和车地信息传输设备等。地面子系统包括应答器、轨道电路、无线通信网络（GSM-R）、列车控制中心（TCC）/无线闭塞中心（RBC）。其中 GSM-R 虽不属于 CTCS 设备，但也是其重要组成部分。车载子系统由 CTCS 车载设备、无线系统车载模块组成。CTCS 车载设备是基于安全计算机的控制系统，通过与地面子系统交换信息来控制列车运行。无线系统车载模块用于车载子系统和列车控制中

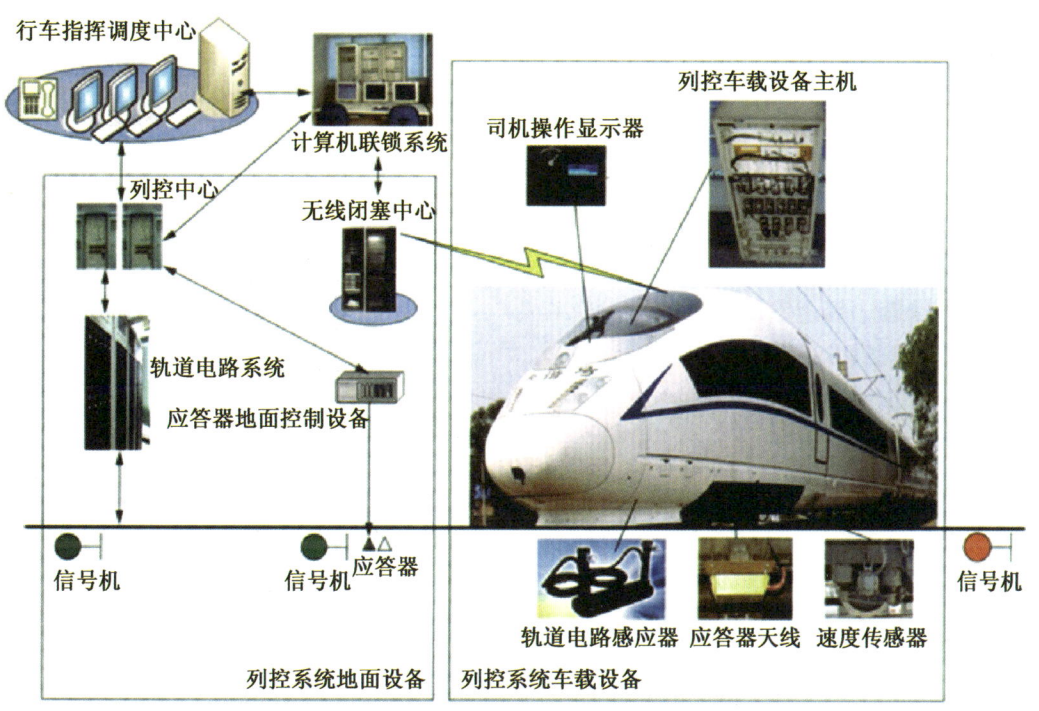

图 3.42　列车运行控制系统设备组成示意图

心进行双向信息交换。

地面设备提供线路参数、目标距离和进路状态。车载设备生成目标距离控制模式曲线,并通过驾驶室内的人机界面为司机提供目标速度、当前速度、最高允许速度、距前方停车点距离等信息,满足高速运行所需的控车要求。信号数据传输网络实现地面设备间的数据信息交互。地、车信息传输设备完成地面设备和车载设备的信息交互。

中国高铁列控系统与创新

我国设计时速 250 公里及以上的高速铁路线路,地面采用 CTCS-3 级列控系统,对于设计时速 250 公里的线路根据需要也可采用 CTCS-2 级列控系统。动车组走行线及动车段(所)接发列车进路,一般采用 CTCS-2 级列控系统。

CTCS-2 级是基于轨道传输信息,并采用车—地一体化系统设计的列车运行控制系统,可实现行车指挥—联锁—列控一体化、区间—车站一体化、通信—信号一体化和机电一体化。

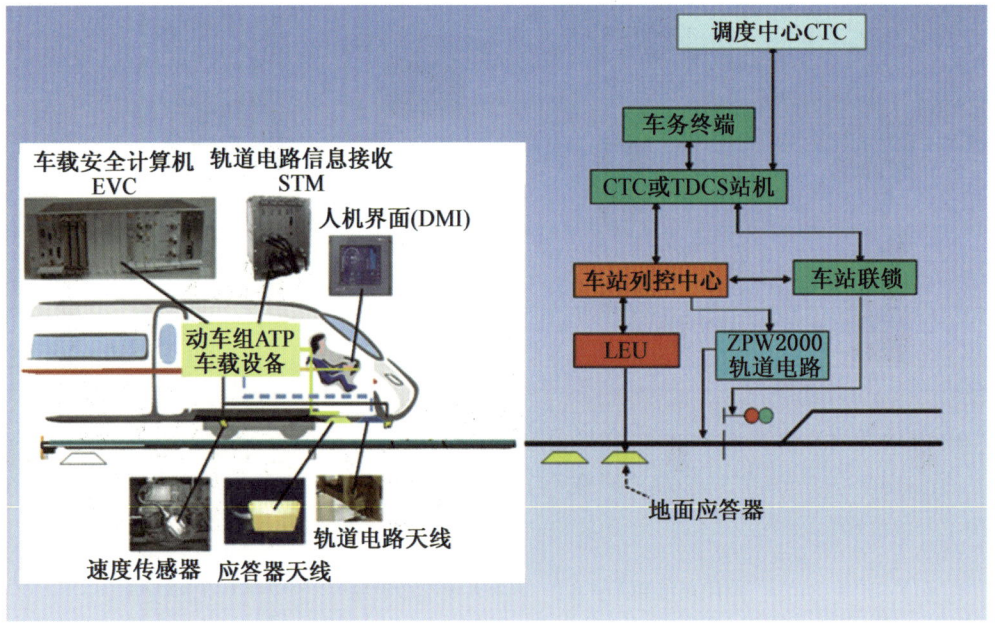

图 3.43　CTCS-2 主要设备组成示意图

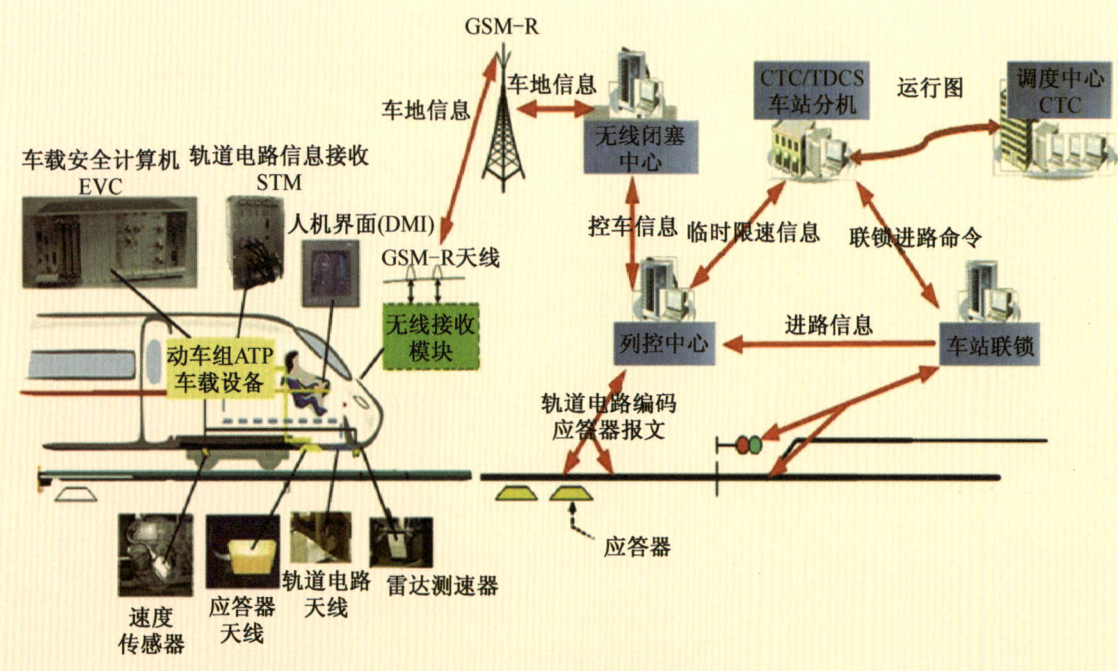

图 3.44　CTCS-3 设备结构示意图

图为 CTCS-2 主要设备组成示意图。

CTCS-3 级列车运行控制系统是保证高速列车运行安全、可靠、高效的核心技术之一，能满足运营中的所有运营工作模式、场景的需求，并保证行车安全。图为 CTCS-3 设备结构示意图。CTCS-3 级列控车载设备（含 CTCS-2 级功能）有 9 种主要工作模式，其中通用的模式有完全监控模式（FS）、目标行车模式（OS）、引导模式（CO）、调车模式（SH）、隔离模式（IS）、待机模式（SB）和休眠模式（SL）等 7 种；仅适用 CTCS-2 级的模式有部分监控模式（PS）和机车信号模式（CS）。

目前，CTCS-2 级列控系统和 CTCS-3 级列控系统广泛应用于我国的高速铁路中，先后覆盖了东北高寒地带、南方炎热高湿地带、西北高海拔以及沙漠地带，实现了高寒、酷热、戈壁风沙、海风高盐等不同运营环境，以及高强度、高密度、重杂环境下的安全可靠运营。中国高铁列控系统的测试案例已累计突破 3 万个，超过国外从事列控系统研发企业测试案例的总和，对世界范围内的高铁安全运行提供了庞大的实践数据支持和借鉴，成为中国高铁列车运行控制系统的突出优势和宝贵财富。

□ 攻克列控设备核心技术，研发全套自主化列控装备

中国高铁完成了 CTCS-2 级列控系统、C2ATO 列控系统、CTCS-3 级列控系统全套自主化装备的研制，包括 ATP 车载设备（含 ATO）、无线闭塞中心、列控中心、临时限速服务器、车站联锁、轨道电路、应答器、通信控制服务器等；控制设备安全完整性等级均达到国际最高等级 SIL-4 级，并在设备简统化技术、自主安全计算机平台技术、车载全功能无缝切换技术、测速测距技术等方面实现了突破。

为了解决国外芯片停产对列控设备生产的持续影响，中国必须走出一条自强不息、自主创新的道路。中国高铁提高了自主化设备的技术竞争力、集成化水平、产业化控制能力，攻克了针对列控应用的片上系统设计技术、系统级封装技术，完成了芯片的高集成低功耗，掌握了功能安全芯片设计技术，实现了 SIL-3 级高安全性芯片的研发。另外，在攻克上述核心技术的基础上，还自主研制了四款专用芯片，其间采用特殊工艺设计和先进的封装技术实现对复杂、极端环境的适应性，并成功应用于轨道电路、应答器、车载 ATP 等自主化设备。

□ 创新构建了全线、全景、全速综合仿真平台

仿真平台，通俗讲就是指后场（一般为实验室）建立的模拟前场实景、开展试验或调试的平台。我国高铁通过采用列控系统实物与半实物仿真相结合的方式，构建了路内最大规模工程验证平台，支持从产品测试、线路数据试验到列控系统的安全确认，为持续创新提供平台支撑。建立了完整的从子系统专项测试、实验室集成测试、现场集成测试到联调联试、试运行的完整测试验证流程，100% 覆盖系统场景，大大提高了测试的全面性和可信度；采用实验室测试与现场试验相结合的方

式，有效保证系统的各项设计指标按计划达到设计要求。

□ 自主创新列控系统集成技术，打造国际先进的产业化基地

因为坚定走自主创新之路，时速 350 公里的高速列车实现了长大干线上基于无线通信方式的安全可靠控制；实现了 CTCS-3 级 /CTCS-2 级不同列车运行控制等级的深度集成；实现了城际铁路与干线铁路的互联互通；实现了不同等级线路运行状态下的不停车动态平滑切换；构建了不同制式平台的互联互通模式，满足全路"一张网"规划下的不同运行等级的线路跨线运行要求。

中国高铁建立了自己先进的、拥有国际水平的电子装联生产线和钣金柔性加工生产线，这条生产线具备生产制造全系列的 CTCS 列控系统设备的实力。拥有完整 CTCS 列控系统设备的调试检测生产线及相应产品的实验、检测系统设备，是当今中国轨道交通列车运行控制领域齐全的产品结构。

□ 建立了先进的 CTCS 技术标准体系和完整的列控系统认证体系

按照我国 CTCS 技术总则，建立了符合中国国情、路情，全路统一、互联互通、国际领先的高速铁路列控技术标准体系。

结合中国运营实际，建立了完整的列控系统认证体系。制定了从系统研发，直到系统现场测试运营全过程需遵循的国家及铁路行业认证标准。明晰了系统准入和商业运行前的空载运行要求。

八、信息系统

高速铁路的信息系统具有与高速铁路运营管理模式相适应、与既有信息系统衔接相融合的特点，它主要包括运营调度管理系统、客票系统、旅客服务信息系统、动车组管理系统、办公系统、公安管理系统、建设项目管理系统。

运营调度管理系统

高速铁路运营调度系统具有计划编制、综合设施调度管理、客运调度等功能，是高速铁路运输管理和列车运行控制的中枢。运营调度管理采用调度中心、调度所、站段分级架构。调度中心和调度所设置数据库服务器、应用服务器、通信服务器、存储设备、调度台终端、网络设备、网络安全及维护管理等设备。调度中心和调度所根据需要设置调度台终端。

高速铁路运营调度系统主要解决运营和调度两个问题，运营的问题主要通过运输计划来反映，调度的问题主要通过调度指挥系统各功能子系统的相互配合来反映。因此运营调度系统实际上是基于计算机、通信、网络等现代化技术的现代化综合系统，指挥完成列车的计划、运行控制等一系列任务。运营调度系统根据机车车辆配备和动力特性、车站配备和作业、沿线线路和设备状态、人员的配备、相邻线路列车运行的状态等，统筹编制列车运行计划、集中指挥列车运行和协调铁路运输各部门的工作。

高速铁路具有"高安全、高速度、高密度、高正点率、高计划性、高服务、综合维修"的特点，高速铁路运输调度指挥系统完全能够适应这些特点要求，主要通过运输计划管理、动车管理、综合维修管理、车站作业管理、调度指挥管理、安全监控、系统运行维护等七个子系统来实现集中调度指挥的综合功能。

客票及旅客服务信息系统

我国高铁客票主要采用磁质纸票。客票系统由中心级系统和车站级客票系统构成，提供车站、代售点、网络、手机等多种售票方式。中心系统具有实名制客票发售与预订、席位集中管理、交易实时处理等功能。车站客票系统还具有实名制售票、检票、补票、退票、取票、改签等功能。为了方便旅客的需求，车站还设置有临时制证的设备。

高速铁路旅客服务信息系统采用铁路局、车站分级架构，根据需要可以实现铁路局集中管理、中心站管理小站、车站独

图 3.45 客运管理信息系统

立管理等模式。铁路局设置有集成管理平台，统一接入和管理车站旅客服务信息系统，具有对管辖范围内各车站基础数据维护、系统管理、安全管理、客运组织、旅客服务、生产管理，以及对管辖范围内旅客服务信息系统统一处理与共享、业务集中监控与管理等功能。车站级系统还设置综合显示、客运广播、视频监控、时钟、旅客携带物品安全检查、应急管理平台

图 3.46 无人售票机（左）与进站检票设备（右）

等子系统。

随着计算机信息技术的发展，旅客服务系统不断提供新的功能。2011年起全部动车组线路实行网上订票，经过几年的使用和逐步完善，目前12306中国铁路购票网站可以提供购票、退票、余票查询、时刻表查询、支付宝支付、网上预约座位等功能，旅客使用极为方便。2017年10月，北京、上海、武汉、成都等高铁站还开通了自动"刷脸"进站通道，不仅给旅客提供了更方便的出行，而且提高了安全性。

动车组管理信息系统

动车组管理信息系统具有动车组运用管理、维修管理、技术管理、配件物流管理、设备管理、安全质量管理、成本管理、统计与分析等功能，采用铁路局（公司）、动车段、动车运用所分级架构，设置数据库服务器、应用服务器、通信服务器、存储设备、各种终端及维护管理工作站设备。

动车段调度室对段内动车运行和检修作业进行集中调度和监控，对检查库、检修库实行分区作业调度和监控。动车运用所调度室设置计划、运转、生产调度台，在检查库、临修库、检修库、转向架库、轮对踏面诊断间、外皮清洗库、备件备品等场所设置人工诊断设备。

灾害监测系统

高速铁路灾害监测系统是指对自然灾害及异物侵限进行监测的系统。其作用是对危及高铁运行安全的自然灾害、突发事故、异物侵限及非法侵入进行监测报警和防护，提供经处理后的灾害预警信息、限速信息、停运信息等，为调度中心运行计划的调整、行车管制的下达、抢险救援、维修提供依据，保证客运专线列车安全正点、高效舒适运行。高速铁路防灾在线监测系统包括风速、雨量、地震监测、防止异物侵入等，例如设计速度200公里/小时及以上的区段设置风、雨、雪、地震以及上跨铁路的道路桥梁异物侵限监测系统。

灾害监测系统采用铁路局（公司）中心系统、现场监测设

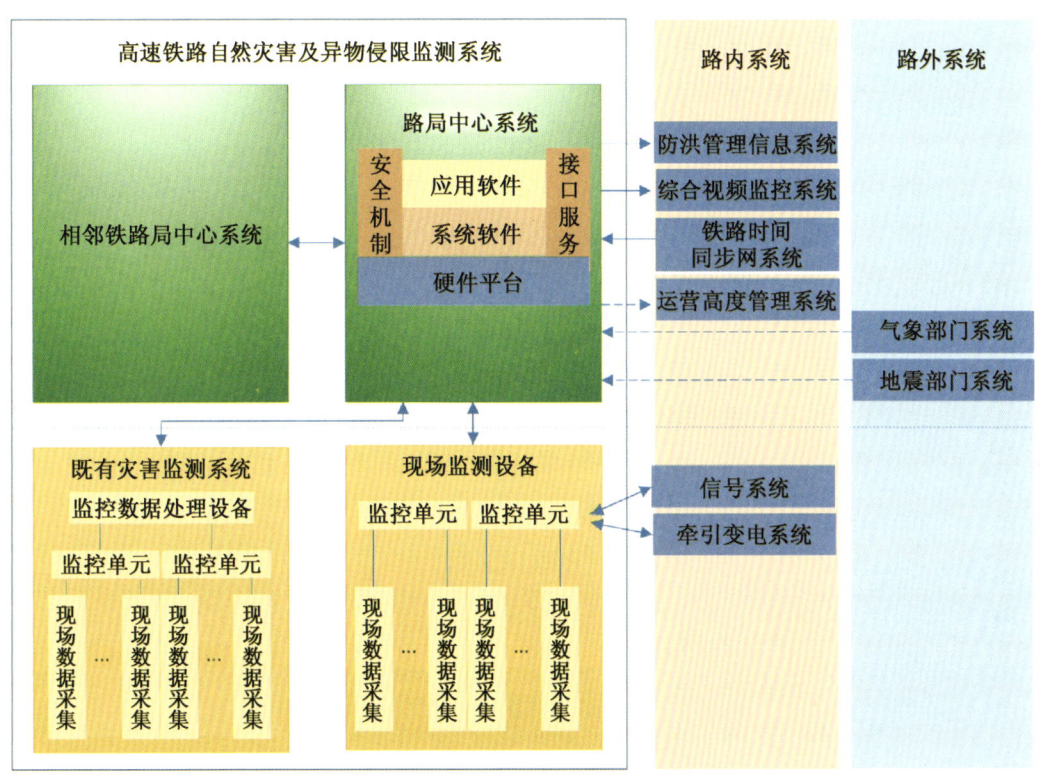

图 3.47　自然灾害及异物侵限监测系统

备两级构架。铁路局（公司）中心系统包括服务器、存储、网络及安全、时间同步、监测终端、复示终端等设备。现场检测设备设置在高铁沿线，包括监控单元及现场采集设备。

【知识链接】应答器、轨道电路、列车控制中心、RBC、联锁系统和车站联锁

应答器是一种能向车载子系统发送报文信息的传输设备，既可以传送固定信息，也可连接轨旁单元传送可变信息。

轨道电路具有轨道占用检查、沿轨道连续传送地车信息功能，采用 UM 系列轨道电路或数字轨道电路。

列车控制中心是基于安全计算机的控制系统，它根据地面子系统或来自外部地面系统的信息，如轨道占用信息、联锁状

态等产生列车行车许可命令,并通过车地信息传输系统传输给车载子系统,保证列车控制中心管辖范围内列车的运行安全。

RBC 是 radio block center 的缩写,即无线闭塞中心,是采用无线通信方式实现列车间隔控制的地面设备。系统接受所辖全部列车的位置信息,向所有列车发出行车许可并提供列车间隔控制功能。移动闭塞的追踪目标点是前行列车的尾部,留有一定的安全距离,后行列车从最高速开始制动的计算点是根据目标距离、目标速度及列车本身的性能计算决定的。目标点是前行列车的尾部,与前行列车的走行和速度有关,是随时变化的;而制动的起始点是随线路参数和列车本身性能不同而变化的,空间间隔的长度是不固定的,所以称为移动闭塞。其追踪运行间隔要比准移动闭塞更小一些。

虚拟闭塞是准移动闭塞的一种特殊方式,它不设轨道占用检查设备,采取无线定位方式来实现列车定位和占用轨道的检查功能,闭塞分区是以计算机技术虚拟设定的。

联锁系统是保证在车站行驶或停靠的列车不致正面或侧面相撞、追尾或"挤叉"的系统。联锁系统在每个车站安装"车站联锁",对于具有多个车场的大型车站,则在分场设置联锁设备,以减少故障面以及设备改造对运输的影响,也称为"分段解锁"。为了确保列车在关闭的信号前方停车,避免冒进信号,联锁车站内列车或进路需设置接近锁闭。

高速铁路采用 CTC 系统对车站道岔进行远程控制,当道岔转换不到位时,道岔控制电路实施断电保护措施。在编制车站列控数据时,需与联锁设备提供的进路完全对应,不得存在没有列控数据的动车组列车进路。

铁路车站联锁,通俗地说,车站联锁是利用车站信号、道岔等设备解决运行中的列车有序通过车站的措施。列车进站的进路或出站的进路,都是由道岔的不同开通位置所确定的。因此,在进路入口处设置信号机。进站信号机防护的进路范围为一整条站线,出发信号机防护的进路是应去区间,调车信号机则只是道岔区。当进路上的道岔开通位置符合进路要求，进路的线路空闲，并未安排同一股道的敌对进路，信号机才能开放，显示绿灯或黄灯；否则，信号机不能开放，即显示红灯，禁止列车进入。信号机开放后，进路上的道岔被锁在进路要求的位置；而敌对进路也必须锁闭，同时敌对进路的信号机不开放，显示红灯。列车驶入进路后，防护这条进路的信号机立即关闭，显示红灯，禁止其他列车再驶入。

这种信号机、进路空闲情况和进路道岔的联锁关系，成为保证高速列车和机车车辆在车站范围内的运行安全，以及有效地利用车站行车设备，提高车站通过能力的重要措施。

【知识链接】CTCS 的发展历程

20 世纪 80 年代初，欧洲铁路网发达，列车运行控制系统种类繁多，且各国信号制式复杂、互不兼容。为了有效解决各种列车控制系统之间的兼容性问题，保证高速列车在欧洲铁路网内跨线、跨国互通运行，1982 年 12 月欧洲运输部长会议做出决定，就欧洲大陆铁路互联互通中的技术问题寻找解决方案。2001 年欧盟通过立法形式确定了欧洲列车控制系统 **european train control system**，简称 ETCS，其主要目标是互通互用、安全高效、降低成本、扩展市场，在规范的设计上融入了欧洲各主要列控系统的功能，制定了比较丰富的互联互通接口。经过长期的发展，ETCS 系统逐步成熟，得到了欧洲各国铁路公司和供货商的广泛认可。

20 世纪 90 年代的中国铁路，已不能满足现实客货运的需求，为了缓解运输的压力，中国铁路先后实行了六次大提速。但由于历史及技术原因，中国铁路存在多种信号系统，严重影响了运输效率，铁路的中枢神经——信号系统完全落后于发展的要求。铁路信号系统迫切需要建立统一的技术标准，并适应数字化、网络化、智能化、一体化的发展方向。与此同时，我国高速铁路相关技术研究工作逐步深入，国产高速铁路列车运

行控制系统标准的制定也迫在眉睫。为了满足铁路建设和发展需要，原铁道部组织相关专家通过引进欧洲列车控制系统ETCS标准，消化、吸收，形成了适合本国国情的中国列车控制系统CTCS及相关技术规范。

2007年开始CTCS-3级列控运行控制系统技术攻关，走"引进、消化、吸收、再创新"的技术路线，取得了一系列应用创新成果。从2009年第一条采用CTCS-3级运行控制系统的武广（武汉—广州）客运专线开通至今，已建成CTCS-3级线路上万公里。2014年铁路总公司下达科技研究重点课题"铁路列控关键技术深化研究——列车运行控制系统设备自主化技术研究"，并在大西客专试验段开展了自主化CTCS-3级列车运行控制系统现场试验，构建了具有自主知识产权的CTCS-3级列控系统标准。自主化CTCS-3级列车运行控制系统的标准化主要体现在以下三个方面：自主装备对既有装备的可替换性、不同厂家设备接口和功能的统一性、与欧洲ETCS标准铁路的兼容性。这套系统的成功研制填补了国内空白，摆脱了列车运行控制系统核心设备长期受制于人的困境。

第四章

高速铁路规划与建设

一、精心规划,体现发展需求

二、精心设计,适应高铁特点

三、精心施工,坚持科学管理

四、严格验收测试,严把高铁质量关

建设理念统领高铁工程建设全过程。一条高速铁路从无到有是高铁人智慧和汗水的结晶。高铁建设周期长，涉及面广，聚集了大量的资源要素，整个过程一般划分为规划决策、勘测设计、建设实施、开通运营等四个阶段。高铁建设理念与技术进步、科学管理十分密切，集中体现了"以人为本、环境协调、持续创新、系统优化、服务运输"基本内涵，体现了科学发展观总体要求，是"创新、协调、绿色、开放、共享"五大发展理念在铁路工程建设领域的具体体现。高铁建设理念贯穿于高铁规划、设计及施工全过程，精心规划、精心设计、精心施工，一张蓝图干到底。

> 第四章 高速铁路规划与建设

一、精心规划，体现发展需求

铁路具有网络经济特性，世界上很多国家都很重视国家铁路网的规划。建国初期，我国国民经济逐渐恢复，从1953年开始国家对重大建设项目、生产力分布和国民经济重要比例关系等做出规划，为国民经济发展远景设定目标和方向，称为"五年计划"。"十一五"以后，"五年计划"改为"五年规划"。"五年计划""五年规划"中对铁路网做出的发展规划，是某一阶段内铁路规划建设的依据。直至2004年，国务院批准了我国首个《中长期铁路网规划》，明确了未来15年我国铁路发展目标和规划方案。我国高铁网络的规划，从2004年国家批准的首个《中长期铁路网规划》起步，经过2008年规划调整，至2016修编《中长期铁路网规划》，始终围绕着国家经济和社会发展的需要，围绕着高效、经济地组织运输生产需要，实现运输网络的主次干线、支线等之间在数量、结构、分布上有比较好的组合。

2004年《中长期铁路网规划》

2004年国家《中长期铁路网规划》明确了到2020年的铁路发展目标和主要规划方案，依据这份纲领性文件，中国铁路成绩斐然：青藏铁路提前一年建成通车、全国铁路第六次大面积提速成功实施、重载运量突破世界极限、京津城际铁路开通运营，开辟了中国高速铁路的新纪元。规划确定到2020年，全国铁路营业里程应达到10万公里，主要繁忙干线实现客货分线，复线率和电化率均达到50%，运输能力能够满足国民经济和社会发展需要，主要技术装备达到或接近国际先进水平。同时规划还要求建设客运专线1.2万公里以上，包括"四纵四横"客运专线和三个城际客运系统。客车速度目标值达到每小时200公里及以上；完善路网布局和西部开发性新线，规划建设新线约1.6万公里；规划既有线增建二线1.3万公里，

137

既有线电气化 1.6 万公里。

为了满足国家经济迅速发展的需要，2008 年 10 月，国家发展和改革委员会批准了《中长期铁路网规划（2008 年调整）》，进一步明确扩大路网规模、扩充运输能力、提高装备水平和运输质量。该规划确定，到 2020 年客运专线达到 1.6 万公里以上，复线率和电化率分别达到 50% 和 60% 以上，基本形成布局合理、结构清晰、功能完善、衔接顺畅的铁路网络，运输能力能够满足国民经济和社会发展需要，主要技术装备达到或接近国际先进水平。调整的客运专线方案主要是，在修建"四纵四横"客运专线同时，建设南昌—九江、柳州—南宁、绵阳—成都—乐山、哈尔滨—齐齐哈尔、哈尔滨—牡丹江、长春—吉林、沈阳—丹东等客运专线，扩大高铁的覆盖面。在环渤海、长江三角洲、珠江三角洲、长株潭、成渝以及中原城市群、武汉城市圈、关中城镇群、海峡西岸城镇群等经济发达和人口稠密地区建设城际客运系统，覆盖区域内主要城镇。

2016 年《中长期铁路网规划》

自 2004 年国务院批准实施《中长期铁路网规划》，我国铁路实现了快速发展。截至 2015 年底，全国铁路营业里程已达 12.1 万公里，其中高速铁路 1.9 万公里，基础网络初步形成，跨区域快速通道基本形成，高速铁路逐步成网，中西部地区铁路加快建设，城际铁路起步发展，铁路运能紧张状况基本缓解。但是，与经济发展新常态需求、与其他交通运输方式、与发达国家水平相比，我国铁路仍然存在不足，主要体现在路网布局尚不完善，尤其是中西部地区发展不足；运行效率有待提高，重点区域之间、主要城市群之间的快速通道存在通而不畅；结构性矛盾比较突出，网络层次不够清晰等方面。为了加快构建布局合理、覆盖广泛、高效便捷、安全经济的现代铁路网络，更好发挥铁路骨干优势作用，推进综合交通运输体系建设，支撑引领我国经济社会发展，在深入总结原规划实施情况的基础上，结合发展新形势新要求，国家发展改革委员会、交通运输部、铁路总公司修编了《中长期铁路网规划》。

2016年7月国务院批准执行的《中长期铁路网规划》规划期为2016—2025年，远期展望到2030年。规划2020年铁路网规模达到15万公里，其中高速铁路3万公里，覆盖80%以上的大城市。2025年铁路网规模达到17.5万公里左右，其中高速铁路3.8万公里左右，网络覆盖进一步扩大，路网结构更加优化，骨干作用更加显著，更好发挥铁路对经济社会发展的保障作用。远期展望到2030年，基本实现内外互联互通、区际多路畅通、省会高铁连通、地市快速通达、县域基本覆盖。本规划中首次明确提出了高速铁路网和规划方案，是当前我国高铁基础设施的中长期空间布局规划，是推进高铁建设的基本依据。

远期规划铁路网规模将达到20万公里，总体方案是：（1）高速铁路4.5万公里，构筑"八纵八横"高速铁路主通道，拓展区域铁路连接线，发展城际客运铁路，完善所覆盖的全国铁路网；连接20万人口以上城市、资源富集区、货物主要集散地、主要港口及口岸，基本覆盖县级以上行政区，形成便捷高效的现代铁路物流网络，构建全方位的开发开放通道，提供覆盖广泛的铁路运输公共服务。（2）普速铁路网15.5万公里，形成区际快捷大能力通道，面向"一带一路"国际通道，促进脱贫攻坚和国土开发铁路，强化铁路集疏运系统，建成现代的高速铁路网；连接主要城市群，基本连接省会城市和其他50万人口以上大中城市，形成以特大城市为中心覆盖全国、以省会城市为支点覆盖周边的高速铁路网。实现相邻大中城市间1～4小时交通圈，城市群内0.5～2小时交通圈。提供安全可靠、优质高效、舒适便捷的旅客运输服务。（3）综合交通枢纽，统筹运输网络格局，按照"客内货外"的原则，优化铁路枢纽布局，完善系统配套设施，修编铁路枢纽总图。构建北京、上海、广州、武汉、成都、沈阳、西安、郑州、天津、南京、深圳、合肥、贵阳、重庆、杭州、福州、南宁、昆明、乌鲁木齐等综合铁路枢纽，打造一体化的综合交通枢纽；与其他交通方式高效衔接，形成系统配套、一体便捷、站城融合的铁路枢纽，实现客运换乘"零距离"、物流衔接"无缝化"、运输服务"一体化"。

高速铁路网规划

2016年《中长期铁路网规划》提出：在"四纵四横"高速铁路的基础上，增加客流支撑、标准适宜、发展需要的高速铁路，部分利用时速200公里铁路，形成以"八纵八横"主通道为骨架、区域连接线衔接、城际铁路补充的高速铁路网，实现省会城市高速铁路通达、区际之间高效便捷相连。

规划对因地制宜、科学确定高铁建设标准做了具体明确高铁主通道规划新增项目原则采用时速250公里及以上标准（地形地质及气候条件复杂困难地区可以适当降低），其中沿线人口城镇稠密、经济比较发达、贯通特大城市的铁路可采用时速350公里标准。区域铁路连接线原则采用时速250公里及以下标准。城际铁路原则采用时速200公里及以下标准。

☐ **构筑"八纵八横"高速铁路主通道**

"八纵"通道包括沿海通道、京沪通道、京港（台）通道、京哈—京港澳通道、京昆通道、包（银）海通道、呼南通道、兰（西）广通道。沿海通道，连接东部沿海地区，贯通辽中南、京津冀、山东半岛、东陇海、长三角、海峡西岸、珠三角、北部湾等城市群；京沪通道，北京—上海高铁，连接华北、华东地区，贯通京津冀、长三角等城市群；京港（台）通道，连接华北、华中、华东、华南地区，贯通京津冀、长江中游、海峡西岸、珠三角等城市群；京哈—京港澳通道，连接东北、华北、华中、华南、港澳地区，贯通哈长、辽中南、京津冀、中原、长江中游、珠三角等城市群；呼南通道，连接华北、华中、华南地区，贯通呼包鄂榆、山西中部、中原、长江中游、北部湾等城市群；京昆通道，连接华北、西北、西南地区，贯通京津冀、山西中部、关中平原、成渝、滇中等城市群；包（银）海通道，连接西北、西南、华南地区，贯通呼包鄂、宁夏沿黄、关中平原、成渝、黔中、北部湾等城市群；兰（西）广通道，连接西北、西南、华南地区，贯通兰西、成渝、黔中、珠三角等城市群。

其中，北京—上海高铁，贯通京津冀至长江三角洲东部沿海经济发达地区；北京—武汉—广州—深圳高铁，连接华北和华南地区；北京—沈阳—哈尔滨（大连）高铁，连接东北和关内地区；杭州—宁波—福州—深圳客高铁，连接长江、珠江三角洲和东南沿海地区。

"八横"通道包括绥满通道、京兰通道、青银通道、陆桥通道、沿江通道、沪昆通道、厦渝通道、广昆通道。绥满通道，绥芬河—满洲里高速铁路，连接黑龙江及蒙东地区；京兰通道，北京—兰州高速铁路，连接华北、西北地区，贯通京津冀、呼包鄂、宁夏沿黄、兰西等城市群；青银通道，青岛—银川高速铁路，连接华东、华北、西北地区，贯通山东

图 4.1　中国高速铁路网"八纵八横"示意图

141

走近高速铁路

半岛、京津冀、太原、宁夏沿黄等城市群；陆桥通道，连云港—乌鲁木齐高速铁路，连接华东、华中、西北地区，贯通东陇海、中原、关中平原、兰西、天山北坡等城市群；沿江通道，上海—成都高速铁路，连接华东、华中、西南地区，贯通长三角、长江中游、成渝等十个城市群；沪昆通道，上海—昆明高速铁路，连接华东、华中、西南地区，贯通长三角、长江中游、黔中、滇中等城市群；厦渝通道，厦门—重庆高速铁路，连接海峡西岸及中南、西南地区，贯通海峡西岸、长江中游、成渝等城市群；广昆通道，广州—南宁—昆明高速铁路，连接华南、西南地区，贯通珠三角、北部湾、滇中等城市群。图 4.2 为"四纵四横"主骨架示意图。

目前，"四纵四横"主骨架已经提前建成。形成了北京—

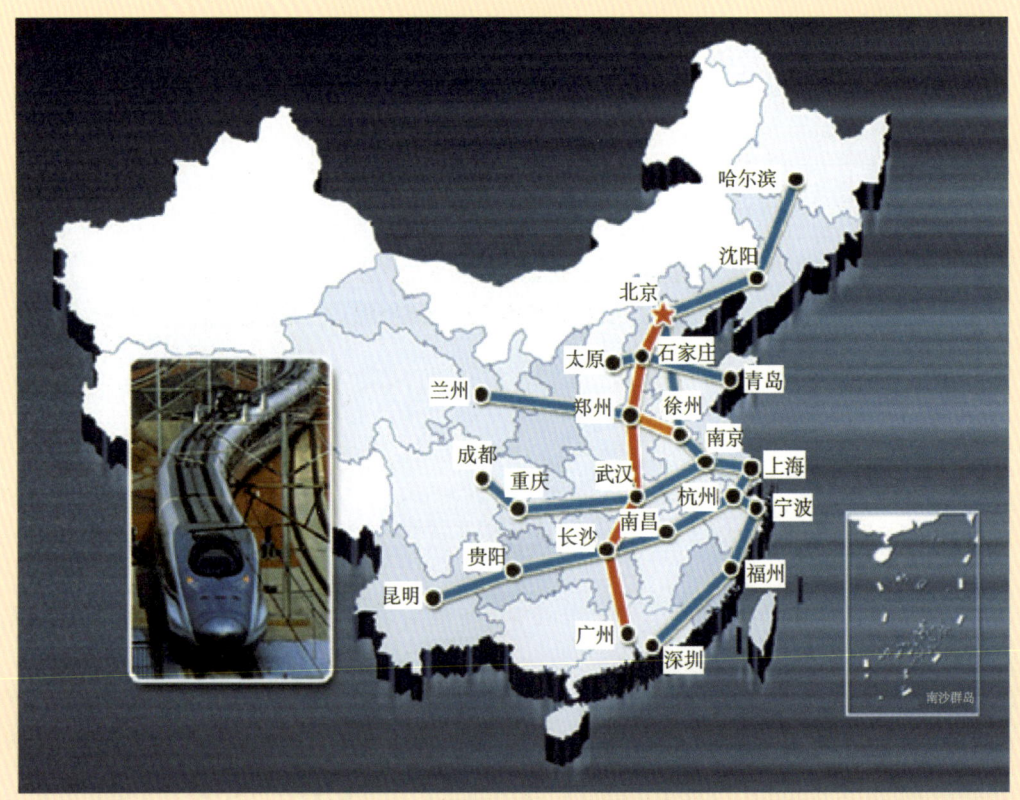

图 4.2 "四纵四横"主骨架示意图

上海、北京—武汉—广州—深圳—香港、北京—沈阳—哈尔滨（大连）、上海—杭州—宁波—福州—深圳—香港"四纵"客运专线，以及徐州—郑州—兰州、上海—杭州—南昌—长沙—贵阳—昆明、青岛—石家庄—太原、南京—武汉—重庆—成都"四横"客运专线"四纵四横"高铁主骨架。

□ 拓展高速铁路区域连接线

在"八纵八横"主通道的基础上，规划建设高速铁路区域连接线，进一步完善路网、扩大覆盖面。东部地区：北京—唐山、天津—承德、日照—临沂—菏泽—兰考、上海—湖州、南通—苏州—嘉兴、杭州—温州、合肥—新沂、龙岩—梅州—龙川、梅州—汕头、广州—汕尾等铁路；东北地区：齐齐哈尔—乌兰浩特—白城—通辽、佳木斯—牡丹江—敦化—通化—沈阳、赤峰和通辽至京沈高铁连接线、朝阳—盘锦等铁路；中部地区：郑州—阜阳、郑州—濮阳—聊城—济南、黄冈—安庆—黄山、巴东—宜昌、宣城—绩溪、南昌—景德镇—黄山、石门—张家界—吉首—怀化等铁路；西部地区：玉屏—铜仁—吉首、绵阳—遂宁—内江—自贡、昭通—六盘水、兰州—张掖、贵港—玉林等铁路。

□ 发展城际客运铁路

在优先利用高速铁路、普速铁路开行城际列车服务城际功能的同时，规划建设支撑和引领新型城镇化发展、有效连接大中城市与中心城镇、服务通勤功能的城市群城际客运铁路。

在京津冀、长三角、珠三角、长江中游、成渝、中原、山东半岛等城市群，建成城际铁路网；在海峡西岸、哈长、辽中南、关中、北部湾等城市群，建成城际铁路骨架网；在滇中、黔中、天山北坡、宁夏沿黄、呼包鄂榆等城市群，建成城际铁路骨干通道。城际客运铁路的规划原则是在优先利用高速铁路、普速铁路开行城际列车服务城际功能的同时，规划建设支撑和引领新型城镇化发展、有效连接大中城市与中心城镇、服务通勤功能的城市群城际客运铁路。

二、精心设计，适应高铁特点

高速铁路系统技术复杂，建设标准高，做好工程设计是建好高铁的源头和保障。高速铁路设计是项目建设的先头工作，也是项目前期的最重要内容，一般划分为方案设计、初步设计、施工图设计三个阶段。方案设计在高铁项目建议书和项目可行性研究阶段开展，是项目建议书和项目可行性报告编制的基础与组成部分。可行性研究报告获得批复后，进入初步设计阶段，对于重难点工程，如大型车站、复杂枢纽等，根据需要开展扩大初步设计。初步设计（扩大初步设计）通过专家鉴定并获得审批后，进入施工图设计阶段。

通常把项目建议书和项目可行性报告编制及审批称为立项决策，将初步设计和施工图设计统称为勘察设计。立项决策阶段，主要研究项目是否可行，编制项目建议书和可行性研究报告，向国家报批，以供做出项目是否上马的决策。

高铁有其自身的技术特点，在每一个设计阶段都要严格遵守标准的要求。初步设计是根据批准的可行性研究报告，进行踏勘测量，编制初步设计文件，包括提出设计原则、技术标准、技术方案，确定工程数量、主要设备和材料数量、拆迁数量、用地总量，提出施工方案意见，编制设计概算等。施工图设计是根据初步设计审定的设计原则、设计方案、技术标准等进一步具体和深化，提供满足施工需要的图表资料、施工图预算及施工组织计划等。

高速铁路的选线

"火车一响，黄金万两"。随着我国高铁网的铺开，高铁效益被更多人认可。几乎每条高铁从项目研究开始，到勘测设计、开工建设、通车运营全过程，都会受到广泛关注。"看看这条高铁是否经过你家门口""没有高铁将成为某地人民心中难以名状的痛"等等话语，此起彼伏。那么，高铁是否经过你家大门口，究竟由什么决定，又是谁说了算呢？

高铁从哪儿走，不从哪儿走，在设计阶段有个专业术语叫"铁路选线设计"，目的是找出并争取技术经济最优的方案。为了寻找最优方案，设计者要在项目规划、预可行性研究、可行性研究、初步设计过程中广泛征集地方及相关部门意见，全面收集地形、地质、城市规划、环境敏感区、军事区、矿区、采空区、重大电力和油气、输水管道等资料，并绘制于地形图上，作为线路方案选择的控制性因素。然后根据铁路主要技术政策、路网规划、地形和地质条件，对线路走向、主要技术标准和车站分布等提出各种可供比选的方案，进行经济技术比较，以选定最佳线路方案。在不同的设计阶段，比选的重点也不同，如预可行性研究是"从面到带"的工作过程，重点解决线路起讫点、线路走向与接轨问题，可行性研究是"从带到线"工作过程，研究线路位置的合理性，编制线路平面图及详细纵断面图，同时对各专业的单项工程设计进行协调等等。

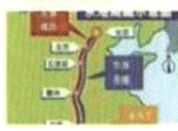

图 4.3　高铁新闻网络截图

走近高速铁路

□ 规划选线

建设铁路是百年大计，必须选择一个最合理的走向。经国务院批准的中长期铁路网规划是铁路选线的基本框架。铁路选线要服从国家战略需要，服从国民经济发展的需要，服从大交通的要求。为了减少投资成本，在做高铁线路规划时会尽量选择走直线，一些需要绕弯才能到达的城市很难被纳入规划。考虑到成本回收问题，高铁线路走向也会考虑客流量，优先过境客流量大的地方。但在一些特定地区，成本和收益并不是高铁线路走向的首要因素，取而代之的则是区域均衡发展因素的考量，比如兰新高铁、贵广高铁等，更多的修建原因是出于国家战略需要，拉动边远地区的经济发展。

□ 工程技术经济选线

高速铁路线路走向还有高铁设计自身的逻辑，这是由其基本技术条件决定的。比如时速250公里的高铁线路，最小曲线

 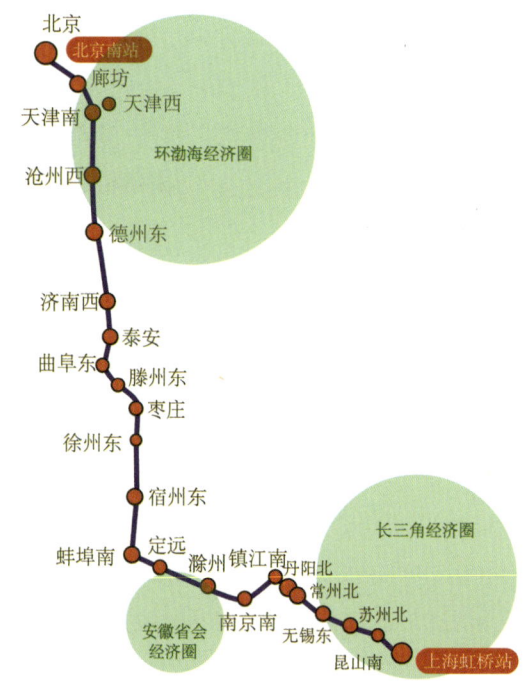

图4.4 京沪高铁沿线站点

半径要求是 3 500 米,就是说在线路出现弯曲走向时必须是不小于 3 500 米的弧度,才能保证列车达到设计时速。时速 350 公里的高铁,曲线半径要求更高,必须不小于 7 000 米。这是高铁线路在规划走向时的首要因素,这一条满足不了,其他都是纸上谈兵。高铁选线还必须与城市总体规划相协调,通过沿线重要政治经济据点,以便更好地吸引客流、为既有线分流客运和提高竞争力及经济效益创造良好条件。

比如京沪高铁,沿线以大中城市为据点,形成以北京、天津、济南、徐州、南京、镇江、无锡、苏州和上海为中心的高铁经济带,沿途发展多个经济圈。合武高铁,沿线以汉口、麻城、六安、合肥为据点,形成联系我国中西部地区与东部沿海地区各区域的高铁经济带。再比如,绕避文物古迹也是非常硬性的技术要求。对于重要的文物古迹,应无商量地选择线路绕避。京沪高铁经过明皇陵时,合武铁路经过双墩一号汉墓时,都采取了改线绕避。

还有一条考虑是否设站的原则,涉及整条高铁线路的平均站间距。列车设计速度越高,平均站间距应越大,二者必须匹配。我国高速铁路的平均站间距宜为 32—70 公里,京沪高铁的平均站间距为 59.9 公里,因此其旅行速度与最高运营速度之比高达 84%。

☐ 地质选线

高速铁路线路应尽量短、顺、直,选线设计以快速、方便、安全、舒适为主,一般优先选择水文、地质条件好的区域,绕避不良地质地段,否则必须采取必要的工程措施。以石太客运专线为例,设定石太客运专线区间线路走向时对两大方案进行了比选,分别是平定(阳泉)方案和盂县方案。平定(阳泉)方案线路走向为石家庄站起经井陉、阳泉、寿阳至太原,线路长度 197.98 公里。盂县方案线路走向为石家庄北站起经盂县至太原,线路长 189.80 公里。平定(阳泉)方案线路走向基本沿既有石太铁路,沿线社会经济条件较好,但该方

走近高速铁路

图 4.5　石太客运专线

案沿线地形条件复杂，山体稳定条件较差，需要建设桥梁、隧道及高填深挖等重点工程的数量大，特别是自井陉以后连续通过几个面积大且无法绕避的矿区，安全隐患大。盂县方案虽然线路脱离既有线经济带，距阳泉市较远，沿线经济社会发展条件较差，但线路绕避采空区，地质条件良好，安全隐患较少，也可拉动沿线经济。通过经济和技术的综合比较后，盂县方案为最优方案。

□ 环保选线

高速铁路行车密度高、速度快，其振动和噪声污染对沿线居民影响较大，因此应尽量远离大的居民居住区、学校和大型公共设施等，并注意避免对沿线自然保护区和文物产生不良影响。比如郑西高铁，在洛阳白马寺附近有国家一级文物保护单位——洛阳古城遗址以及国家夏商周断代工程研究区域，而该线路比选方案中的北线和中线方案均要经过此区域，通过与河南省及当地有关文物保护行政管理主管部门的沟通，绕避此区域的南线方案被采纳。郑西客运专线陕西省段内有西岳华山风景名胜区及西安市郊的文物古迹，线路进入西安市区时利用既有陇海线，避开文物古迹，在与华阴市西岳庙相距较近时，据文物部门要求保持一定距离，行经华阴市北郊，避开对风景名胜区的干扰。

总之，为了选定一条既满足城市规划及技术要求，又绕避环境敏感点及不良工程地质地段，更能节省土地资源及工程投资的技术经济最优方案，设计人员需要在几十倍于工程规模的土地上反复踏勘、测量和比选方案，用一双双脚板翻越一座座高山，穿越一条条河流，踏破一双双"铁鞋"。例如某设计院在承担长三角地区高铁勘察设计工作中，经过现场踏勘完成的方案比选长度，累计为实际高铁长度的5倍；在长达10余年的京沪高铁前期工作中，设计人员先后4次、累计动用3 000人进行大规模勘察，摸清了所辖徐州到上海段沿线600余公里的"家底"。再如武广高铁在广东韶关段穿越大瑶山隧道群，是工程地质选线的典范。设计人员深入无人区勘测作业，研究方案涉及区域面积达1 800平方公里。为实现路基工程技术的高标准，设计单位完成的地质钻探达到了250万延米，相当于全线钻了一个来回。

高速铁路车站的选址

高铁车站不仅仅是传统意义上办理列车作业、组织旅客乘降的场所，更是作为直接吸引客流的基点以及城市群联系的关键节点，而车站分布是否合理将直接影响客流的吸引强度、运输功能与输送能力的发挥以及运输企业运营效益的增长。

高速铁路车站分布要考虑合理站间距，从适配速度角度看时速250公里合理站间距要大于32公里；时速350公里合理站间距60～70公里。一般情况下，当站间距较小时，若列车停

站率较高,则旅行速度较低,运输服务质量不高;若列车停站率较低,则车站投资效益不高。城际铁路沿线经济较发达,经济据点相对较密集,设站取决于市场需求和方便群众乘车出行,一般在人口较多,流动人口较大的城镇、旅游景点设置车站,站间距一般以5～20公里左右为宜,站间距相对较小。随着国内高速铁路的发展,高铁沿线的"高铁新城"在各地蓬勃兴起,因此车站选址、规模还要与城市发展前景相结合,给未来发展留足余地,还要为其他铁路线路的接入创造条件;同时也要与铁路沿线土地综合开发相结合,要使所选站址有良好的发展前景和开发价值。

　　将高速铁路车站特别是大型客运站设在城市中心,利用既有客站是较优的方案之一。京沪高速铁路沿线一些城市如沪宁段苏州、无锡、常州等城市,高速铁路车站与既有铁路车站并站,方便旅客乘降,充分利用城市既有的配套设施和发挥铁路集中管理等显著优势。但是要在密集的城市建筑包围下"针插不进"的区域将高速系统与既有系统分开实现客货分流,拆迁工程较大,施工难度较大对既有线干扰也较大。比如合蚌合福高铁建设,既有的城市中心车站合肥站逐渐不能满足需要,而在原址扩建又受到限制,建造一个新的火车站刻不容缓,经过反复论证,最终定在合肥的合宁高速北侧建设合肥南站。

　　高速铁路离开城市设站的位置应与城市规划发展相协调,并以满足城市公交服务等设施所能适应的距离为前提。对于很多城市车站来说,由于大部分客流的到达地并不是目的地,因此必然会存在旅客换乘问题,需要与其他交通方式相协调,解决与城市公共交通的合理接驳问题。车站选址要结合线路走向,将城市规划、枢纽规划等因素综合比选,建设成综合交通枢纽。目前已经建成的大型高铁枢纽站遍及全国东西南北中,有上海虹桥站、杭州东站、武汉站、广州南站、北京南站、南京南站、西安北站、郑州东站、新成都站、合肥南站、昆明南

图 4.6　虹桥枢纽鸟瞰效果图

站、兰州西站等等。其中上海虹桥站、杭州东站、南京南站和合肥南站，共同组成华东四大高铁特等站，是国家级综合交通枢纽。

高铁环境保护和水土保持评价

客观上来说，高铁建设对沿线环境敏感区确有不良影响，对沿线的自然生态环境有一定程度的破坏，高铁运营后列车通过时对沿线居民还有噪声干扰。如何减少这些环境不良影响越来越受到各方面的重视，对环境保护和水土保持问题，在项目的不同阶段有不同的工作内容和要求。

在项目预可行性研究阶段开展调查，通过设计选线进行环境敏感区的绕避。高铁环境敏感区是指自然保护区、风景名胜区、水源保护区、自然历史遗迹、重要生态功能区和森林公园等。无法绕避敏感区的，设计人员要进一步探明工程与环境敏感区的位置关系，根据环境敏感区主管部门意见对线位及工程方案进行优化调整，提出预防和减轻不良环境影响的对策和措施，以指导后续环境保护工作的进行。这就是环境保护评价的内容，目的在于铁路建设与环境保护的协调发展，使高铁真正成为绿色运输动脉。以天津至保定高铁项目为例，在预可行性、可行性研究阶段，环评单位介入项目，设计单位通过合理选线绕避了白洋淀省级自然保护区、天津古海岸湿地国家级自然保护区；对于白洋淀自然保护区，工程最近距离7公里；对于天津古海岸湿地国家级自然保护区，最近距离700米；通过对以上环境敏感区的绕避尽量避免对环境敏感区的影响，或将铁路施工及运营期间对保护区的影响降到最低。但是受线路总体走向影响，工程无法避让南水北调暗渠及天津市北辰区引滦入津明渠及暗渠。对于南水北调暗渠，在南水北调中线干线工程建设管理局指导下，以稳定该路段线位、工程方案为前提，编制环境保护设计方案和安全性评估报告，经专家评审和主管部门审查修改，通过采取保护措施，最终同意了铁路跨越及并行南水北调中线天津干线方案。对于引滦入津明渠及暗渠，津保铁路走向与引滦入津明渠及暗渠垂直，也无法绕避，经建设单位征求天津市水务局意见，原则同意线路经过。

初步设计阶段是深化环境保护措施设计的阶段，包括环境保护措施和投资的落实。设计单位各个专业必须掌握项目环境影响报告书、水土保持方案中的环保要求。但由于可行性研究阶段工程方案精度有限，环境影响评价报告书及水土保持方案的批复与初步设计工作开展有一定时间间隔，设计对外接口可能会发生变化，如取弃土场的选址变化、噪声振动敏感目标拆迁或新建、各站所周边市政管网的配备等，设计应朝着对环境保护有利的方向进行。如取弃土场选址原则及防护措施应充分依据原报告及方案要求，排水可优先考虑达标排放至城市污水管网等。

施工图阶段也是设计过程中环境保护措施落实最终阶段。该阶段设计直接关系到项目前期阶段全部环境保护工作成果的落实，关系到该项目环境保护竣工验收工作的顺利进行。根据工程方案变化情况、环评及批复意见、变更环评及批复意见中环保要求进行环保设计，对环评批复意见中的水污染防治措施和噪声敏感点减振降噪措施要逐项落实。以降噪措施设计为例，设计人员在该阶段要进行线路两侧噪声环境敏感目标核对，对于新增的环境敏感目标，进一步判断是否需要增设降噪措施；对于线位、纵断面调整的路段，应对环境敏感目标的声环境水平进行预测，以判断是否设置降噪措施；对于环境敏感目标拆除或搬迁等情况，则需要降噪措施设计。若施工图阶段较初步设计阶段工程数量发生变化，必要时需报送设计变更。

依据现行环水保相关管理规定，高速铁路建设项目一般要求在初步设计批复前，取得国家行政主管部门对环境保护评价和水土保持方案的批复，未取得批复的项目不得开工。工程实施期间，要严格执行评估报告意见，落实环水保措施。

高铁经济评价

高铁建设项目经济评价在可行性研究阶段进行，经济评价可行是决定项目立项的前提条件之一。可行性研究阶段，全面深入地进行市场分析、调查和预测拟建高铁的供需情况及单位运价，客流量，工程建设项目工程费、工程建设其他费（含土地征拆及报批费用）预备费，进行建设项目财务分析，科学地预测高铁建成后提供的运输能力、成本、费用、价格及收益情况，进行项目总投资估算，提出资金筹措方案、计算投资回收期、经济收益率等主要经济指标，为决策提供确切的依据。

以京沪高铁为例，简要说明经济评价方法。可研设计京沪铁路全长约1 318公里，工程总投资预计2 200亿元。为了保证及时筹措到如此一笔巨款，国家成立了京沪高速铁路股份有限公司，公司的资本金为1 150亿元，占总投资额的一半以

上。这些资金一部分由沿线七省市以土地折价入股，另一部分则由平安资产有限责任公司和全国社保基金会各出资 160 亿元和 100 亿元，分别占资本金的 14% 和 8.7%，而其余的 550 亿元由铁路方负责；资本金以外的建设资金，由股份公司向银行贷款筹集。根据新线新价及"保本、还贷、微利"的原则，并考虑和其他运输方式的竞争能力，设计推荐中速客运收入率和高速客运收入率分别采用 2 300 元 / 万人公里、3 400 元 / 万人公里，其他收入率为 12%。高铁的直接收入是销售的车票，预售票价参照当时的京沪线软卧票价，预计为 550 元左右，如按照 0.4 元 / 人公里的票价方案，预期高铁项目投入运营后单方向的年输送能力为 8 000 余万人次计算，年客运收入为 880 亿。京沪高铁线路经济效益收益率为 14.4%，大于财务内部基准收益率 6%，说明项目经济上是可行的。

京沪高铁经济评价计划建设工期 5 年，之后再运营 5 年，逐渐达到盈亏平衡（保本），预计该线路在运营 14 年后收回投资成本。然而京沪高铁实际运行后，仅 3 年便实现了盈亏平衡，并实现盈利。当然京沪高铁效益为何如此超预期，与其作为地处东部较发达地区的"八纵"干线通道，率先建成通车后聚集大量客流不无关系，这是后话。

高铁设计落实新发展理念

"逢山开路，遇水架桥"是自古以来千年不变的法则，如今这个法则在高铁设计中悄然改变。高铁可以为节约耕地和保护自然环境而架桥，可以为保持城区和自然景观的完整性而修建城下、河底隧道。"以桥代路，节约用地"成为高铁设计的新标尺。跨越华北平原的京津城际铁路有 4/5 线路以桥代路，京广、京沪、郑西、郑徐、沪宁、沪杭等高铁以桥代路的比例均在 70% 以上。京沪高铁丹阳至昆山特大桥，全长 165 公里，是目前吉尼斯世界纪录所记载的世界第一长桥长度的 4 倍多。它将 5 个车站连接在一起，成为中国江南水乡的空中铁路长廊。

图 4.7　以桥代路的高铁大桥

高速铁路发展是经济、生态环境和社会的可持续发展。高铁设计始终以"生态环保，打造绿色交通"为目标。据近几年的统计资料，中国铁路（含高铁）每年完成的客货运输周转量占全社会完成量的 25% 左右，能源消耗只占交通运输业总能耗的 6%。高铁设计阶段对实施阶段可能产生的环水保、污染等问题进行评估和规划，施工采取路基边坡植物防护、覆土复耕复植等水土保持措施；采取工厂化生产，合理安排工期，最大限度降低对环境的影响；通过设置声屏障和采取减振措施，有效降低噪声和振动。

现代人追求高品质的生活。在科技进步的今天，舒适的旅行环境，也成了中国高铁创新设计团队努力的方向。创新团队研究确定了不同速度等级高铁线间距、最小曲线半径、竖曲线半径取值范围、限制坡度、最小隧道断面面积等关键技术参数，满足了不同类型线路的建设运营需求。通过优化空间线形几何参数，采用平纵断面平顺连接，提高了路基、桥梁、隧道、轨道等结构稳定性。采用无砟轨道系统、超长无缝线路，严格控制铺设精度，保障了动车组运行的平稳性。采取特殊洞口结构，有效减小了列车进入隧道和会车时的压力波，提高旅客舒适度。增加车体宽度，改善动车组内部环境……很多外国政要在乘坐中国高铁后，对高铁运行的平稳性、舒适性赞不绝口。

高铁客站具有建筑空间高大、人员密度和人员流动性大、日运行时间长等特点，空调系统承担着为旅客营造安全健康环境的重要任务。据测算，暖通空调系统能耗约占建筑总能耗的 50%～60%。作为绿色环保、具有显著的节能优势的地源热泵技术，以及太阳能发电、天然气发电、自然采光通风、智能照明技术得到广泛应用。"节能减排，建造绿色车站"成为设计者的新追求。上海虹桥站利用屋面面积 6.1 万平方米安装太阳能电池板，总装机容量 6 688 千瓦，年均发电达 630 万度，减排二氧化碳 6 600 多吨，节约标煤 2 254 吨。南京南站充分

图 4.8　屋顶太阳能电池板

图 4.9　地源热泵节能系统

利用主站房两边的无站台柱雨棚屋顶和 4 个基本站台屋面，约 12 万平方米，建成目前世界上体量最大的光伏发电与建筑一体化技术项目。北京南站运用冷热电三联供系统，利用天然气发电后产生的余热，直接进行制冷或制热，通过能源的梯级利用，将天然气使用效率从 50% 提高到 90% 以上。

开放共享是人类社会最美丽的花朵。中国幅员辽阔，流动人口多，流动密度大，旅客对自助化、个性化、多样化的服务有着强烈的需求。为此，中国高铁设计研发应用综合旅客服务系统及 12306 互联网售票系统，采用云计算、大数据、移动互联网等先进信息技术，开发了电子支付、移动 App 应用及实名制核验等服务功能，实现了旅客网上自助购票、改签、退票等。如今，12306 系统成为世界上点击量最大的系统之一，网上售票占比超过 60%，日均点击量超过 30 亿次，日均售票量 500 万张。

中国高铁在"创新、协调、绿色、开放、共享"先进理念的引领下，增强了创新发展的生命力和核心竞争力。

三、精心施工，坚持科学管理

高铁工程项目所含专业工程多，高铁建设与沿线环境、周边的风土人情有着千丝万缕联系。高铁项目管理处理好项目各专业工程协调配合关系、项目外部协调及与沿线环境和谐发展关系是项目有序组织推进的前提和基础。高速铁路投资大、施工周期长、技术质量要求高，进行大规模、高标准、大标段高铁项目施工，需要大量的人力资源、机器设备和物资材料等，是一个复杂艰巨的系统工程，众多的参与部门和单位使沟通和协调的工作量巨大，但是基本的建设流程中施工工艺、施工作业方法等标准是相对统一的，各项标准在不同的单位、不同项目的相同专业、相同工种和相同工序等层面可复制和可持续运用。采用建设项目标准化管理，成为适应我国大规模、高标准铁路建设项目发展需要的必然选择。

项目协调

高铁项目通常包括拆迁工程、路基工程、桥梁和涵洞工程、隧道及明洞工程、轨道工程、站场及枢纽工程、通信工程、信号工程、电力及牵引供电工程、站房工程、房屋建筑工程、给排水及环保工程、信息管理工程等多个专业工程。各专业工程之间必须协调一致，才能保证整体项目的有序推进和发挥项目整体效益。

一方面，工程技术需要协调配合。各类专业工程既有其自身特定的空间位置、技术要求和工艺流程，又必须同时满足其他专业工程的空间和技术要求，处理好各专业工程接口及动力影响下的耦合作用。另一方面，施工组织管理也需要协调配合。在施工阶段会有众多参建单位，参建单位之间必然存在合同界面，需要进行管理。参建单位内部，由于各专业工程之间以及同一专业工程内部各施工流程之间交叉施工，也需要各参建单位在时间、空间、资源等方面做好组织协调，安排流水施工、搭接施工。

标准化管理

2008年铁路建设建立了项目标准化管理体系框架，以确保工程质量为核心任务，以管理制度标准化、人员配备标准化、现场管理标准化和过程控制标准化为基本内涵，以技术标准、管理标准、作业标准和工作流程为基本依据，以机械化、专业化、工厂化、信息化为支撑手段，建立标准化运行机制。多年来，项目标准化管理已经得到建设、设计、施工、监理单位广泛认同，"事事有流程，事事有标准，事事有责任人""事事有标准，人人讲标准，处处达标准"成为高速铁路建设项目文化的重要内容，对项目安全质量控制起到关键作用。

铁路建设项目标准化管理的实质，是以铁路建设项目管理相关标准为基础的管理体系。针对铁路建设项目管理工作的标准化活动，以科学技术和先进经验的综合成果为基础，依据国家高速铁路建设规范要求，结合工程建设实际，对高速铁路建设的管理制度、人员配备、现场管理和过程控制等制定并执行在不同项目中可以重复使用的标准，以保证工程建设质量和安全，实现经济效益、社会效益和环境效益的有机统一。

□ 管理制度标准化

俗话说"没有规矩不成方圆"。铁路工程项目管理制度就是建设铁路的规矩，全体参建单位都必须遵照执行。经过多年高铁建设实践，在统一内容、统一标准、统一要求、统一实施、统一考核、统一奖惩的基础上，形成了科学、规范的技术、管理和作业的标准化文件体系。为保证此标准化体系的落实，需要靠健全的高铁建设项目管理制度。高铁建设项目管理制度包括技术管理制度、安全管理制度、质量管理制度、计划统计管理制度、成本核算管理制度、财务管理制度、物资管理制度、机械设备管理制度、党工团管理制度和项目例会管理制度等各个方面。

□ 人员配备标准化

人员配备标准化是铁路建设标准化管理主要内容之一，涵盖建设、设计、施工、监理各方项目管理的人力资源配置。要求根据工作岗位配备具有相应技术、能力、知识以及协调能力的人员，实现岗位设置满足管理要求，人员素质满足岗位要求，使项目部成为实现建设目标的工作团队。

以施工项目管理部为例来做进一步说明。施工项目部一般设置"五部一室"，即工程管理部、安全质量环保部、物资设备部、计划财务部、综合管理部和中心试验室。人员配备标准化要求必须根据机构设置和部门岗位设置，配备具有胜任能力的各类、各级管理人员和作业人员。现场施工推行架子队管理模式，设置一个专职队长、一个技术负责人，技术、质量、安全、试验、材料五大关键人员以及领工员和工班长两个领班负责人等主要人员。

□ 现场管理标准化

高铁项目的施工现场是人、物、方法等各种建设要素的集合，关键点多、线路长、资源投入量大，专业多、接口多，现场管理的难度非常大。现场管理的核心任务，是以施工组织设计为依据，严格执行和落实技术标准、作业标准和管理标准，实现安全、质量、进度、投资、环水保等全面受控。现场管理通过相应的程序文件和关键过程作业指导书，对各项工作的运行机制和施工现场各类作业流程进行优化和规范，同时对项目管理核心流程中延伸形成的工序、工艺、工法流程和操作人员的操作流程等进行严格控制，做到"事事有流程，事事有标准，事事有责任人"。

高速铁路建设标准高、技术新，必须有专业化的施工单位和专业化管理人才。为了提高现场管理者和作业者的专业技能，需要定期进行培训。例如沪宁城际CRTS Ⅰ板、沪杭高铁CRTS Ⅱ板无砟轨道施工时，对全体建设人员而言都是首次，施工前分类组织技术、管理、施工作业、精测、质量验收

图 4.10　高铁架桥机作业

培训，培训合格后颁发证书上岗，取得了很好的成效。如今"培训上岗"，进行作业标准、工艺工法技能培训，倡导"工匠精神"，精细施作，已经成为高铁施工尤其是现场管理的重要内容。

开展标准化工地建设，对项目的临建设施、标示标牌、机械设备颜色和标示进行统一和规范；开展劳动竞赛，奖励先进，激发参建人员严格执行标准的积极性、主动性；通过检查评比考核，鞭策落后，提高施工队执行标准的自觉性；合理配置机具、推广机械化施工等等，都是现场管理的有效手段。

□ **过程控制标准化**

高速铁路质量安全是高铁建设项目管理的核心，建设中每个过程都要质量过关，所以过程控制是关键。通过实行首件工程评估、施工工序管理、风险管理和标准化评定，进行过程控制标准化管理。

首件工程评估制度是指同一类分项工程、分部工程在大面积开工前，确定该分项工程（分部工程）的一段或一部分工程

图 4.11　上海铁路控制室

作为首件，进行首件工程（或者试验段）的施工。施工结束经评定达到要求后，对施工工艺工法、资源配置和管理要点等，进行总结和提炼，建立分项工程形象、直观的标准。立足于"预防为主，先导试点"的原则，抓住首件工程的各项质量指标进行综合评价，以指导后续批量生产。

高铁建设项目的施工过程，是由一系列相互关联、相互制约的工序组成的，各施工工序质量是形成工程建设整体质量的基础。工序流程签认制和工序质量交接制是工程工序管理的手段。高铁建设推行定责到岗、落实到人的工序确认制度，明确每一道工序基本程序和作业标准，上道工序经确认合格后进入下道工序，做到质量可追溯、问题可追究。例如，南京南站 2 平方公里范围内共打下钻孔桩 6 500 根，每根桩深入地下多少米、需要多少根钢筋、谁绑扎的钢筋，以及承台、墩身由谁养护，都进行工序实名确认。实施重要工序实名签认终身负责制，把每一分部、分项工程和重要工序的责任分解到人，实行施工、监理、建设单位三个层面的现场签认和交接，建设单位抽查确认，签认资料留存档案。

□ 项目的外部协调

高铁建设是一项线性工程，是综合性的经济技术活动，涉及面广，对外协作配合的环节多，外部协调贯穿项目全过程。高铁建设和运营均可能对周边环境产生一定影响。在项目前期有大量的外部协调工作，比如项目规划选址、土地预审、环评、水保等等，无一不涉及与沿线地方政府的协调协作。线路经过区域有特殊要求的，如占用林地、海域，经过文物保护区、自然保护区，跨越河道、航道、等级公路等等，需办理有关审批和许可手续，以减少建设期间的重大调整。项目前期外部协调工作中的任何一项发生遗漏或者错误，都有可能导致工程实施期的重大变更，进而影响到项目目标的实现，甚至造成投资浪费，或导致项目中止。因此，外部协调工作是建设顺利开工和完成的关键条件之一。

项目与沿线生态环境和谐关系是施工阶段的重点。高铁施工要占用大量的土地资源，施工中大型临时设施、临时房屋和取弃土场也会占用土地，必须采取有效措施加以控制。在建造过程中，因为开挖路堑、取土筑堤等，会对周围植被造成破坏，如果不及时恢复，极易造成水土流失。高铁施工弃土弃渣处置不当，也会因暴雨产生泥石流等危害。施工爆破、机械化施工产生的噪声、振动，施工扬尘、施工机械尾气排放等，也会对居住环境带来不良影响。高铁建设实施过程中，要加大协调管理，落实环保工程与主体工程同时设计、同时施工、同时投入。

高铁车站是城市的门户。在车站规划设计和建设实施中，需要与城市规划和广场配套工程设计紧密结合，与市政配套工程建设推进配合，同步建成和投入运营启用。

"四化"施工

"工厂化、机械化、专业化、信息化"施工，简称"四化"施工。"四化"施工是标准化施工管理的基础，是建设高品质高速铁路，实现质量、安全、工期、环水保等目标的保障。

□ 工厂化施工

工厂化制作有利于精细制作和精细管理，提高产品质量。高速铁路混凝土简支箱梁、无砟轨道板、高速道岔、桥梁栏杆和遮板、线路沟槽盖板、声屏障和接触网构配件等，全线技术标准统一，均推行工厂化施作。全线集中设置桥梁预制场、路基填料拌和站、计算机自动控制的混凝土拌和站和综合预制钢构配件厂。

制订混凝土拌和站、制梁场、铺轨基地、轨枕厂和钢构件加工厂管理标准，推行配套的工装机具和设备，提高工厂化生产和制作水平。例如在钢构件厂，钢筋加工设备配置数控液压调直切断机、钢筋笼滚焊机、液压钢筋弯箍机、数控钢筋弯箍机和钢筋网片焊接机等。通过工厂化管理模式，实现工厂集中

生产和现场统一配送,既保障了产品的质量,又减少劳动强度降低成本。

□ 机械化施工

机械化施工是按工艺要求、工作面需要配备成套机械设备,达到以机械保工艺、以工艺保质量,提高工效和保证质量的目的。高速铁路工程桩基础施工,路基填筑、制架梁作业,轨道板制作和铺设,隧道施工等机械化施工程度越来越高。

在机械化施工方面,注重机械设备的配套成龙,分专业、按工序形成机械化作业流水线,提高工效、保证安全质量。例如在隧道中,要按照设计和施工组织进行机械化配套,通过优化施工机械配套,提高施工能力、确保安全质量、降低劳动强度、改善劳动条件。

□ 专业化施工

专业化施工是按照专业队伍、专业人员、专门设备,对路基、桥梁、轨道、四电、站房等工程,划小单元组织施工,实现一次成优。专业化施工的重点是施工单位抓好专业化架子队的组建,例如根据工程特点不同,组建施工生产型专业架子队;根据生产要素不同,组建加工服务型专业架子队。施工生产型专业架子队包括隧道、桥梁、路基和轨道等专业架子队,负责主体工程按专业化组织施工。加工服务型专业架子队包括混凝土生产、钢结构加工、试验检测架子队等,负责为施工生产型架子队提供产品和服务。通过专业化架子队组织专业化施工和专业化生产,有效提高施工水平、降低施工成本,确保了安全质量。同时,施工生产型专业架子队和加工服务型专业架子队分别管理,从硬件条件上和管理组织上有效遏制了工程的转包分包。

高速铁路工程技术新、标准高,因此注重技

图 4.12 高铁"四化"施工组图
(左列为箱梁制作,右列为轨道板制作和铺设施工)

术专业人员的储备十分关键。高铁的发展也是人才的发展，开展高铁建设管理和新技术学习培训，实行培训上岗制度；对钢筋焊接、吊装作业和大型设备等特殊工种，实行持证上岗制度；对无砟轨道乳化沥青砂浆灌注等关键工序，进行场外实作练习、考试合格上岗制度；注重技术储备，让"明白人干明白事"等做法已在各高铁建设项目中推广。大力开展以特殊地质路基处理、大吨位箱梁制提运架、结构物耐久性砼、高桥墩翻模施工、连续梁线形控制、路基工后沉降控制、无砟轨道板铺设精调、高速道岔铺设、"四电"施工、精品客站施工，以及节能环保和环境控制等工艺技术为主攻方向，开展技能创新竞赛，通过实践应用持续改进。

□ 信息化施工

计算机信息技术的迅猛发展为铁路建设项目信息化管理提供了基础和平台。BIM（建筑、信息、模型）技术、二维码技

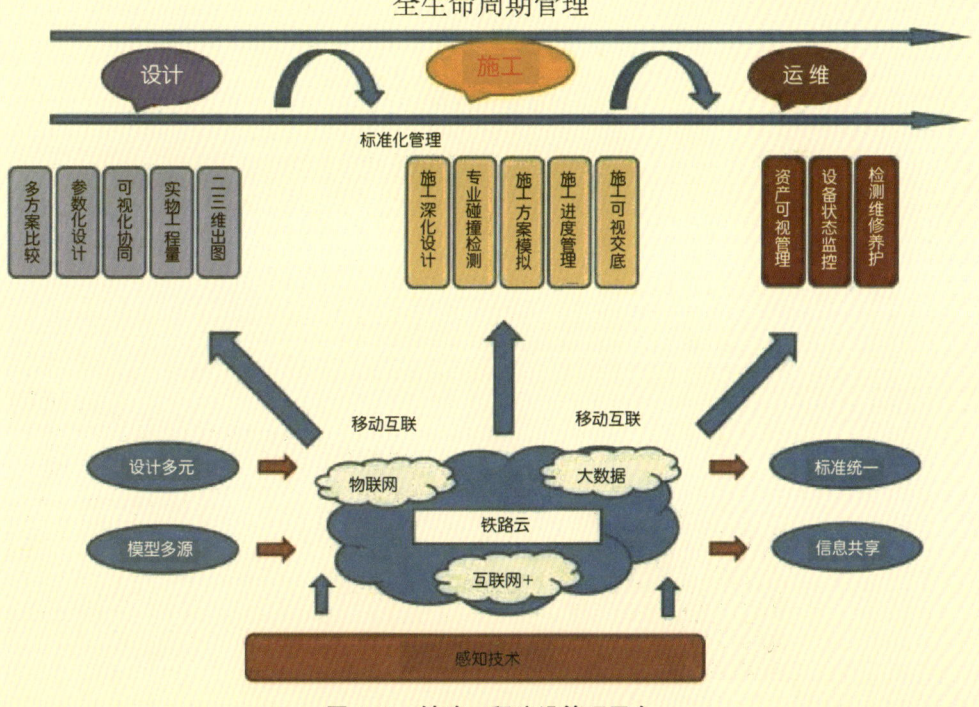

图 4.13　铁路工程建设管理平台

术和实时监控监测技术等在高速铁路工程建设中得到越来越多运用。利用BIM模拟技术,优化站房内部、场区设备及电缆沟和变配电所等整体布局;优化电力、通信和信号电缆路径,解决电缆沟交叉的潜在安全隐患,实现高低压电缆的空间隔离和综合管线、各专业电缆整齐美观。运用BIM技术实现三维可视化施工技术和施工工艺交底。广泛应用二维码技术,建立"一墩一档""一杆一档""一台一档"等,实现隐蔽工程可视化和施工过程控制可追溯。实时监控监测技术在高铁工程施工过程中的应用范围较广。如用于高风险的隧道、桥梁和大型站房施工,实现现场安全实时监控;用于混凝土拌和站和搅拌站,数据实时采集和在线传输与监控,有效避免实验数据弄虚作假,实现质量实时监控;路基压实时在压路机上安装一套连续压实监控系统,在压路机碾压过程中,路基合格和不合格的数据通过监控系统反馈回来,提醒司机在不合格区域继续碾压;把"芯片"埋入CRTS Ⅲ型轨道板,一旦激活芯片,便立刻接入CRTS Ⅲ型轨道板生产管理信息系统,读取轨道板的信息,对现场施工情况的实时监控等等。

图4.14 沪杭高铁跨越沪杭高速公路合龙施工

以科技为支撑

中国高铁从无到有，高铁建设和路网规模不断扩大的过程也是高铁科技不断创新的过程。建设者在实践中通过与高校、企业建立产学研联合体，破解了一道道工程难题，为高铁建设标准化管理提供了重要的科技支撑。

以沪杭高铁建设为例。沪杭高速铁路连接上海与杭州，是"四纵四横"网络中沪昆（上海至昆明）客运专线的组成部分，是2010年上海世博会的重点工程。在沪杭高铁工程建设中，建设者们创新高速铁路路基、桥梁、车站快速施工技术，创新"四电"工程"零"工期施工组织，攻克了技术新、标准高、不良地质、复杂环境施工等困难，仅用一年半的工期就完成了建设任务，实现了沪杭两地人们在世博会期间可坐高铁

图 4.15 横潦泾大桥钢板桩围堰和水中承台施工

往返上海至杭州的愿望。2010 年 9 月 28 日，首次亮相的国产"和谐号"CRH380A 新一代高速动车组在沪杭线运行，运营列车试验最高时速达到 416.6 公里。

沪杭高铁跨越沪杭高速公路采用（88+160+88）米自锚上承式钢筋混凝土拱桥，拱桥主跨 160 米，单个转体桥梁重达 1.68 万吨，是世界上第一座在软土地基上建造的 160 米跨度自锚上承式钢筋混凝土拱桥。建设者通过开展技术研究和攻关，多项创新成果成功应用于转体桥施工，安全、高效、优质地完成了施工任务，减少了对既有沪杭高速公路正常交通的影响，改善了施工环境。根据通航要求，设计采用（75＋135＋135＋75）米四跨预应力钢筋混凝土连续梁桥，大跨度深水墩，定额施工工期约 13 个月，是全线的控制工期工程。建设者开展大跨度深水墩桥梁快速施工技术、桥梁徐变控制技术攻关，采用钢板桩围堰，解决了封航时间过长、在黏土层中吸泥下沉的难度等难题；在钻孔作业与插打钢板桩围堰平行作业、钢筋笼整体吊装、0# 块施工节段加长至 29 米，钢筋和模板整体横向滑移；桥梁徐变控制技术等方面取得突破，10 个月时间完成了建设任务，按期保质实现了全线工期目标。

工程建设的科技创新取得了丰硕的成果："桩板结构在高速铁路沿海滨海相软土地基处理中的应用研究""沪杭高铁桥

图 4.16　高速动车组飞驰在跨沪杭高速转体桥上

梁、无砟轨道创新技术研究"分别获得 2012 年中国铁道学会铁道技术进步一等、二等奖;"软基地区高速铁路桥梁万吨级转体施工建造技术研究"获 2013 年第 25 届上海市优秀发明选拔赛优秀发明金奖。

四、严格验收测试,严把高铁质量关

高铁工程施工任务完成后,就进入竣工验收阶段。经过全面、系统、严格的验收测试,合格后才能投入运营是各国建设高速铁路的普遍做法。法国铁路公司(SNCF)在地中海高速新线通车前,进行了长达数月的静态及动态系统测试,总共进行约七百列车次的试车测试试验。日本新干线的新线工程完成后,建设方的竣工检查和运营商(如 JR 东日本公司)的竣工验收同时进行,确认工程完工情况;同时,国土交通省实施检查,检查合格后实施集成调试。调试期间建设方同步进行线路各系统的改进,以促使各线路在试验完成后得到优化。试验完成后,线路的管理权从建设方转交给运营商,运营商继而展开近两个月的运行试验。通过上述试验后,最后国土交通省进行 10 天左右的检查,合格后运营商方可运营。德国在高速铁路新线的调试工作中趋向将几个系统的装备及集成调试同时承包给某个集团完成,在验收过程中利用 ETCS 试验车、运营车型等各种试验车辆设备进行检测运行,对各子系统进行鉴定,对提速运行、制动、交会、系统功能等重点试验,系统试验结束后将进行 2 个月的运行试验。

我国高速铁路竣工验收采用建设单位自验、专家检查、政府主管部门验收的方式进行,主要分静态验收、动态验收、初步验收、安全评估和国家验收五个阶段。

静态验收

静态验收是对建设项目的工程按设计完成且质量合格、设备安装调试完毕且质量合格进行检查确认的过程。静态验收内

容包括内业检查和外业检查,分专业验收、子系统验收和综合系统验收三部分。静态验收由铁路局组织,项目管理机构(项目公司)配合,在施工单位自检合格、监理单位或建设单位验收完成的基础上进行。

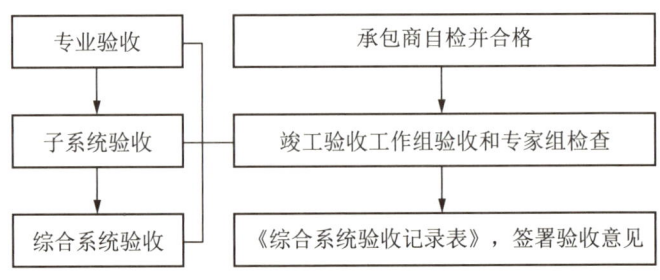

图 4.17　静态验收流程

高铁系统包括路基、桥涵、隧道、轨道、通信、信号、电力、牵引供电、房建、客服、给水排水、站场等多个专业,静态验收按照专业或静态子系统进行验收。静态子系统由一个专业或多个专业组成,专业和子系统之间存在一定程度的交叉。例如工务工程子系统包括路基、桥梁、隧道、轨道专业,电务工程子系统包括通信、信号专业,还有牵引供电、动车组、运营调度、旅客服务、运营维护、运营管理信息化,以及后期培训等子系统。综合系统验收是在高速铁路子系统(专业)验收合格后,对项目按照系统集成概念通过综合调试进行的检查验收工作。综合系统实际上是整个项目实体系统,包括各子系统单元。

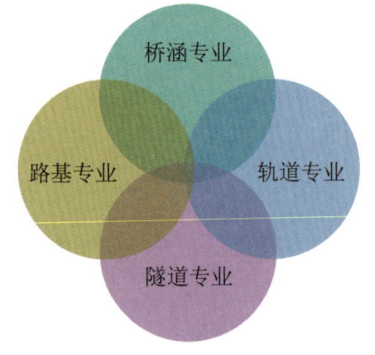

图 4.18　工务工程子系统与专业的关系

动态验收

动态验收是通过联调联试、动态检测对列车运行状态下工程质量检查和确认,并通过运行试验对整体系统在正常和非正常运行条件下的行车组织、客运服务以及应急救援等进行检验的过程。动态验收由铁路局组织、建设单位配合,在静态验收合格后进行。动态验收的核心工作是联调联试、动态检测、和模拟试运行(又称运行试验)。动态检测结合联调联试进行,以联调联试和动态检测的最终结果作为动态检测评价的依据。联调联试、动态检测、模拟试运行内容具体结合具体工程实际确定。

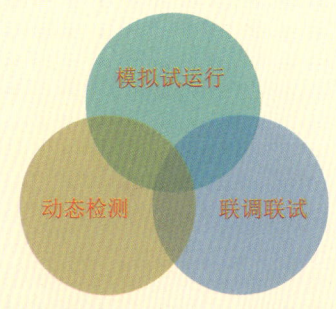

图 4.19　动态验收三大核心工作之间的关系图

高速铁路联调联试是在工程静态验收及相关问题整改完成并确认合格后,采用检测列车、综合检测列车、试验列车和相关检测设备,对高速铁路相关系统性能、功能和系统间匹配关系进行综合测试和验证。通过对问题的整改以及系统的调整和优化,使相关系统和整体系统性能、功能达到设计要求。联调联试一般是在实车运行速度大于 120 公里/小时的前提下,通过不断测试和调试,使运行速度升至设计运行速度的 110%,对每一速度级下的线路、轨道、接触网、通信信号等设备技术性能进行综合测试、验证和调整,达到设计要求。动态检测结合联调联试进行,具体测试内容结合工程实际确定。例如沪杭高速铁路联调联试分别采用 160 公里/小时(检测列车速度)、180 公里/小时、200 公里/小时、220 公里/小时、240 公里/

小时、260公里/小时、280公里/小时、300公里/小时、310公里/小时、320公里/小时、330公里/小时、340公里/小时、350公里/小时速度等级，对全线牵引供电、接触网、通信、信号、信息、自然灾害及异物侵限监测等系统，对路基、轨道、道岔、桥梁、隧道等结构工程，以及振动噪声、综合接地、电磁环境进行全方位综合检测，23天完成了全部联调联试和动态检测内容，工程的主要功能和性能符合相关技术标准和实际运营列车的运行稳定性、平稳性要求。

图 4.20　综合检测车行驶在哈大高铁上　罗春晓摄

运行试验是通过运行图测试、故障模拟、模拟列车运行图行车，检验各系统在正常与非正常条件下的适应性，验证能否符合运营要求，检验设备故障、突发事件和自然灾害条件下的应急处理能力。换句话说，运行试验按照运行图组织列车运行，分正常情况试验（包括运行图参数测试、按图行车）与非正常情况的试验（包括降级运行、故障模拟、应急救援演练）两种情况，检验系统是否有能力满足运营要求，检验在设备故障和自然灾害条件下的应急处理能力。运行试验的目的是使运营商在正式开始客运服务之前识别出问题并采取补救措施，以完善相关作业程序。

初步验收与安全评估

初步验收由中国铁路总公司初步验收委员会组织，是在静态、动态验收合格，环保、水保、消防等设施经相关部门检查认可的基础上，对工程建设情况，静态验收、动态验收情况进行确认的过程。初步验收合格后，由中国铁路总公司安全监察部门组织，责成接管运输单位完善安全措施，完成安全评估工作。安全评估合格并经中国铁路总公司批准后投入试运营，在试运营期间必须进一步开展观测、测试工作，并在3个月内完成竣工决算的编制工作，并提交中国铁路总公司审计部门审计。

高铁安全评估是对新建的高铁项目在初步验收合格后、开通运营前，由中国铁路总公司确认高铁是否具备开通安全运营的条件，并提出开通运营安全评估意见的方法，是对高铁开通运营前安全性的全面把关。安全评估通过后，方可按照规定开通初期运营。安全评估范围包括高铁固定、移动、安全、客运和信息系统等主要行车设备设施是否满足运营安全需要，相关运营维管单位的安全管理和开通运营前准备情况，重点包括安全管理、规章制度、设备质量、行车组织、人员素质和应急预

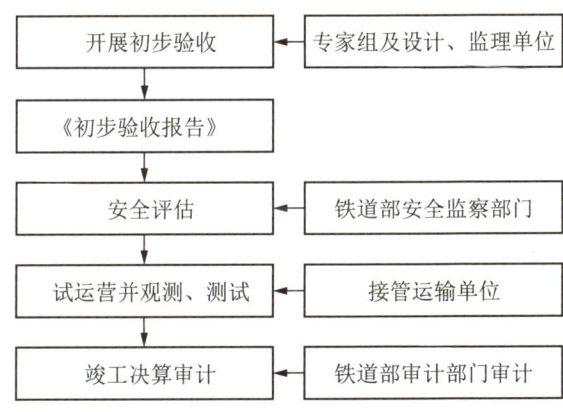

图 4.21 初步验收与安全评估流程

案等各个方面。

高铁路外安全环境也是安全评估的重要内容之一。高铁安全环境是指与高铁运输安全相关的外部条件的总和，包括高铁地界内外所面临的社会环境和自然环境等。狭义的安全环境包括高铁线路、安全防护设施和警示标志的安全保护；广义的安全环境是高铁面临的社会环境和生态环境。高铁的运营安全相对普速铁路而言，对自然环境、社会环境和生态环境的要求更高。因此，高铁路外安全环境评估重点为路外管理制度是否建立健全，防护设备设施及警示标志是否齐全良好，安全保护区是否依法设立并清理到位等各个方面。例如：部分单位和个人在高铁桥梁下方和安全保护区范围内擅自搭建非法建筑物、构筑物及生产和经营场所。2011年5月4日，北京局管内京沪高铁K11＋500处桥梁下一个体户堆放水果箱的仓库起火，中断了京沪高铁的试运行。京沪高铁K1079＋800～900米处为30°陡坡的公铁并行区段，在安全评估时未设置防护桩，公路上行驶的车辆一旦失控，极易撞毁防护栅栏和侵入高铁限界。

国家验收

国家验收是指铁路客运专线初步验收并开通运营两年后，由国家主管部门或委托中国铁路总公司组织对铁路客运专线进行整体验收和综合评价。国家验收委员会组织召开国家验收会议，必要时组织现场检查，对客运专线工程质量、线路运行状况、环境协调性等建设成果以及初步验收结论进行整体评价，形成《国家验收证书》，明确验收结论。

以京沪高速铁路为例，工程施工任务完成，通过上海局、济南局、北京局和建设单位（京沪高速公司）分区段组织静态验收后，从2011年3月开始联调联试，完成动态验收、初步验收和安全评估，2011年6月底开通运营。全线运营各项检测指标稳定地保持在相关规定的指标水平，运营安全稳定。工程先后通过了由沿线地方政府以及国家有关部委组织的土地、环保、水土保持、档案等审查办证和专项验收。2013年2月

图 4.22 京沈客专联调联试

经国务院批准，国家发改委组织国务院有关部委、有关单位和沿线七省市人民政府等 23 家单位组成国家验收委员会，在听取建设运营情况汇报、查阅验收资料、审议验收证书后，一致同意工程通过国家验收。

【知识链接】BIM 技术

BIM 技术全称为建筑信息模型(building information modeling)是以三维数字技术为基础，集成建筑工程项目各种相关信息的工程数据模型，是对工程项目设施实体与功能特性的数字化表达。

【知识链接】为什么要开展联调联试？

高速铁路是一项庞大的系统工程，建设标准高，综合性强，技术复杂，涉及工务工程、动车组、牵引供电、通信信号、运营调度、客运服务等众多子系统，各子系统间接口复杂又相对独立，系统集成技术和接口管理是实现高速铁路系统强大功能的关键。那么如何检查系统集成和接口管理是否达到了既定的目标？联调联试技术提供了解决问题的途径。

联调联试是通过对高速铁路各系统间的综合联调，既含"调"，又含"试"，即调试所有子系统，通过联调联试经由大系统、子系统间的多次反馈与调整，使各子系统功能结构完整与合理，使整体系统功能达到最优，满足运输要求。联调联试的内容包括工务工程、动车组、牵引供电、通信信号、运营调度和客运服务等6大系统，17大项600余子项的测试内容；涵盖轨道、接触网、供变电、通信、信号、运营调度、客运服务、防灾安全监控、综合视频监控等全部专业，对综合接地、电磁兼容、振动噪声、路基状况、路基及过渡段动力性能、桥梁动力性能、隧道内气动效应、列车空气动力学性能测试等全面测试。利用轨检车、综合检测列车、试验列车对列车运行状态下的工程质量全面检查确认，并通过运行试验对整体系统在正常和非正常运行条件下的行车组织、客运服务以及应急救援等进行检验。采用移动检测设备与地面测试设备相结合的测试手段，应用综合检测、时空同步校准、无线网络远程传输及控制、声源鉴别阵列等测试技术和数字化、网络化测试系统，以优化动车组与高速铁路工务工程、牵引供电、通信、信号、客运服务等系统功能、接口匹配关系为核心，以速度和安全为主线，按照逐级提速的方式对高速铁路固定设施和移动装备开展全方位的测试和调试，进行闭环控制。

第五章

高铁运营与维护

一、高铁运营管理

二、高铁设备养护维修

三、运维技术创新发展

新建成的高铁通过工程验收和安全评估后，便移交（或委托）专门的运营部门（铁路运营部门为我国铁路总公司所属铁路局集团公司）进行运输管理，即意味着高铁投入运营，高速列车可以安全地在轨道上飞驰了。为了满足我国高速铁路网成网运营以及普速列车客货共线密度高、重载列车大量开行的复杂运营需要，高铁运营构建了以中国铁路总公司为全路指挥中心、以铁路局为地区调度中心、以车站为执行中心的调度指挥体系。目前，全路调度指挥系统每天指挥全路运行旅客列车 7 200 多列，其中动车组 4 600 多列，货物列车达 20 000 列。高铁运输管理的核心工作包括运输经营（简称运营）和设备养护维修。

一、高铁运营管理

高速铁路运营组织活动的特点为高速度、高密度和高正点率。我国高速铁路客流量大、客流结构复杂，运输组织与既有线联系紧密，不同线路运营条件差别较大和动车组种类多，采用科学的运营管理方法意义非常重大。高速铁路运营管理包括运输组织、客运营销、经营管理，整个运营系统庞大，工作内容繁多。

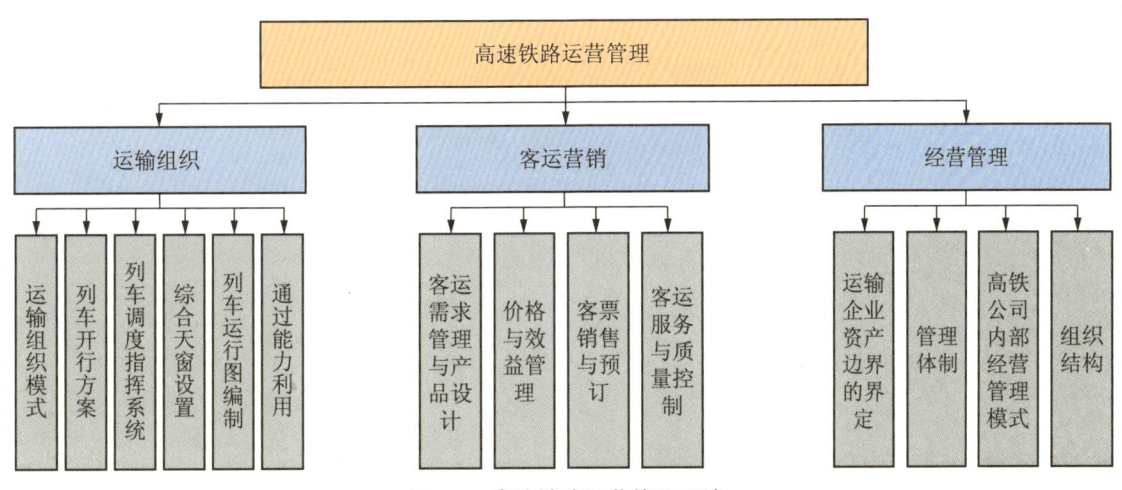

图 5.1 高速铁路运营管理系统

高铁运输组织

同打仗需要事先编制排兵布阵的作战图一样，高速铁路运行也要编制基本列车运行图，各地列车依照此图有条不紊地运行。运行图是根据未来一段时间内预测的高峰客流需求和行车设备能力情况，确定高速铁路列车开行方案和开行对数而编制的。

列车开行根据不同的客运需求，通常分为采用单一高速度等级、高速两种速度等级和高速与普速共线三种方案。我国高铁运输组织是采用不同速度等级列车混合运行的全高速—换乘模式。高速动车组列车的开行，以本线为主，兼顾跨线，根据客流实际，在客流量大的主要城市间开行一站直达高速列车。在客流密集地区和时段，大量开行本线高速列车，始发站实现5分钟连发，区间实现3分钟追踪。例如沪宁高速铁路运营初期图定日开行100对动车组，高峰时段1小时开行10对。部分高速铁路开行一定数量的跨线动车组或普通客车。为便于旅客掌握，始发站在整点或半点安排开行一站直达高速列车。

高速铁路的行车组织工作，尤其是列车运行图的铺划，在保证旅客上下车的前提下，尽可能提高旅行速度。在满足一定服务频率的前提下，减少列车停站次数及停站时间，一般大站3～5分钟，小站1～2分钟。列车停站时间短，一般不挂行李车，行包由专列输送。由于客流波动，早晚集中出行和某些区段客流量较大时，考虑重联运行，但非高峰时段也保证一定的列车密度，以利吸引客流。旅客列车最小追踪间隔4分钟，高峰时间最多持续2小时，最密集时在1小时内连续发车达到15列。

运输组织需要一个集中化、综合化和自动化的高速铁路调度指挥系统。我国在铁路总公司设立调度指挥中心，统一指挥全路高速铁路列车运行。在北京、武汉、上海、广州、西安、成都等处设立铁路调度所，负责区域内的高速铁路调度指挥，其工作人员就是被称为列车运行指挥者的调度员。指挥系统通过信息采集、远程监视、信息共享和远程控制等信息化手段，实行行车指令统一下达和全线信息的集中汇集与传递；运营调度系统实现计划编制、运行管理、动车管理、客运服务、供电管理、综合维修和客货营销等功能协调联运。铁路系统各个专业的调度员都在调度所的调度指挥中心联合办公、包括计划调度员、列车调度员、供电调度员、客服调度员、客运综控调度员、动车调度员、施工调度员等等。各个调度台密切合作、紧密配合，各司其职又相互合作，共同为高速列车运行保驾护航。

纵览境内外运营高铁，高速铁路采用的运输组织模式大致可归纳为"全高速—换乘""全高速—下线运行"和"混合运输"三类。"全高速—换乘"模式是指高速铁路线仅运行高速列车，且高速列车运行范围仅为高速线。这种模式直通客流大，无跨线列车运行，跨线旅客采用换乘的方式，日本和中国台湾高速铁路采用该种模式。日本高铁站间平均距离较短，一般为34.1公里，停站数不同的3类车"希望号""光号"和"回声号"有70种不同停车方式。"全高速—下线运行"模式是指高速线仅运行高速列车，但高速列车不仅在高速线上运行，还可以在与高速线相衔接的线路上运行。比如法国新线客运专用，新线与既有线兼容，高密度、少中转。这种模式下列车可以方便地进入大城市。一般根据客流量大小配备相应的列车对数，列车运行间隔是不规律的。"混合运输"模式是指高速线不仅运行旅客列车（包括高速列车和普通列车），还运行货物列车。例如德国高速线路上既运行ICE列车，也运行货物列车，还要开行地区和短途旅客列车，线路运输任务很繁忙。ICE动车组实行节拍运输，采取基于运输能力的运输模式，这种运输模式以固定的时间间隔组织运行。ICE列车下高速线与旅客换乘结合。意大利按高速、普速旅客列车及高速货物列车客货混运，主要组织中、长途高速列车，组织部分高速货物列车、部分高速列车下线运行。西班牙采用高、中速旅客列车混跑模式。

各国都十分重视高速列车的正点率问题，作为与其他交通运输方式竞争的重要手段。西班牙高速列车晚点超过5分钟便退还旅客的全额车票费；日本晚点超过2小时退还旅客的加快费，自1964年开通以来日本所有列车的平均晚点时间不到1分钟；法国高铁承诺，当列车晚点超过30分钟，按票额30%以交通券方式进行补偿。采用科学的运营管理方法，能最大限度地发挥高速铁路的社会效益和经济效益。

高铁客运营销

高速铁路是否有社会效益和经济效益是与客运营销紧密相

关的。客运营销包括客运产品设计、价格管理、客票销售、预订、客运服务与质量控制等内容。在基本运行图的基础上，客运产品可以根据当前客流和列车运用情况设计，如按周实施日常运行图、周末运行图，客流高峰时期实施节假日运行图等等。

客运营销工作并不仅局限于高铁投入运营以后，而是在高铁项目规划设计阶段就要着手开展相关工作。比如按照"零距离换乘"的理念，建设现代化客运枢纽和旅客中转换乘中心，铁路客站与城市公交系统甚至机场融为一体，为旅客提供铁路、地铁和公共汽车顺畅换乘条件，有利于吸引客流。上海虹桥设站与机场换乘一体化设计，实现了高速铁路与机场、城市轨道交通的无缝衔接，成为名副其实的铁路、公交、地铁、航空一体化的综合交通枢纽，成为国内旅客发送量最大、最为繁忙的高铁客站。客运营销的内容和范围很广，提供更多、更灵活的售票方式，提供更便捷的旅客乘降条件，提供更丰富的购买、旅行方便，都是有效的策略和手段。沪宁、沪杭高铁推行高速铁路"铁路快通卡"，旅客提前购卡储值，乘车时直接刷卡进出站，非常贴近城际间上班族旅客需求，拓展了短途客流公交化运输市场。

随着高速铁路网运营规模的扩大，各铁路局公司的客运营销手段越来越多。采用互联网信息发布、订票和支付于一体的一站式服务平台，利用固定或移动通信网络，推行电话、手机订票，并提供快速、引导式旅客自助服务，旅客可以通过铁路客服中心网站、电话及车站内的触摸屏系统查询各种旅行信息，通过先进的导向和广播系统的引导及自动售检票系统的使用，帮助旅客快速方便地进行候车乘降。自动售票机提供多国语言的查询功能，旅客只要输入起讫点和希望乘车的时间段，自动售票机很快就会显示可以选择的车次、换乘地点以及票价等信息，旅客在一个车站可以买到单程票、往返票和联程票，不受起点站和终点站的限制。车站内提供人性化服务，为残障人士设计专用通道、座椅和卫生间等，充分考虑旅客需求，提供便利条件；针对老、幼、病、残、孕等重点旅客，做到信息顺畅、设施齐备、人员到位。如车厢的座椅可以稍微下放，充分考虑到乘客的乘坐体验；座位上设有本次列车的运行时刻表；座位旁边配备电源插座，可以给手机充电或给电脑供电等。

二、高铁设备养护维修

为保证高铁运输安全，设备养护维修非常重要。设备养护维修包括设备例行检查、维护和整备，以及设备大修、维修等工作内容。针对高铁呈带状分布，线长、点多、面广，设备分布密集的特点，网格化管理方法在高铁技术设备状态的动态检查和对比分析中得到运用。

网格化管理

高速铁路网格化管理是将高速铁路线路按照一定的标准划分成若干网格单元，即将连续的铁路线路离散化，按一定规则进行分割，形成许多小的线路区段；每个线路区段称为网格

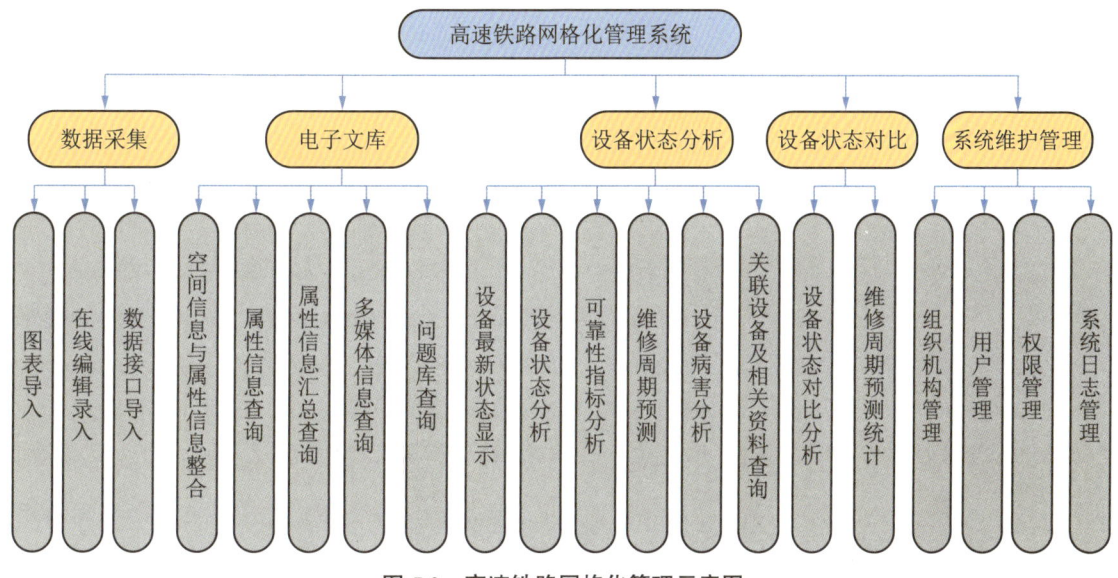

图 5.2 高速铁路网格化管理示意图

单元，每个单元包含工务、电务、牵引供电等不同专业的设备，在空间布局、组成结构具有各自不同的特点，并有自己的编码。利用现代信息技术和协调机制，彻底、及时地进行每个单元的设备状态调查，实现全面的设备状态信息互联互通，做出设备维修决策，保障运营安全、控制运营风险、整合维修资源、降低维修成本和提高管理效率。根据管理需要，高速铁路网格化管理系统可分为数据采集、电子文库、设备状态分析、设备状态对比和系统维护管理五个功能模块。

线路综合检测

高速铁路线路设施设备状态综合检测实行三级动态检测，一是依靠高速综合检测车每旬检查线路、供电、电务和通信设备状态；二是利用人工添乘动车组每日检查设备状态；三是采用车载式线路检查仪逐一检查线路设备。采用先进仪器和人工检查相结合的方式，组成固定设备动静态检测监督系统，按周期对轨道几何尺寸和接触网状态进行静态检查，准确获取设备运行的各种数据，这些数据由专人实时综合分析，指导设备养护与维修工作。

高铁固定设备采用以工区（段）为单元的综合维修模式。综合维修工区（段）承担设备动静态检测和一般性维修作业任务，将隶属于各设备单位的专业人员整合到一起，统一制订作业计划，统一安排作业内容，共同使用作业车辆，共同利用作业天窗，形成综合作业、统一管理的新型工区。应急处理、设备周期性修理和重点病害整治等工作，委托高铁基础设施维修基地、工电大修段和既有设备段的专业队伍完成。房建设备管理实行"管、修、用"分工负责，统一管理。房建部门（铁路总公司、铁路局公司负责铁路运输房建设备管理部门）负责制定规章制度，监督考核房建设备大修维修和使用管理，房建单位（铁路局公司负责实施房建设备管理维护的房建段）负责房建设备的大修维修工作，使用单位负责房建设备的使用管理工作。

高铁动车组运维

中国高铁具有成网规模大、运行速度快、交路长（3 000公里），高速动车车型多样、编组长（16辆）等特点，国际上没有现成超大规模高铁网、多车型跨线混跑动车运维技术可以借鉴。中国铁路总公司指导各铁路局（动车组运用企业）统一规范和引导动车组检修运用工作，逐步建立了以修程修制科学、动车组检修和整备在动车段和动车所进行，不在动车所停留的动车组，可以在具备条件的停留点上水、保洁和排污等整备作业。目前在北京、上海、武汉、广州、西安、成都等地设有动车组检修基地，承担区域内动车组高级修程。有23个动车组运用所（未来将达到50多个），承担动车组日常检修和维护。动车组实行以走行公里周期为主、时间周期为辅的计划预防修，检修方式以换件修为主，主要零部件采用专业化集中修。动车组运行具有列车安全监控功能，对重要的运行部件和功能系统进行实时监测、报警和记录，及时向动车段、动车所传输。

高铁动车组运维建立了以"规章标准健全、能力布局合理、维修设施完备、管理体系顺畅、生产组织有序、检修质量可控、维修成本经济、人员素质过硬、安全持续稳定"为标志，具有中国铁路特色，适应高速铁路运营需要的现代化动车组检修运用体系；建立了先进的动车组健康诊断及专家支持平台，实时监控车辆状态，进行风险预防和快速处置。持续对检修技术进行提升，优化修程修制，确保世界最大体量动车组可靠安全运营和性能持续优化。解决了成网运营条件下动车组运维保障体系构建、高速长时间运行状态下的轮对预警、兼容多车型、长编动车组高效检修技术等难题，实现了动车组高效检修，为高铁可持续发展提供了强有力的技术支撑。同时，中国动车组制造企业致力于产品全寿命周期的服役性能、经济性能提升，发展先进的运维技术，提供系统化解决方案，确保庞大体量动车组的可靠运营和持续优化。

三、运维技术创新发展

我国高铁运营以"安全可靠、运营有序、服务优质、管理一流"为目标,在运输管理模式、固定设备维护、动车组检修运用、调度指挥、客运服务等方面不断创新和完善,积累了成功经验,形成了一整套高速铁路运营管理技术。综合旅客服务系统、12306互联网售票系统、基础设施运营维护技术体系、移动装备检修管理体系等技术达到世界领先水平。

综合旅客服务系统

高铁旅客服务系统是伴随着高铁的建设发展而不断创新和完善的。2008年8月京津城际开通,旅客服务系统单站模式应用;2009年9月甬台温、温福铁路开通,旅客服务系统中心站管理模式应用;2011年6月京沪高铁开通,旅客服务系统正式进入铁路局集中管理模式。与传统的铁路相比,高速铁路旅客服务系统在应用模式、集成广度、系统支撑方面发生了质的变化。在应用模式上,从传统的车站独立运行模式,发展到中心站管理模式,直至铁路局集中管理为主的模式;在集成广度上,从主要面向旅客的信息服务,发展到以提高铁路客运组织效率、丰富服务内容为核心的综合客运服务;在系统支撑上,从满足基本运营需求,发展到满足更高的系统智能化水平、更深的系统集成程度、更优的资源利用效率、更灵活的开放机制、更安全的系统保障和更便捷的系统管理等需求。

旅客服务系统在不断技术创新和完善中向智能化、自动化、网络化、集中化深入,技术生产力的进步促进了客运组织生产管理模式调整,促进了管理跨度和管理效率的提升。以铁路局为中心,将管辖车站的相关业务集中到铁路局进行统一指挥和统一管理,改变原来的站站信息的编辑模式和独立运行的模式,升级到数据维护的全线智能联动,以车为中心指挥和管理,减少了大量重复性工作,实现了对各车站之间的业务联动。通过动态数据中心技术，实现了铁路旅客服务系统在铁路局和各车站的快速部署与迁移功能。车站应急管理系统的应用，保证了系统运营的安全，增强了极端情况下系统运营的应对能力，提高了系统运营的整体可靠性。

基础设施运维技术

高铁基础设施设备的"高可靠性、高稳定性、高平顺性"是其最重要的技术特征。我国高速铁路路网规模大，运营速度高，行车密度大，高铁运营以"安全、舒适、秩序"为前提。我国高铁经过不断探索实践，逐步建立完善了与之相适应的运营维护技术体系。

信号运维装备从单一的子系统维护机、信号微机监测进入了信号集中监测时代。信号集中监测中心设备硬件多，有数据库服务器、应用服务器、通信服务器、网络服务器、时钟服务器、防毒服务器等数十台服务器，关键服务器均采用双机冗余配置，设备间物理连接和逻辑连接复杂异构。信号集中装备在监测信号设备状态、发现信号设备隐患、加强信号设备综合管理、分析信号设备故障原因、辅助故障处理、指导现场维修、反映设备运用质量等方面发挥重要作用。

高铁技术设备的养护维修以"预防为主、检修与保养并重、预防与整治相结合""严检慎修"为原则，以基础设施的技术状态检测、监测和评定为基础和依据，制订维修方案和计划，根据设备变化规律、季节特点，合理确定检修项目和检修周期，采用设备状态修与预防性计划修相结合的维修方式。养护维修优先采用综合维修模式，实行天窗修制度，实现机械化、自动化、专业化和信息化。

形成了"动态与静态相结合"的工务基础设施日常检测技术规程。动态检测包含综合检测车辆对线路平纵面、轨道、路基等设施整体技术状态定期动态综合检测，对钢轨表面和内部伤损、钢轨磨耗、轨枕或轨道板、扣件等进行专业动态检测。静态检测以小型机具、仪器为主，利用精密测量控制网对工务

设施状态进行分项检测。动态检测主要对固定设施质量状态进行总体的判断，并对维修后设施技术状态进行最终的验收。静态检测可精确检查缺陷到位，指导维修。特殊重点路基、桥梁、道岔、轨道实行实时检测。

建立完善了高速铁路通信、信号、电力牵引供电设备、客服设施、运输房建设备等定期检查办法，检查频次在满足铁路技术规定的基础上，各铁路局可以加密检查或随时检查。铁路总公司专业技术机构根据线路的年通过总量、线路允许速度，使用专用设备定期对主要线路进行轨道、通信信号、接触网检查和钢轨探伤。

严密的高铁安全防护

铁路运输企业立足于"人防、物防、技防"相结合，完善高铁防灾防护、监测监控系统。高铁灾害监测系统对风、雨、雪、地震、异物侵限等进行实时监测、报警和预警，提升了在自然灾害情况下高铁运行的安全防控能力。每天黎明，太阳还未升起，在第一趟载人动车组列车开行前，都有一个神秘的"人物"先期探路。这个神秘的"晨行者"就是中国自主研发的高铁设备检测车。依靠先进的技术装备实现对高铁轨道、接触网、通信信号及风雨雪、地震的全面监测，确保高铁运行安全。

高铁车站加大安全检查和危险品排除，坚决把违禁物品堵在站外车下。建立了高铁防护设备设施行业标准，推广高铁防护电子围栏、光纤围栏等防侵入报警系统建设。建立铁路综合视频监控系统，对车站、广场、高铁沿线等各个区域进行监控，发现问题及时处理。

在建立安全信息通报机制方面也进行了大力探索。通过完善高铁安全防护工程数据库平台，掌握工程建设、设备造修、安全管理、人员素质、外部环境等方面存在的突出问题，总结运营实践经验，研究完善法规标准，推动形成"企业主体、政府监管、社会监督"的高铁运营安全综合管理格局。

高铁运营实施固定设施和移动装备动态检测监测，建立由高速综合检测车、沿线检测传感装置等设备组成的线路设备检测体系，对线路状况进行定期和实时检测，并在动车组上设置监测与诊断系统，实时监测列车运行状况。

高铁的安全是由高素质的人员来保证的，建立高铁人员管理和培训教育体系，对调度员、动车组司机、机械师等主要工种人员实行严格的准入考核制度，定期开展实作培训。

【知识链接】高速综合检测车

高速综合检测车是我国自主研发的检测设备，有时速350公里的CIT380A高速综合检测列车，设计时速400公里的CRH400A（CIT400A）高速综合检测车，更高速度试验列车CIT500创造出时速605公里实验室时速。高速综合检测列车创新之处在于与车辆配套，研发了大量测试技术及设备，包括光纤传感器、传感器网络、激光测试、雷达测试、微波测试、图像识别、无线传输等测试系统，以及数字化、网络化、小波变换、频谱分析、趋势预测、统计分析、多元数据融合分析、系统辨识等测试技术等等；构建了试验、验收及综合评价体系等多方面。

第六章

高铁的社会功能

一、中国高铁的基本功能

二、支撑国家发展战略

三、高铁与城市协调发展

四、高铁提升百姓获得感、幸福感

五、中国高铁的国际影响力

高铁是经济社会发展的基础性工程，发达国家在20世纪的高铁浪潮中扮演了主要角色，如日本的新干线、法国的TGV、德国的ICE，均给各自国家的经济发展带来了巨大的推动作用。21世纪的中国快步跨入高铁时代，极大地缓解了铁路运输能力长期供给不足的矛盾，为经济发展、国家发展战略提供了强劲支撑。高铁缩短了时空距离，不仅改变了中国人的出行方式、物流手段，大幅提升城市之间客流、物流、信息流的效率与质量，还促进了城市之间的政治、经济、文化等的联系，正在深刻改变着中国的经济版图和经济社会发展模式。中国高铁发展成就令世界瞩目，已经成为开放中国的又一张"新名片"。正如瑞典欧盟研究所研究员艾连娜·卡尔森所言："中国发展高铁不是选择了一个交通方式，而是在谋划未来。"

一、中国高铁的基本功能

中国幅员辽阔，人口众多，资源珍贵。高铁最能适应本国客流的特点，是解决人们有限的支出能力与日益增长的交通需求及有限的运输能力之间矛盾的交通方式。高速铁路提高了运输服务品质，减少了燃料成本和环境负荷，节省了人们出行所需的时间，符合国家可持续发展战略和优化交通运输结构的要求。高铁改变了人们原有的时空观念，提供了现代化交通方式，完善了综合交通系统，驱动了经济发展。

提供新型交通方式

高速铁路提供了适合中国国情和客流特点的新型交通方式。中国人口总数在13亿左右，平均每人每年乘火车一个来回，铁路旅客发送量将达26亿人次以上，客流量之大，世界上独一无二。中国疆域宽广，东西部、南北向各区域的政治、经济、文化联系紧密，人们出行活动范围广、行程长。东部沿海人口分布和工业布局集中，城市群分布密集，因此客流、物流相对集中。传统铁路、公路、民航等交通方式，都难以胜任我国客流运输量大、线路集中、行程长的特点。同时，中国是人均资源严重不足的国家，许多重要资源人均占有量均低于世界平均水平。就拿人均耕地面积来说，仅为0.000 8平方公里，耕地严重短缺。此外，石油资源匮乏，能源结构以煤为主，环境污染严重，致使我国不能选择美国目前客运主要依靠公路和飞机的交通运输模式。高铁的环保功能非常突出，是公认的环保交通方式。高铁用电，是无害排放，且用电量少。高铁占地面积相对小而运量大，一条双向四车道高速公路占地面积是复线高速铁路的1.6倍，一个大型机场占地面积相当于建1 000公里复线高铁。可见，高铁大容量、低能耗、占地少、适应性强、速度快、安全舒适等优势，完全适应我国基本国情及客流特点，我国发展高铁能充分发挥其特有的功能作用。

走近高速铁路

谈到当代中国客流高峰，自然就让人联想到每年的春运。春运被称为"地球上最大规模的年度人口迁徙"，每年春节，大规模的人口流动给交通运输带来了巨大的压力。根据《2015年上海市国民经济和社会发展统计公报》显示，2015年末，上海市常住人口总数为2 415.27万人，其中，户籍常住人口1 433.62万人，外来常住人口981.65万人，春节期间，上海流出人口高达一千多万；春节过后，探亲回家流、返城流、学生流相继而至，大约到正月十五，唱了半个月"空城计"的上海，又回到2 400多万常住人口的常态中。不仅仅是上海这样的超大城市，人口的大规模流动是许多城市春节的最大主题。据某大数据中心发布的2017年春节"空城指数"，排名首位的东莞，流出人口达到总人口数的69.26%；第二位是佛山，达到62.92%；第三位的广州达到61.36%；第四位深圳，达到60.76%；第六位才是上海，达到56.76%；第八位北京，达到52.01%。

以往，春运期间是铁路部门最"焦头烂额"的日子。"就像打仗一样，在车站几十天不能回家，每天疏导客流，生怕出事。看着广场上黑压压一片走不了的旅客，心里急啊。"一位老铁路人回忆说。高铁的开通运营，改变了春运的格局。随着高铁网络的延伸，"春运"一词的含意在旅客或铁路人的心中正在悄然变化。高铁的强大运送能力，改变了过去火车带给人们车次少、速度慢、拥挤不堪的固有印象，2017年1月13日至2月21日的春运期间，全国铁路旅客发送量达3.57亿人次，其中一半以上旅客乘坐高铁往返。正是高铁的快速、舒适，让人们的春运回家之路变得更加平安、顺畅、温馨。

2017年6月30日，京沪高速铁路股份有限公司发布运营6年来的"成绩单"：截至6月30日，京沪高铁开通运营满6周年，累计发送旅客突破6.3亿人次，平均一年超过一个亿！京沪高铁人流如潮，旅客发送量一年上一个大台阶。京沪高铁2014年实现扭亏为盈，2015年实现股东分红，2016年及

> 第六章 高铁的社会功能

图 6.1 春运客流

2017年上半年盈利水平进一步提高。2017年京沪高铁每日开行列车平均高达426列，1月19日创造了日发送动车499列的历史新高；5月1日创造了运送旅客达66.6万人次的单日最高纪录。旅客可以像乘坐公交车一样随到随走。"从北京到上海只要不到6小时，这个距离相当于布加勒斯特到巴黎""我可以看着窗外，看到各种风景，就好像整个中国都在眼前移动"……《我想把高铁带回国》一文中描述了各国青年对中国高铁的评价。如今，随着时速350公里的"复兴号"的投用，上海到北京只需4个半小时。随着一条条线路的开通，高铁成为民众出行的首选。高铁提供了适合中国国情和客流特点的新

195

型交通方式,更新了国人对"时间"和"空间"的感知。

缓解铁路运输供求矛盾

高铁缓解了铁路运输与社会发展不相适应的矛盾。20世纪70年代末中国实行改革开放后,对于经济持续快速增长的中国来说,中国铁路运输一直处于超负荷、低水平状态下运行,运行速度和规模完全不能适应生产力发展要求。为了缓解铁路运输能力与运输量的需要不相适应的矛盾,国家做出了"运能协调"发展、"南攻衡广、北战大秦、中取华东"等一系列举措,加快铁路发展、提高运输能力。随着国民经济持续快速增长,工业化、市场化、城镇化进程的加快,带动全社会人员、物资加快流动,使全社会运输需求总量持续增长。人民生活水平的不断提高和经济结构的优化升级,旅客、货主对运输快捷舒适、经济便利、安全正点等方面的质量要求越来越高,运输市场结构发生了深刻变化。客运快速化、货运重载化、管理信息化成为21世纪铁路现代化的新趋势。

不言而喻,新建高铁可以使客运快速化;高铁将客货运输分开运行,客货运输能力大大提升。对既有铁路而言,如果将既有线路上的快速客车拿出来放在高铁线上运行,既有线走货运,既增加高铁通道内快速客运的运量,也有助于消除客货混跑线路低效率的弊端,提高既有铁路的整体运输能力。以京沪铁路为例。这条铁路于1968年建成,全长1 462公里,原分为北中南三段,在1968年南京长江大桥通车后,津浦铁路和沪宁铁路接轨,并改名为京沪铁路。在京沪高铁开通前,京沪铁路服务所经的区域面积占国土面积的6.5%,人口占全国的27.7%,人口100万以上的城市11个,一直是国内最繁忙的铁路干线之一,"一票难求""一车难求"成为常态。2011年京沪高铁开通,大大缓解了既有京沪线客运压力,既有京沪线释放的运输能力每天可增运货物14万吨,年增加货运能力约5 000万吨。

2017年"四纵四横"铁路快速通道提前建成,大大缓解了客运压力，使既有线路安排更多的货运，有效缓解货物运输紧张状况，解决了我国主要铁路干线运力不足的难题。2020年我国将全面建成小康社会，这一时期经济仍将持续快速发展，运输需求必将同步增长。在客运需求方面，由于城镇化速度的加快，城镇人口不断激增，客运量仍会快速增长；区域经济发展存在差异，人口、资源、生产力布局的不平衡，造成人员的频繁流动；人们生活水平的不断提高，增加了大量的假日游、休闲游和探亲访友等客流。在货运需求方面，经济的快速增长，使得各种物资的需求量也大幅增加，货运量也将随之持续增长；因资源分布、工业布局不平衡，能源、原材料等调配任务繁重。专家预计到2020年，全国铁路客运、货运需求将分别达40亿人、40亿吨。此外，随着社会发展，人们的收入水平提高，生活节奏加快，时间价值观念越来越强，对高速化的运输需求会越来越多。

完善综合交通运输体系

综合运输体系是国民经济体系的重要组成部分，包括铁路运输、公路运输、水路运输、航空运输和管道运输等5种运输方式。中国幅员辽阔、内陆深广、人口众多，资源分布及工业布局不平衡，铁路运输在各种运输方式中的比较优势突出，在经济社会发展中具有特殊重要的地位和作用。铁路既是国家重要的交通基础设施，也是资源节约型和环境友好型的运输方式，它不仅是国民经济发展的大动脉，而且兼具安全、经济、便捷、实惠、全天候运输等特点。这些特点，决定了它是大众化的交通工具，也决定了其在我国综合交通体系中的骨干地位。"十二五"时期，我国各种交通运输方式快速发展，综合交通运输体系不断完善，交通运输基础设施网络初步形成。其中，铁路客运量年均增长率超过10%，其中客运动车组列车运量比重达到46%。截至2017年底，我国铁路营运里程达12.7万公里，其中高速铁路里程突破2.5万公里。"四纵四横"提前建成运营，东部地区路网得到优化提升，跨区域的快速通

道基本形成。中西部地区铁路加快建设,快速铁路网主骨架正在加快形成。2017年,中国铁路每天开行客车7 100多组中,高铁占比66%。每天城市间的平均客运达800万人,其中高铁动车组承担了480多万人,占比超过了55%。高铁科技创新取得重大突破,进一步巩固了铁路在综合交通运输体系中的骨干地位。

如果说高速铁路像铺展在神州大地上的条条银线,那么近700座现代化的高铁车站就是一颗颗闪光的珍珠。早在2005年南京新客站建设中,就提出"以人为本、一切以旅客的需求为中心"和"零距离换乘"的客站设计理念,打破了过去的条块分割的思维定势,形成与城市交通融合发展的新格局。经过十多年的不断创新与实践,铁路与城市交通无缝衔接已成为中国铁路客站的标准配置。2010年建成的上海虹桥综合交通枢纽是城市交通建设的创新,首次采用铁路客站与机场航站楼双中心并联布局,占地1.3平方公里、核心建筑总面积80万平方米,涵盖航空、高速铁路、磁悬浮、城际铁路、长途公路客运、城市轨道交通、公共汽车和出租汽车等更多种交通方式,成为轨道、道路、空路三位一体的日均旅客吞吐量130万人次的超大型、世界级交通枢纽。按照零距离换乘要求,北京、上海、广州、南京、武汉、合肥、重庆、昆明、兰州、贵州等城市成功打造了以高铁客站为主的现代化综合客运枢纽。

高铁也带动了运输服务的提质升级。高铁整体服务水平提升,建立了信息服务平台。推行网上订票,旅客买票更加方便;支持微信支付,支付起来更加方便;旅客在车上的用餐也可以实行互联网订餐,实现旅行和体验美食两不误;在一些大站已经推行刷脸进站;"复兴号"实现了wi-fi全覆盖。铁路客运服务品质的提升,促进了铁路与公路、民航的服务竞争。民航航班正点率逐步提升,公路交通保障能力增强,服务水平不断改善。

2016年7月国家发展改革委、交通运输部与中国铁路总公司联合发布了《中长期铁路网规划》，勾画了新时期"八纵八横"高速铁路网的宏伟蓝图。新规划预计在2030年基本实现内外互联互通、区际多路畅通、省会高铁联通、城市快速通达、区域基本覆盖的目标。同时，对高铁、普速铁路与城际铁路的建设实行"一张网"规划，使客运换乘"零距离"，物流衔接"无缝化"，运输服务"一体化"。届时，高铁网络将更加密集，沿线居民的出行将更加便捷。

旅客出行对交通工具的选择，800公里内高铁具有绝对优势；800～1 000公里间高铁与民航竞争激烈；1 000公里以上民航则相对具有优势。因此价格适中、准点便捷的高铁在中短途市场上对民航运输具有极高的替代性。虽然高铁在逐渐融入国内民航市场，但对于民航业者来说，同时存在诸多机遇。首先，促进国内民航企业的转型升级。高铁的冲击使国内航空业必须更加关注国际市场以弥补国内市场萎缩带来的损失，而积极参与国际竞争也是国内民航企业不断提升内功的必经之路。民航企业只有自我革新，学习国外先进航空公司的成功经验，不断提升经营品质与服务水平才能在激烈的国际竞争中得

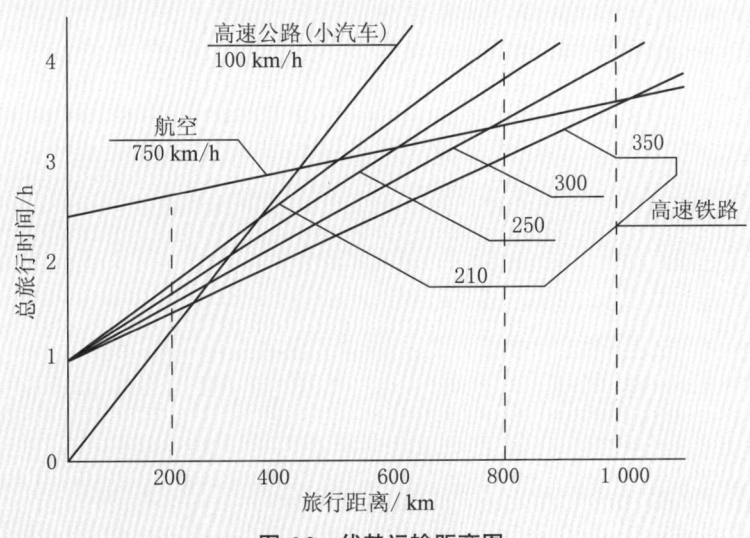

图6.2　优势运输距离图

以生存并持续发展。其次，支线市场将成为航空公司新的战略生长点。我国支线机场数量众多，支线机场占机场总数的76%。其中，西部支线机场占支线机场总数的51%，东部占据32%，中部则占比较低为17%。虽然"八纵八横"将高铁的影响不断加深，但终究不能覆盖所有区域，尤其在广阔的西部地区，公路与高铁建造成本极高，更适宜开展航空运输。因此航空支线市场存在巨大发展潜力。虽然目前支线市场表现并不抢眼，但随着经济的不断发展，支线机场将为航空枢纽贡献更多客流。为发展支线机场，地方政府有补贴意愿，航空公司应作好战略部署，努力培养支线客源，抢占先机。此外，"八纵八横"带来的"空铁联运"市场同样前景广阔。

驱动经济发展

"要致富，先修路"，说的是便利的交通对于经济发展的重要性。高铁对于经济发展的促进显现在高铁投资建设到高铁运营的全过程中，而且表现在多个方面。从建设伊始，高速铁路投资本身就强力拉动了内需。以京沪高铁为例，2 209.4 亿元的总投资创造了众多的就业机会，11.4 万多人因高铁有了合适的工作。高铁建设每天投资达到 1.9 亿元，每天消耗 1 万吨钢材、3.5 万吨水泥、11 万立方米混凝土，带动了沿线地方与高速铁路建设相配套的多个行业发展。有专家测算过，在高铁建设期，是 1∶10 的投资投入带动，也就是说在高铁上 1 元的投入，就会带动 10 元的其他投资。高铁建设提升了铁路建筑业整体实力，增强了铁路工程勘察设计、建筑施工企业核心竞争力。高铁动车组等高端装备制造，带动了相关产业链发展，拉动冶金、机械、橡胶、电力、信息、计算机、精密仪器等上下游产业协同发展，有利于促进国际产能合作。

高铁建成运营后，能有效缓解运输紧张状况，加快物流周转，运输成本明显降低，会对沿线地区的产业发展和城镇化进程带来深刻影响。从世界范围看，以日本为代表的第一代高铁的发展至今已近 50 年，其不仅在短期内对经济有促进作用，长期来看推动了沿线地区经济的均衡发展，拉动人流物流消费，促进房地产、工业机械、钢铁等相关产业的发展。尽管我国高速铁路的运营时间还比较短，但高铁效应已明显显现，铁路速度的提升和运营布局的更加合理，大大缩短了各地间的时空距离，将沿线大中小城市连接在一起，形成一个交通走廊或整体经济走廊，增加了沿线区域的就业机会，提升了沿线房地产市场规模，拉动了沿线旅游、贸易、物流等第三产业的发展。对沿线产业带和城市现代服务业的培育，以及沿线地区人口流动速度提升和人口聚集，也有大大的促进作用。随着京广、沪昆、哈大、贵广、兰新、海南环岛等一批高铁重点项目建成通车，"四纵四横"高铁网基本成形，高铁与其他铁路共同构成的快速客运网已超过4万公里，基本覆盖中国省会及50万以上人口城市。高铁成网运营带动了城市群、都市圈的快速发展和城市间的互相融合，"同城化"效应不断扩大。高铁网的日益发达完善，串起一条条"新型城镇带""黄金旅游带""产业聚集带""经济繁荣带"，由此产生的高铁经济新业态正成为经济发展的新引擎。

当前，我国正处在全面建成小康社会的攻坚期和推进供给侧结构性改革的机遇期，围绕有效需求扩大有效投资，优化供给结构，提高投资效率，发挥投资对稳增长、调结构的关键作用十分重要。加快高铁建设，既是稳增长、调结构的重要抓手，也是增加有效投资、扩大消费的重要举措，有利于推动新旧动能转换接续，促进经济结构调整；有利于扩大有效投资，保持经济平稳增长；有利于增加铁路有效供给，全面提升运输服务保障能力。2016年《中长期铁路网规划》，明确了增加铁路有效供给、提升运输服务保障能力的五大举措，提出打造以沿海、京沪等"八纵"通道和陆桥、沿江等"八横"通道为主干，城际铁路为补充的高铁网，实现相邻大中城市间1～4小时交通圈、城市群内0.5～2小时交通圈。高铁的建设发展，将进一步完善我国综合交通运输体系、促进交通运输

走近高速铁路

图6.3 成绵乐高铁"和谐号"列车

提质增效升级,对引领和支撑国土开发和城镇建设具有重要意义。

二、支撑国家发展战略

"铁路修到哪里,国家意志就到哪里"。中国是一个陆权大国,铁路发展对国家发展战略至关重要。改革开放以来,我国依据国际国内情况,为实现国家总目标制定了一系列总体性战略。高铁对国家发展战略发挥了强劲的推动和支撑作用。

全面推动国家现代化建设

中国的现代化是建立在中国社会的全面进步、社会主义全面发展基础上的现代化。20世纪80年代开始,在以"让一部分人先富起来"的改革开放政策引异下，东部率先发展。进入21世纪，中央提出促进中国中部经济区——河南、湖北、湖南、江西、安徽和山西6省共同崛起的中部崛起，以及西部大开发和东北老工业基地振兴政策，加快东部地区发展并率先实现全面小康和现代化，在发挥承"东"启"西"和产业发展优势中崛起，把东部沿海地区的剩余经济发展能力，用以提高西部地区的经济和社会发展水平、巩固国防，支持东北地区等老工业基地加快调整、改造，实行东西互动，带动中部，促进区域经济协调发展。高速铁路作为一种代表现代科技水平的铁路客运方式，以其显著的技术经济优势，促进产业结构调整，特别是旅游业的发展，增加劳动就业机会，加强城市职能分工，形成经济增长轴，推动区域经济均衡发展。率先建成的"四纵四横"高铁穿越中国经济发达和人口稠密地区，长三角、珠三角、环渤海等城市因高铁而联系更加紧密，为实现东部率先、中部崛起、东北振兴、西部大开发发展战略，优化运输结构，建成现代综合交通运输体系提供了强有力支撑。高铁串起了新型城镇带、黄金旅游带、产业聚集带、经济繁荣带。

□ 东部率先

东部地区由于其自身的区位优势，在改革开放40年经济发展中成果显著。东部地区密集分布北京、天津、上海三大直辖市和河北、山东、安徽、江苏、福建、广东等大省，形成了长三角，珠三角和环渤海三大经济圈。东部地区经济比重在全国占比超过50%，成为名副其实全国经济龙头。东部率先发展战略是国家提出的区域发展战略思想的一个重要内容，就是要让这个龙头活跃起来，把全国经济推向一个新阶段。

京沪高铁贯通京津至长江三角洲东部沿海经济发达地区，连接中国政治文化中心——北京和经济中心——上海。全线纵贯北京、天津、上海三大直辖市和河北、山东、安徽、江苏四省，将长三角和环渤海经济区联系在一起，是我国最早规划研究和开工建设的高铁，也是东部地区首条一次开通运行里程最

> 走近高速铁路

图6.4 "复兴号" CR400BF 驶出北京南站　罗春晓摄

长、运行速度最快的高铁。

京沪高铁开通6年来，架起了京津冀与长三角之间的沟通桥梁，促进了经济社会的快速发展。京沪高铁把沿线城市连接在一起，形成走廊经济带，使得资源流动在体量上进一步加大，在频率上更加密集，最终形成"京沪大都市带"。经济圈内部交通可达性的改善产生的"同城化效益"，将使得两地更加发展各自的优势产业，实现产业互补，促进城市的分工。高铁为东部地区率先发展的脚步更加扎实提供了支撑，对经济转型升级、开发创新、深化供给侧结构性改革有积极的作用。

在东部地区，还有一条里程更长的高铁，平时被简称为沪杭甬深高铁。这条线从上海出发，途经杭州、宁波、福州、深圳，连接长江三角洲、珠江三角洲和东南沿海地区，线路全长约1 600公里。沪杭甬深高铁连接的珠江三角洲是由一批改革开发的排头兵城市构成，从20世纪80年代起，经济开始高速发展；长三角地区以上海为中心，辐射至江苏和浙江两省，90年代起开始崛起。高铁途经的福州、厦门则属于21世纪确定的海峡西岸经济区。福建省与台湾地区地缘相近、血缘相亲、文缘相承、商缘相连、法缘相循，具有对台交往的独特优势。海峡西岸经济区建设是加强两岸交流合作，推进祖国和平统一大业的战略部署，具有重大的经济意义和政治意义。沪杭甬深高铁的建设将把海西经济区搭上时代发展的巨轮，在珠三角和长三角的带动下蓬勃发展。

□ 中部崛起

从2008年的金融危机使东部沿海的工厂纷纷关门可以看出，我国经济结构中存在外贸依存度过大的不和谐因素。为了保证经济发展的质量，国家"十二五"规划将降低外贸依存度、扩大内需、调整经济结构提上了议事日程。而扩大内需，提高消费在拉动经济中的比重，首先得要让老百姓有钱花。作为中国大陆腹地的中部地区，聚集了像河南、湖南、湖北这样的人口大省。只有让中部地区经济崛起，老百姓手里的钱才能多起来。已经建成通车的徐州—郑州—兰州高铁、杭州—南昌—长沙—贵阳—昆明高铁、南京—武汉—重庆—成都高铁、北京—武汉—广州—深圳等高铁纵横贯穿中部地区，中部地区迎来了高铁时代，高铁把中部地区的各大人口大省融入到东部发达地区，承接东部的发展格局。

现在中部地区有以武汉为中心的环武汉都市圈，以长沙、株洲、湘潭为三角的环长株潭都市圈和环洞庭湖都市圈、赣西北都市带。乘坐高铁从武汉到上海仅需3个半小时，从武汉到重庆仅需4小时，从武汉到北京也只要4小时。也就是说，从

走近高速铁路 >

图 6.5　合武铁路线上的 CRH2

武汉到全国的东西南北各大重要城市,都将实现 4 小时到达。长株潭城市群是我国京广经济带、泛珠三角经济区、长江经济带的接合部,区位和交通条件优越。中部崛起的途径正是将现有这些城市圈的实力发展壮大,并将其有机结合起来,同时作为中心的地理优势,和东南西北的经济体联系起来,进行产业的承接转移。

□ 西部大开发

西部大开发是中央面向新世纪做出的重大战略决策,是全面推进社会主义现代化建设的重大战略部署。西部大开发的范围包括陕西省、甘肃省、青海省、宁夏回族自治区、新疆维吾尔自治区、四川省、重庆市、云南省、贵州省、西藏自治区、内蒙古自治区、广西壮族自治区 12 个省、自治区、直辖市、3

个少数民族自治州,面积为685万平方公里,占全国面积的71.4%。西部由于自身空间地理的不足造成交通不便的历史,随着高铁的延伸而改写。徐州—郑州—兰州高铁、上海—杭州—南昌—长沙—贵阳—昆明高铁,南京—武汉—重庆—成都高铁穿越中部后直达西部地区。

西南经济圈的核心是成渝城市群,是以成都和重庆两市为双核,以遂宁为成渝北弧中心城市,以内江为成渝南弧中心城市,以安岳为成渝直线中心城市和成渝几何中心城市;以成遂渝、成安渝和成内渝等交通线为纽带,包括四川的成都、遂宁、内江、资阳和重庆主城等不同规模等级的城市集合体。沪汉蓉高铁,连接长江上中下游上海、南京、武汉、重庆、成都五大都市,是一条沟通川渝地区与中南、华东地区之间最重要和最便捷的运输通道。这条高铁将经济发达的长三角地区与经济发展较快的华中地区、人口稠密的成渝地区紧密联系在了一起,既有利于东中西部资本、技术、人力资源跨区域快速流动,加强东中西地区之间资源优势互补,也将促进区域经济的协调发展。

西北经济圈的核心是关中—天水经济区,其范围包括陕西的西安、咸阳、渭南、铜川、宝鸡、杨凌、商洛6市1区和甘肃省天水市。该地区自古以来就物产丰富,煤炭、天然气、石油资源储量充足。"四纵四横"中的徐州—郑州—兰州高铁将该地区与东部联系起来,为生产要素资源的流动提供了交通条件。关中天水一带的能源、粮食、天然气和石油资源可输入中国东部地区,东部资金、技术也会随着高铁的铁轨源源不断地注入这里,促进经济发展。该区位于中国的地理正中心,西出陕西在可达中国最西部边疆地区。高铁强大的运输能力不仅在经济上帮助沿线城市发展,而且对边塞地区国防力量的提升也有巨大的作用。

☐ **振兴东北**

振兴东北老工业基地,是党的十六大提出的战略任务,西

> 走近高速铁路

部开发和东北振兴双轮驱动，形成地区协调和全面发展的新格局。我国东北吉林、辽宁、黑龙江三省地大物博，是国家新兴原材料和能源保障基地，也是国家重要商品粮和农牧业生产基地以及重要技术研发与创新基地。全面实行振兴东北的计划，其经济结构特点决定了对运输业有较强的依赖性，必须要有强有力的运输保障。而大运能、长运距、高运速的铁路成为首选。

北京—沈阳—哈尔滨—大连高铁连接东北和关内地区，哈尔滨至大连高铁段于 2012 年开通。目前哈大高铁每天开行动车组列车 110 对，日均提供客座席位 14 万个，为东北地区经济振兴发展注入了强劲动力，有效缓解了东北地区货物运输压力，优化资源配置，促进东北地区人力资源的流动。对于沿线地区经济发展的带动作用明显。东北三省资源禀赋优势不一，

图 6.6　CRH380BG 型动车组

吉林、黑龙江以林业农业为主，辽宁以工业为重心。过去，T字形的骨架线路模式使得东北地区货物运输存在瓶颈问题。哈大高铁沿线10座城市人口近5 000万，国内生产总值（GDP）占到东北地区一半以上。高铁开通后，能对不同城市间资源流动进行整合，实现区域大市场效应，加快东北资源优化配置。特别是在东北经济发展相对疲软的时间内，在交通运输、产业发展等方面带来了新机遇，能有效推动"北煤南用""北粮南用"，以及辽宁南部工业用品北用。在哈大高铁上运营的主力车型为CRH380B型高寒动车组，这种车辆是由中车长春轨道客车股份有限公司生产，适应东北地区冬季寒冷的气候。此外，哈大高铁建设时，七成以上重轨由鞍山钢铁集团公司生产，高铁对于车辆的需求还带动了上游零部件制造业的发展。

自哈大高铁建成开通后，盘营高铁、沈丹高铁、吉图珲高铁、丹大快速铁路陆续建成开通，特别是2017年8月长白乌铁路的建成开通更是打通了东北腹地和草原腹地的入关通道。以哈大高铁、京沈客专为主骨架的高铁网成为振兴东北老工业基地的重要血脉指日可待。

推动长江经济带发展

长江是中华民族的母亲河，也是中华民族发展的重要支撑。长江经济带横跨我国东中西三大区域，覆盖上海、江苏、浙江、安徽、江西、湖北、湖南、重庆、四川、贵州、云南等11个省市，横贯长三角、长江中游、成渝三大核心城市群，面积约205万平方公里，人口和生产总值均超过全国的40%。改革开放以来，长江经济带已发展成为我国综合实力最强、战略支撑作用最大的区域之一。其交通状况也具有明显的区位优势，长江经济带横贯我国腹心地带，经济腹地广阔，不仅把东、中、西三大地带连接起来，而且还与京沪、京九、京广、皖赣、焦柳等南北铁路干线交汇，承东启西，接南济北，通江达海。截至2017年底，长江经济带区域铁路里程已达3.7万公里，高铁里程1万公里。

沪蓉沿江快速铁路于2014年全线贯通，串联起了长江沿线22个城市，跨越东中西部，成为促进长江经济带城市间的互联互通的快速客运通道。沪汉蓉快速客运通道，起于上海虹桥站，途经南京、合肥、武汉、重庆等城市，终到成都东站，全长1 985公里，设计速度160～350公里/小时（其中上海到南京段为350公里/小时、宜昌到利川段为160公里/小时，其余段为200～250公里/小时）。该线是"四纵四横"中第二长的一横，于2004年开始分沪宁、宁合、合武、汉宜、宜万、渝利、遂渝、遂成等多个区段开工建设。全线贯通后行车时间约14.5～15个小时，比既有由上海至成都的普通列车节省20多个小时，成为沟通成渝地区与中南、华东地区之间最重要和最便捷的运输通道。成渝地区资源丰富，是我国实施西部开发的主要地区之一；中南、华东地区经济发展较快，尤其是华东地区，具有资金、技术、人才资源丰富的优势。沪汉蓉快速铁路，将经济发达的长江三角洲地区与经济发展较快的华中地区、人口稠密的成渝地区紧密联系起来，有利于东中西部资本、技术、人力资源跨区域快速流动，加强东中西地区之间资源优势互补，促进区域经济协调发展，对构建和谐社会、推动西部大开发和实施可持续发展战略都具有重要意义。

图6.7　沪汉蓉快速客运通道和成渝高铁线路走向示意图

成渝高铁连接成都、重庆两地，全线长308.2公里，设计时速350公里/小时，采用了双线无砟轨道。成渝高铁于2015年12月26日正式投入运营，在成渝之间构建1小时快速交通圈，提高了成渝之间旅客运输质量和能力，充分发挥成都、重庆两大国家中心城市的辐射作用，缩短成渝经济带城市群之间的时空距离，带动沿线城市化发展。

2016年11月28日，一列配装中车株洲电机有限公司生产的型号为CRH2A产品的C6402次"和谐号"动车组，从重庆北驶出，1小时30分后抵达三峡库区中心城市万州。至此，长江三峡库区结束高铁"零"公里的历史，渝万高铁正式载客运营。渝万高铁是我国"八纵八横"之京郑渝昆高铁大通道的重要组成部分，其开通运营对打通西南地区连接中原、华北地区的快速通道，对三峡库区的振兴发展，以及推进长江经济带建设均具有重要意义。

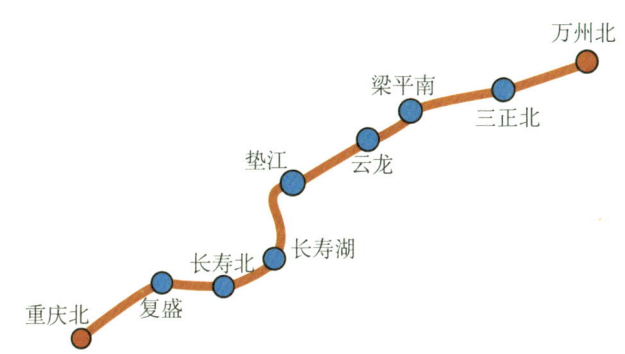

图 6.8　渝万高铁走向示意图

2016年9月国家《长江经济带发展规划纲要》确立了长江经济带发展新格局的战略。长江经济带战略，作为中国新一轮改革开放转型实施新区域开放开发战略，是具有全球影响力的内河经济带、东中西互动合作的协调发展带、沿海沿江沿边全面推进的对内对外开放带，也是生态文明建设的先行示范带。根据国务院发布的《国务院关于依托黄金水道推动长江经济带发展的指导意见》，将建设上海经南京、合肥、武汉、重庆至成都的沿江高铁（亦称时速350公里沪汉蓉高铁、沪汉蓉二线、沪汉蓉沿江高铁）。设计时速350公里的武汉—合肥—南京高铁已经列入"十三五"规划，2018年开工建设，预计2023年通车。沿江高铁的修建将进一步完善我国"八纵八横"铁路网，形成横贯东西、连接南北的铁路运输大格局，把长江经济带建设成为生态更优美、交通更顺畅的黄金经济带。

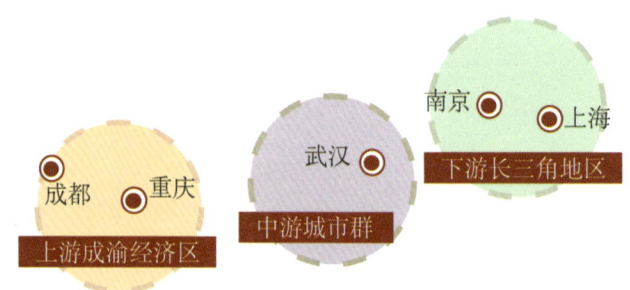

图 6.9　长江经济带示意图

助力京津冀协同发展

京津冀地区同属京畿重地，战略地位十分重要。区域人员密集，总人口已超过 1 亿人，面临着生态环境持续恶化、城镇体系发展失衡、区域与城乡发展差距不断扩大等突出问题。2014 年 2 月 26 日，习近平总书记视察北京，开启了京津冀协同发展的序幕。2015 年 4 月 30 日中共中央政治局审议通过了《京津冀协同发展规划纲要》，确立了"目标一致、层次明确、互相衔接"的协同发展规划体系。以"一核、双城、三轴、四区、多节点"为骨架进行空间布局。京津冀协同发展的核心是京津冀三地作为一个整体协同发展，以疏解非首都核心功能、解决北京"大城市病"为基本出发点，调整优化城市布局和空间结构，构建现代化交通网络系统，扩大环境容量生态空间。新战略下，以京津冀交通一体化、生态环境保护、产业升级转移等为重点的一体化建设工作在三地迅速展开。2017 年 4 月，位于京津冀地区核心区域的雄安新区设立，以重点打造北京非首都功能疏解集中承载地，建设一座以新发展理念引领的现代新型城区为目标。雄安新区的设立与规划发展，立足北京、天津外的第三极，并与北京、天津呈三角形布置，将引起京津冀区域从"一核、双城"为主导的空间结构向"多中心网络化"

> 第六章 高铁的社会功能

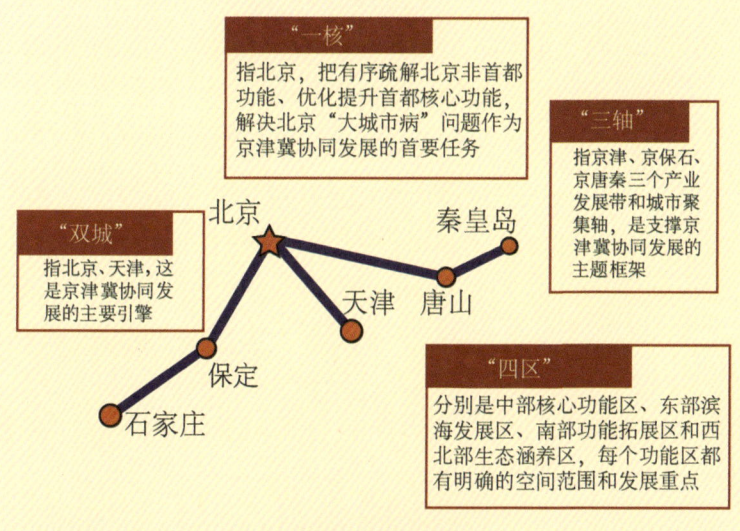

区域性中心城市：石家庄、唐山、保定、邯郸等。
节点城市：张家口、承德、廊坊、秦皇岛、沧州、邢台、衡水等。

图 6.10　京津冀空间布局示意图

的格局转变。

　　交通一体化无疑是整体一体化的前提和基础。首都北京拥有大量的人口和市场，天津和河北拥有资源和空间。一方面，天津、河北需要北京的输出以促进自身发展；另一方面，拥挤的北京也需要向周边城市转移一些城市功能，并转移部分产业。自 2008 年起，京津城际、京广、京沪等高铁相继建成，其全天候、快速便捷、优质服务很快赢得了旅客的青睐，乘坐高铁出行已逐渐成为一种时尚。不仅如此，高铁建设还促进了经济文化交流、产业转移、城镇化建设，高铁建设成为实现京津冀一体化发展的有力推动器。随着铁路网建设的不断完善和优化，呈放射状的京津冀轨道交通运输新格局初步形成，实现了区域内各市、县（市）之间的衔接，累计超过 12 亿人次享受到了京津冀区域一小时、半小时工作生活交通圈的便利。

　　在都市圈、城市群的形成和发展过程中，轨道交通往往发挥着决定性作用。部分国际大都市圈都构建了以中心城市为核

213

心的多个层级轨道交通体系，包括地铁、轻轨、市郊铁路及城际铁路。各层次的轨道交通不能互相替代，否则难以发挥最佳功能。在这里，补足轨道交通短板被提出，"轨道上的京津冀"加快建设。未来"轨道上的京津冀"是什么样呢？根据《国家发展改革委关于京津冀地区城际铁路网规划的批复》，京津冀地区城际铁路将以"京津、京保石、京唐秦"三大通道为主轴，到 2020 年，与既有路网共同连接区域所有地级及以上城市，基本实现京津石中心城区与周边城镇 0.5～1 小时通勤圈，京津保 0.5～1 小时交通圈。目前，津保、张唐铁路建成通车，京张高铁、京沈客专以及京唐城际、京滨城际、首都机场—北京新机场城际铁路联络线开工建设。随着京津冀一体化的来临，一个"三点共圆"的时代即将形成，对京津冀地区的发展具有重要的意义，也是拉动中国经济发展的一个重要引擎，我们期待着那一天的到来。

为"一带一路"建设当好先行

"一带一路"倡议分别指的是"丝绸之路经济带"和"21 世纪海上丝绸之路"。2013 年 9 月 7 日，习近平主席访问哈萨克斯坦，应邀在纳扎尔巴耶夫大学发表演讲，首次提出了加强政策沟通、道路联通、贸易畅通、货币流通、民心相通，共同建设"丝绸之路经济带"的战略倡议；同年 10 月 3 日，习近平主席在印度尼西亚国会演讲时进一步提出，中国致力于加强同东盟国家的互联互通建设，愿同东盟国家发展好海洋合作伙伴关系，共同建设"21 世纪海上丝绸之路"。这两次演讲就是"一带一路"倡议的源头。

"一带一路"贯穿亚欧非大陆，一头是活跃的东亚经济圈，一头是发达的欧洲经济圈，中间广大腹地国家经济发展潜力巨大。"丝绸之路经济带"重点畅通中国经中亚、俄罗斯至欧洲（波罗的海）；中国经中亚、西亚至波斯湾、地中海；中国至东南亚、南亚、印度洋。"21 世纪海上丝绸之路"重点方向是从中国沿海港口过南海到印度洋，延伸至欧洲；从中国沿

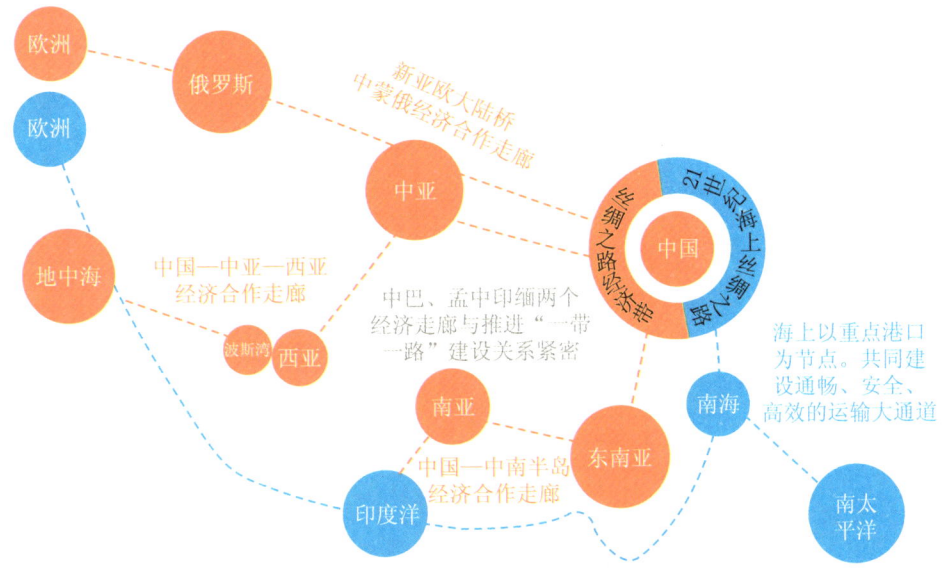

图 6.11 "一带一路"走向示意图

海港口过南海到南太平洋。它将充分依靠中国与有关国家既有的双多边机制，借助既有的、行之有效的区域合作平台，积极发展与沿线国家的经济合作伙伴关系，共同打造政治互信、经济融合、文化包容的利益共同体、命运共同体和责任共同体。

初步估算，"一带一路"沿线总人口约 44 亿，经济总量约 21 万亿美元，分别约占全球的 63% 和 29%。作为经济运行的大动脉，铁路将成为推动"一带一路"倡议相关国家和地区贸易与人员往来便利化、实现经济融合的重要工具。"一带一路"沿线上的绝大多数国家都有改造升级国内铁路系统的需求，而中国高铁不断缩小与世界顶尖技术差距的同时，拥有技术先进、安全可靠、性价比高、适应性强等优势。因此中国高铁既是"一带一路"倡议的重要内容，更是加快实施倡议的重要支撑。

作为世界高铁产业的"后起之秀"，中国高铁已经做好了助力"一带一路"倡议的准备，不断加快"走出去"步伐。2014 年 12 月 19 日，国务院总理李克强在曼谷与泰国总理巴育共同见证《中泰铁路合作谅解备忘录》的签署,中泰铁路合作启动。这不仅是中国高铁成套标准首次输出东南亚地区,更意味着泛亚铁路互联互通将取得突破。就在中泰铁路合作重启的两天前,中国与匈牙利、塞尔维亚和马其顿就打造中部欧洲陆海快线达成共识。新的线路将大大提升沿线各国的物流效率,加速人员、商品和企业之间的往来,成为中欧贸易一条新的通道。据不完全统计,目前全球已有土耳其、泰国、缅甸、老挝等28个国家与中国正在洽谈引进高铁技术或合作开发,项目累计里程超过5 000公里,总投资额近万亿元。值得注意的是,这些国家绝大多数都处在"一带一路"沿线。

白俄罗斯的冰雪世界长期困扰着当地人出行,但中国中车的交通产品却通行无阻。白俄罗斯交通部长访问中国中车时曾说,在白俄罗斯冰天雪地中,唯一能跑的"动物"就是中车的机车。如今,从茫茫的北国风光到炎炎的南非风情,中国标准的铁路走向世界。"一带一路"倡议提出以来,中国中车更加主动对接各国各地发展需求,为沿线各国提供了各具特色的产品。目前"中车制造"已经遍及全球六大洲102个国家和地区,全球83%拥有铁路的国家都运行着中国中车的产品。据了解,随着海外业务的拓展,中国中车国际化经营水平日益提升。截至目前,中国中车集团在全球26个国家和地区设立了75家境外子公司、13家境外研发中心(含筹建)。这75家境外子公司中,有50家诞生在2013年9月"一带一路"倡议提出后。在中国中车看来,仅仅"走出去"是不够的,要在"走出去"的基础上做到"融进去""留下来"。为此,在2017年初的工作会议上,中国中车确定了"打造受人尊敬的国际化公司"战略目标。中国中车在马来西亚、土耳其、印度等国建立本土化的制造基地,就地招聘和培训当地员工,带动了当地就业并完善了产业链,提升了轨道交通装备产业水平。马来西亚基地从施工建设到基地投产,从员工聘用到日常经营,从产品制造到维修服务,本土化资源都得到了最大限度利用。尤其

三、高铁与城市协调发展

是本土化员工在基地的占比已经超过80%，远期规划的占比将超过95%。

城市发展的基础是资源的聚集和流通。在许多投资家看来，城市竞争的本质是客流、物流与资金流，高铁是所有这些"流"的重要基础设施，谁在国家高铁网络中占有先机，谁就会赢得未来。高铁不仅仅是一个交通概念，高铁经济已成为代言区域发展的新名词。

高铁新城平地起

随着中国高铁网络的进一步完善，依附于各大高铁沿线的高铁新城孕育而生。高铁本身带来了各类资源和理念的导入，不仅包括现代化的交通设施和商业配套，还包括快捷的城市节奏和时尚化的气息。有的新城被规划为集生产、居住、商贸、休闲为一体的复合型城市系统。在全国"四纵四横"主要高铁网上，规划或建设的高铁新城数十座，密度最大的数京沪线和哈大线。地方政府之所以铺大摊子而建设高铁新城，关键是做了一个假设，即未来此类区域的外来人口导入速度会加快。毕竟从高铁本身来看，确实能带来实实在在的人流、物流和资金流。地方政府也希望把此类资源给"截留"。这样一种心理，在高铁站规划的前期其实就已体现出来了。很多地方政府亟须通过高铁枢纽来甩掉贫困包袱。所以在高铁站规划的过程中，不断向上级争取，最后也顺利通过了各类审批。然后地方政府满怀信心地等待各类资源的导入。

一般城市高铁新城都定位为"新枢纽、新功能、新城市"，即以新枢纽为载体，充分发挥"陆地空港作用"，加快打造"城通四海"的区域性现代主体交通枢纽。在高铁经济核心区，以高铁经济为引擎，带动高铁经济、公共设施配套及居住配套等三大板块，实现以站建城、以住构城、以益启城，形成

> 走近高速铁路

城市新核心。以站建城，依托高铁站发展高铁物流、高铁商务，带动高铁经济板块发展；以住构城，就是为高铁经济发展板块配套住宅，带动居住配套板块发展，实现区域商住平衡、产城融合；以益启城，就是结合区域山水自然环境建设大型公园、公共水系、大型地下停车场、学校及医院等公益设施，带动公共设施配套板块发展。

京沪高铁苏州站落户苏州相城，给相城区乃至苏州市带来了前所未有的发展机遇。2012年苏州市政府审批通过了新城28.52平方公里的概念规划，总体定位为苏州中心城市"一核四城"发展的北部核心板块。苏州地处长三角中心腹地，不仅是全球制造业基地，也是历史文化名城和旅游胜地。经过几年的发展，高铁新城已经形成了四通八达的交通网络：便捷的京沪高铁，轨交2号线、中环的通车，根据规划轨交7号线也将串联起高铁新城和苏州其他区域，区位优势明显，发展前景广阔。从高铁新城出发，到北京5个小时，到南京1个小时，到上海仅需20多分钟。作为苏州"一核四城"战略的重要板块

图6.12 产城融合、快速崛起的苏州高铁新城

之一，高铁新城近年来发展迅速，吸引了不少"高精尖"企业，亩均年税收超 200 万元。目前，高铁新城已经成功引进京东智谷科技小镇、新松机器人、紫光工业云引擎、同济金融科技研究院等一批国内顶尖、国际一流的重大科技创新项目。与此同时，正在高标准推进中部片区 10 平方公里科技产业园产业规划和城市设计，规划布局阳澄研发产业园、国际会展中心等一批高端产业平台、城市配套功能设施。苏州高铁新城作为苏州相城区规划建设中五大功能片区的核心区，其发展战略核心地位日渐凸显。高铁新城已经成为未来产业转型发展和引领城市建设的全新坐标。

随着高铁路网的延伸，越来越多的高铁新城平地而起。依据赣州市都市区总体规划及高铁新区相关规划，赣州高铁新区核心区规划占地面积 5 523 亩，将打造成国家新枢纽四省通衢新中心，机场＋高铁＋高速＋快速路的"零换乘"交通枢纽。高标准建成城市门户和商务、物流中心，构建临空、临铁经济区，成为赣州经济发展加速的重要引擎。未来该区将承载高铁、普铁、航空、公路等多种现代化交通，打造成核心商务金融区和现代服务业聚集区。区域布局空港物流、高铁物流、核心商务圈层、会展中心、文化步行街、旅游集散中心、金融中心，形成赣州城市改革先行区、核心枢纽区、商务金融区、产业集群区和智慧生活区。

重构城市商业布局

区域性综合交通枢纽承载着高铁、普铁、航空、公路等多种现代化交通的联系，不断为区域经济发展注入新的血液，形成人流、物流、信息流和资金流等的快速汇聚，从而形成新的经济业态。这种城市经济业态以现代服务业、会展经济、低碳、环保、高端新兴产业和金融服务业为主。从传统的产业向现代化的现代服务业转型，打造新的商务中心，重点规划金融、会展、物流、旅游等产业，形成会展中心、旅游集散、总部商务、酒店集群、超高地标、商务中心和商务住区等多位一

体的超级大盘,助推城市新经济快速发展。苏州高铁新城以新城市为引领,构筑中心突出、序列分明的整体城市空间布局,强化国际社区、品牌商贸、文化休闲等现代城市配套功能,打造成为创新、可持续、充满活力的现代新城。长沙高铁新城,依托大型枢纽要素,重点发展枢纽经济,发展商务会展、总部经济、科技金融等,推进科技创新格局与国际接轨。

  高铁打破了传统的经济圈格局,造就了高铁经济带,通过经济带上的节点城市再辐射周边。人口和资金沿高铁线的迅速流动,造就了高铁节点城市的异军突起。随着国家"八纵八横"的高铁网络快速推进,一些高铁纵横交会的节点城市成为市场关注的热点,这些节点城市的价值也被重估,而其城市的高铁新城则代表了城市投资的新未来。

催生城市发展新模式

  以高铁为集中代表的交通枢纽,在改变人们生活节奏和生活方式的同时,也正在对城市发展的模式做出变革。高铁作为城际之间有着互惠联系的交通工具,具有强大的"虹吸"效应,催生大型商圈、商务写字楼、企业纷纷入驻,对区域未来发展起着不容小觑的作用。地处长三角地区交通网络中心位置的上海虹桥商务区,依托航空、高铁、轨道交通、长途汽车与公交等交通要素集群优势。从虹桥高铁站出发,45分钟到杭州,67分钟到南京,2小时21分钟到合肥……2小时几乎把长三角都市圈跑个遍,这就是中国高铁"速度"。地铁2号线、10号线、13号线、16号线、17号线等5条地铁线路,形成"五维一体"的快速交通网络,将大量的人群输送到这个城市的各个角落。依托上海虹桥高铁枢纽,越来越多的企业将总部设于虹桥商务区,将制造基地挪至长三角城市,借助高铁搭建总部与工厂通道,帮助企业降本增效。目前,虹桥商务区已入驻企业超过700家,其中包括30余家开发商总部和上市区域总部。占地面积86.6平方公里的虹桥商务区正成为长三角乃至华东地区经济发展的一个重要引擎。实际上,伴随着高铁

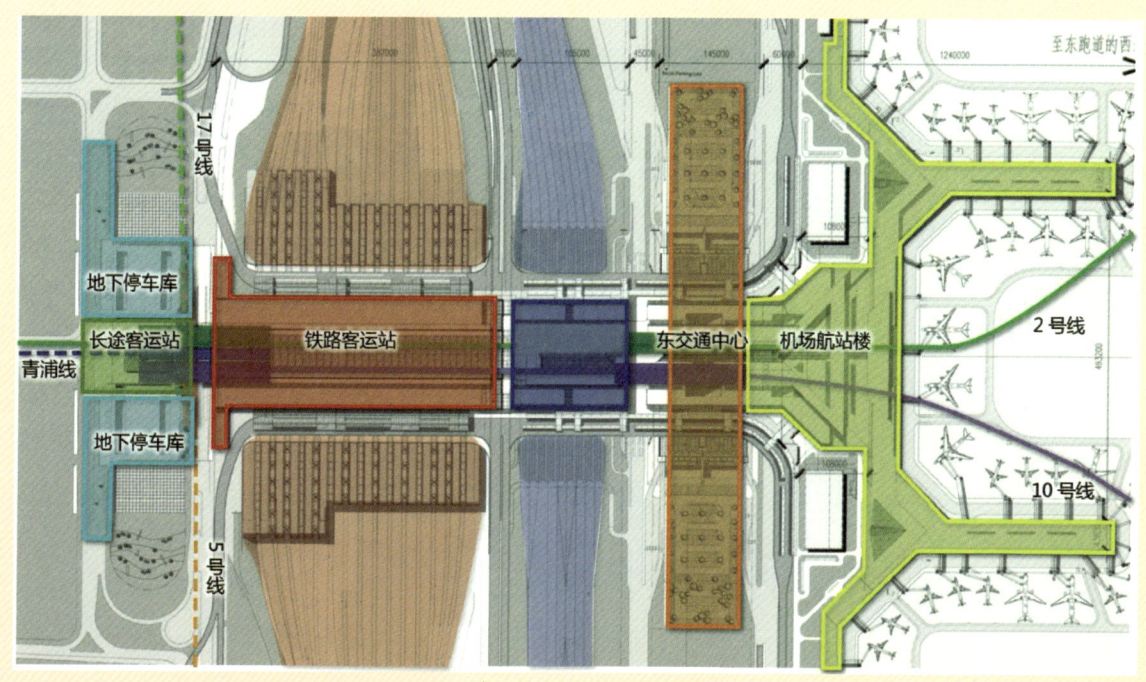

图 6.13 虹桥枢纽功能分布

逐渐成网,其"虹吸效应"愈发明显,国家会展中心也择址虹桥商务区内。虹桥商务区"大交通、大会展、大商务"三大核心功能与作用越来越明显。东有陆家嘴,西有大虹桥,在未来的上海城市布局中,86平方公里的上海虹桥商务区将被打造成上海西部中心。

高铁经济为虹桥商务区带来的"红利",不仅有利于发挥虹桥商务区的辐射能级,还能依托长三角丰富的土地、人才、科教和市场等资源,引领长三角高铁经济带发展的综合优势,有利于集聚长三角乃至全国的企业总部和高端要素,在更好发挥虹桥商务区大交通、大会展、大商务功能的同时,给虹桥商务区及长三角城市群现代服务业发展提供无限潜力。在长三角一体化发展步入"快车道"的背景下,正在打造以"速度经济"为构架的高端商务、贸易、信息服务等新兴业态发展的集群地,促进上海以及长三角经济一体化发展。国家发改委发布《长江三角洲城市发展规划》,明确将上海定位为"全球城市",而作为辐射长三角、未来将驱动上海经济发展引擎的虹桥,或将不再属于上海,它的未来属于第六大世界级城市群。

促进城镇化进程和城市群发展

高铁显著提高了沿线地区的空间可达性。依托高铁引发区域"集聚效应",促进区域投资环境改善,在国土空间上形成通道经济布局新形态。高铁加强了对人口流动和聚集的服务能力,从而加快新型城镇化进程。从京沪、京广高速铁路建成运营后前3年既有线和高速线客运量的变化对比来看,高铁建成后,既有铁路线客运量没有显著变化,相反高速铁路线的客运量却显著增加,其中京沪高铁线年均增长85%、京广高铁线年均增长50%:充分说明高速铁路对人口流动具有显著的诱增效应,使原先鲜为人知或知名度高但交通不便的中小城市(镇),成为吸纳人口的热点。高铁正全力助推我国新型城镇化进程。

高速、大容量、集约型、通勤化的城际高铁是城市群之间联系的重要纽带,城际高铁既缩小了城市群的空间范围,也扩大了城市群人口的流动范围,甚至打破了人们传统的生活观念。京津城际高铁开通前,仅有16%左右的人有两城职住分离的考虑或意愿;这一数据在高铁开通后则增至40%左右。另一方面,城际高铁有效强化交通对城市群空间结构的支撑,推动城市群健康发展。

依托高速铁路所产生的"同城效应",逐步实现了区域资源共享,能够加快产业梯度转移,有效推动区域内产业优化分工,围绕构建高铁沿线产业链条,形成比较优势,促进沿线地区的产业协调互补发展。随着沪宁、沪杭、宁杭、京沪等高速铁路的开通,带动长三角地区协同分工、错位发展、有序的产业体系逐步完善,有效支撑并在很大程度上引导了上海知识型服务业体系,杭州以现代商务休闲、文化创意等产业为核心的

图 6.14　车站是城市形象的新名片（虹桥火车站的区域"标志"形象）

高附加值产业体系，宁波以现代物流商贸和电子商务为主的商贸产业体系，苏州、无锡、常州等具有区域特色的新型制造业产业体系等的发展。

四、高铁提升百姓获得感、幸福感

人民需要铁路，铁路需要速度。中国高铁在完成从行业追赶者到领跑者的华丽转身的同时，也悄然影响并改变着中国人的日常生活。从就业到置业，从休假到探亲，高铁以其极具现代感的方便、低碳和快捷，方便着人们的出行，改变着人们的命运，成就着人们的希望和梦想。"高铁生活"方式也由此成为当代中国人生活中的新词汇，提升了百姓获得感幸福感。通江达海、遍及祖国四面八方"四纵四横"高铁网已经织就，"八纵八横"高铁网蓝图已经展开，未来中国高铁网将织得更密，走向更加合理，造福更多人民群众。

提供多样化生活

高铁一通，转换时空。高铁把相距 250 公里的城市间的运输时间缩小到一小时以内，产生"同城效应"。高铁"同城效应"使人们生活更加方便，两城一地、多城一地不再是空谈与设想，让城市资源得以很好利用，并且在取长补短中，相互补齐城市发展短板，也使人民群众生活更加多姿多彩。京津城际、沪宁杭城际的开通使高铁逐渐成为许多职场精英往返京津和沪宁杭地区的通勤车。"同城效应"为人们，尤其是年轻人的工作和生活方式提供了更多适合自身发展的选择，也为大型企业吸引优秀人才提供了便利条件。

高铁开行，也为老年人带来了一种新的生活方式——旅居式养老。旅居式养老，顾名思义，就是将旅游与养老结合起来。海南地处热带，最冷的 1 月平均气温为 16℃～20℃，年平均气温 23℃～25℃，年均降水量 1 500 毫米，这样的气候最适宜于旅游和老人们安享晚年。海南环岛高铁从海口出发，沿途文昌、琼海、博鳌、乐东、澄迈、三亚……一路都是极好的栖息地，老人们可在各站下车，暂作休顿，在周边观光游览、休闲娱乐，其乐融融，胜似大雁、天鹅；休够了、玩够了，再继续乘上高铁，前往下一个旅居点。今后，涵盖中国大地的高铁网，将成为老人们享受晚年生活的幸福之路。

创造更多就业机会

高铁对于就业和工业发展也具有带动和促进作用。高铁建设产业链长，兴建高铁提供了大量就业岗位。京沪高速铁路 2008 年开工当年完成投资 552 亿元，2009 年完成投资 640.7 亿元，消耗钢材 200 多万吨、水泥 1 200 多万吨、外加剂 10 多万吨，日用工 12 万人。同时，高铁建设还带动沿线地方建材、农副产品和日用品的消费，拉动与高铁建设相配套的机械、电子、通信、信息、环保等多个行业的发展，提供了近 60 万个就业岗位。

高速铁路在发挥现代新型交通设施功能的同时，促进乡村发展和城市化进程，带动沿线区域与外界商品、技术、人员。物资的交流和流通，吸引了资本的投入，形成了新的经济发展产业群。同时，高铁作为新兴的高新技术产业，还大力推动和诱发相关产业的配套发展，形成庞大的高铁产业链。新的经济发展产业群和产业链为人们创造了更多新的就业机会。

四通八达的高铁网缩短了时空距离。高铁可以把相距2 500公里城市间的运输时间缩短到一天之内，高铁速度使中国成为更紧密的一个整体，为民众的工作、生活提供更多的选择和便利。特别是兰新高铁、沪昆高铁、贵广高铁、宝兰高铁等中西部地区高铁相继开通运营，将西部地区与沿海发达地区时空距离拉近，成为连接西部地区与内地及沿海发达地区桥梁和纽带。也正是连接中西部地区高铁开通运营，让西部旅游资源得到很好开发和利用，使西部产业结构不断得到调整和升级，让西部人民群众在家门口实现就业，不用再漂泊，不用再辛勤外出打工。

高铁让百姓生活更美好

"春运"是每年年末对铁路的大考验，见过春运场面的人都知道，在那个特定时间段里，铁路出行极其艰辛。而高铁的建成与普及，改变了中国铁路的版图和生活方式，突破了城市的空间瓶颈，使城市间的距离变得越来越短，人们的生活半径也大大扩大，越来越多的人享受到了快速回家的幸福。高铁"大运量、高速度、高密度、公交化"的运输优势，使异地工作、异地恋、异地买房、异地旅游、异地生活等以前在人们眼中不可逾越的"异地"区域问题迎刃而解，无论是各种小长假还是周末，抑或是探亲访友，都可以成为说走就走的旅行。"朝饮珠江水，午食武昌鱼，晚品穗城茶"，以往诗中对幸福生活的想象，也随着呼啸而行的高铁成为现实。随着越来越多的高铁建成通车，"'最美高铁'串起幸福生活"的报道也越来越多，人们乘坐高铁出行的幸福情景凸显。五一、国庆、春节等假日期间，越来越多的家庭选择乘坐高铁旅行，既舒适温馨，

● 服务预约　● 站车WiFi　● 互联网订餐　● 机器人问询　● APP资讯查询　● 车站智能导航

图6.15　智能出行情景示意图

又方便快捷。

京沪高铁开通，串联起沿线城市和各大风景名胜，将京沪距离拉近至五小时内，实现了"千里京沪一日还"。游客从北京出发，三天时间即可游遍南京、无锡、苏州、常州、上海等地美丽风景。

像京沪高铁那样串联起各大风景名胜景区的高铁越来越多，高铁出行已不仅仅是运输旅客这一单一用途，乘着高铁已成为旅行本身的一个部分。以合福高铁为例，合福高铁开通，接入京沪高铁，北京至福州行程从36小时压缩至8小时。合福高铁为华中、华南地区的沟通与交流提供了更为便捷的交通服务。这条穿越东南山区的高铁线路把九华山、黄山、三清山、武夷山等四座中国名山连成一线，加上沿线还有歙县、婺源、绩溪等地美丽的古镇乡村，被称为"中国颜值最高高铁"。相似的还有武广高铁、贵广高铁。武广高铁开通，广州到武汉仅三个小时，改变了粤湘鄂三省人民的生活和生活习惯。以往山高水远的旅途，被一条高铁紧紧地连在一起。贵广高铁开通，从贵阳至广州的通行时间由过去的22个小时大幅缩短至4个小时；由珠三角始发的动车组通达贵州多个城市，泛珠三角地区"四小时经济生活圈"逐步成形。从此，贵州百姓走出封闭落后，走向开放和具有全球视野。

"火车向着需求开"。供给侧结构性改革通过高铁为百姓生活更美好指明了发展方向。不断提升用户的出行体验，也为更多的旅客选择铁路出行奠定了基础。当然最吸引旅客选择高铁出行的原因还在于高铁的快速性及舒适性。相较于民航，铁路在中短程运输上表现出了明显的优势。中国企业正在研制时速350公里新型动卧，时速250/350公里双层动车组，快速货运动车组、动力集中动车组和灵活编组等动车组，以提供高品质、多样化、个性化服务产品。铁路管理者们正在研究推进高铁与互联网"双网融合"，让高铁成为享受出行、旅游、购物、休闲于一体的综合服务载体，让高铁生活成为新的生活方式；利用高铁网络发展快捷运输，发挥邮政、公路等末端配送能力，延伸服务链条，提高物流效率，以拓展铁空、铁公、铁水、铁海等多式联运的综合交通模式。值得期待的是，出行难的困扰渐渐远离，说走就走的旅行将不再受到交通因素的制约，惬意的生活就在不远处。

五、中国高铁的国际影响力

从2008年的京津城际高铁通车运营至今十年的时间里，中国高铁从无到有，从全面引进、亦步亦趋，到自我消化、推陈出新，中国已成为世界高铁市场的领跑者，在一些关键技术和设备领域，更实现了"弯道超车"。高铁不仅在国内产生巨大影响、受到各方热捧，而且在国际上引起广泛关注，竞争力越来越强劲。

高铁成为国家对外交往的"新名片"

在新中国外交史上，"乒乓外交"彪炳史册，它开启了中美外交关系大门，推动了中美两国关系正常化；"熊猫外交"展示着中华文化的优雅与中国人的友善；如今中国的"高铁名

片"标志着中国外交开始走上与世界第二大经济体国际地位相匹配的经济外交发展道路。

从京津城际开通至今十年间，100多个国家政要和国际组织负责人考察和体验过中国高铁，京沪高铁开通第一年就有近100批次政要考察体验。美国总统奥巴马在国情咨文中说道：从第一条跨州铁路的诞生，到州际高速公路系统的建成，我们的国家向来走在世界前列，我们没有理由让欧洲和中国拥有最快的铁路。伦敦前市长鲍里斯·约翰逊也说：乘坐中国高铁，感到惊奇的不仅仅是高铁的速度、安静和舒适，更重要的是中国修建高铁的效率。国际铁路联盟高速铁路部总监伊格纳西奥·巴伦：铁路发展正进入一个大时代，中国正成为全球领跑者，世界铁路的未来在中国。

从2013年起，李克强总理便开始了"高铁外交"。李总理先后分别向泰国、俄罗斯、印尼、印度、澳大利亚、英国、美国以及中东欧、非洲等地推介中国高铁，成效立竿见影。单单2014年上半年，就斩获订单1 000亿元。2015年11月25日，李克强总理邀请来华出席"第四次中国—中东欧16国领导人会晤"的领导人共同乘坐中国高铁。他们从苏州共同登上了开往上海的高速列车，这趟由中车四方股份公司设计研发、具有完全自主知识产权的高速动车组，设计时速380公里，是世界上速度最快的高速动车组。近百公里的路程，从起步到加速再到停靠，仅花费20多分钟，并且始终感受到"稳稳当当"。不同于演说式推销方法，李克强总理此次打开车门，邀请外宾亲自乘坐高铁，感受中国高铁安全、舒适的飞驰。这次体验式旅程更是激活了国际经济合作的热情，促成"16＋1合作"驶入快车道。

让世界爱上中国造

作为中国制造的一张靓丽"名片"，高铁在中国企业"走出去"中担当了重要角色，高铁技术更是"一带一路"倡议实施过程中输出的重要产品。"复兴号"动车组除了寿命更长、能耗更低、乘坐更舒适等优点外，还有两大突出的特点：一是新标准动车组主要采用中国标准，全部254项重要标准中，中国标准达84%之多；二是整体设计以及车体、转向架、牵引、制动、网络等关键技术都是中国自主研发，具有完全自主知识产权。前者意味着动车组统一的技术标准体系正式建立，不仅实现了动车组在服务功能、运用维护上的统一，而且还能够适应不同地质条件和运行环境的需要，实现动车组技术的兼容性；而后者同样意义非凡，拥有完全自主知识产权的标准动车组，让中国高铁"走出去"免于陷入知识产权纠纷，从而避免受制于他人的情况发生，极大地提高了中国高铁国际竞争力。

中国高铁已经形成了完备先进的技术体系，以中国标准动车组为代表的高速动车组技术，以及工程建造、列车控制、牵引供电、运营管理、风险防控、系统集成等技术领域，均达到世界先进水平。中国高铁走出国门的时候底气十足，这种底气来自中国高端装备制造业的技术进步，这种底气源于中国高铁的自身优势，即技术上先进可靠、价格上竞争力强、管理上经验丰富。高铁是见证中国高端制造"弯道超车"的一面镜子。中国高铁建设起步比日本新干线晚了三四十年，但从建成京津城际高铁，到横贯中国东西南北"四纵四横"高铁干线网络初步成形，用时不到十年。

"得标准者得天下"，这句话揭示了标准举足轻重的影响力。作为全球第二大经济体、第一大货物贸易国，如今的中国正在大力推进标准化事业改革发展，国家标准、行业标准和地方标准总数超过10万项，企业标准超过百万项，已经基本形成覆盖一、二、三产业和社会事业各领域的标准体系。在中国高铁"走出去"的过程中，输出"中国标准"一直都被视为最高追求。"国外高铁距离一般只有1 000公里左右，中国高铁则一般在2 000公里以上，适应中国这种国情、路情的动车标准当然与众不同。"当谈到高铁制造的"中国标准"，中国铁路总公司总工程师何华武这样表示。从2012年开始，中国铁路

走近高速铁路

开展了"中国标准"动车组研制工作。中国幅员辽阔,地形复杂,气候多变,被极寒、雾霾、柳絮、风沙"淬炼"出的"中国标准"正逐渐超越过去的"欧标"与"日标",被越来越多的国家采用。

中国铁路部门主动参与国际标准修订工作。截至2017年底,共主持参与ISO、UIC重要国际标准55项,中国在国际标准制定方面的影响力和话语权日益增强。中国高铁标准已经在印尼雅万、中泰铁路等项目中得到积极应用。随着越来越多的"中国标准"成为"世界标准",曾有韩国媒体这样报道:"包括高铁、核能等在内的中国高端制造业正在迅速扩展世界市场,由此带来的是'中国行业标准成为世界标准'。"让世界爱上中国造!

高铁"朋友圈"越来越大

开放带来进步,封闭必然落后,开放是中国走向世界的必然选择。对内而言,铁路"走出去"是维护我国境外重要利益、实现能源资源多元化供给的现实需要,是铁、铜、铝、煤、镍等境外能源资源开发与回运的必要条件;也是充分发挥铁路装备制造、工程建设富余产能,提升我国在全球资源配

图6.16　蒙巴萨—内罗毕铁路通车

置的能力，倒逼企业增强核心竞争力，为我国内去产能去库存、供给侧结构性改革创造有利条件的需要。对外而言，铁路"走出去"是拉紧地缘政治纽带，提升我国政治经济全球影响力的重要手段；深度参与境外重要铁路建设项目，有利于提升国家政治和经济影响力，也是我国发展多边关系，推动构建国际战略新格局、促进世界和平发展。

随着中国形成全方位、多层次、立体化的外交布局，中国高铁走出去也迎来了良好的外部条件，高铁走出去的"朋友圈"也越来越大。从国内到国际，由点线到跨洲越洋，共享中国改革发展的红利，搭乘中国列车的便利，已经或者正在成为众多国家的选项和抉择。

人才培养是疏通人文根脉、汇聚文化共识的重要载体。中国铁路与世界铁路组织及学术团体的交流合作越来越广，共同探索应用型、创新型、复合型人才培养的新理念、新模式、新机制，共享成果经验。今天的中国高铁，在给国人出行方式和时空观念带来全新概念的同时，如何释放巨大的创新能力，为人类文明增加更多的中国贡献，这不仅是中国高铁持续进行科学创新的题中之义，更是人文社会科学全面创新研究的一大主题。一批高铁"走出去"的项目，中俄高铁、雅万高铁、匈塞铁路、中老铁路、中泰铁路等建设正被全力推动。打造海外示范性工程，是造福"一带一路"沿线各国人民、贡献中国智慧的路径。

【知识链接】长江经济带发展新格局

2016年9月国家《长江经济带发展规划纲要》确立了长江经济带"一轴、两翼、三极、多点"的发展新格局。"一轴"是以长江黄金水道为依托，发挥上海、武汉、重庆的核心作用；"两翼"分别指沪瑞和沪蓉南北两大运输通道；"三极"指的是长江三角洲、长江中游和成渝三个城市群；"多点"是指发挥三大城市群以外地级城市的支撑作用。

第七章

面向未来的高铁

一、高速列车运行速度的发展趋势

二、高速铁路运输安全的发展趋势

三、高铁信息化、智能化的发展趋势

四、更高速度轨道运载列车的研究

蜿蜒到视野尽头的钢轨与绵延数千公里的钢铁巨龙，犹如穿梭于小小寰球上的蛛网动脉，重新定义了时间，也重新定义了空间。从轰鸣咆哮的蒸汽机车到吐着淡淡白烟的内燃机车，再到快捷环保的电力机车，以及现在机车与车辆完美合一的高速动车组，铁路始终在速度突破上实现着自我革新。到 2025 年，中国高铁运营里程有望达到 3.8 万公里，将使更多人能够乘坐高铁。面向未来，人类对更高速度的渴望不会停止，与此同时，确保高铁的安全可靠是永恒不变的主题。电子信息技术的快速发展为提供更智能化、人性化的高铁提供了可能。"智能高铁""绿色高铁"，让高铁更加安全舒适、方便快捷，这些是可以预见的中国高铁的未来，也是世界高铁的发展趋势。

一、高速列车运行速度的发展趋势

对于高速铁路的速度界定，在不同国家、不同时代有所不同。从1825年世界首条铁路在英国达林顿至斯托克顿间运行，至1964年世界首条高速铁路日本新干线以210公里/小时开通运营，经历了近140年，列车完成了多轮更新换代。此后，许多国家相继修建高速铁路，列车运行速度也逐步提高。到目前为止，开通高速列车的国家有日，法，德，中，意，英，俄，瑞典等国。其中，法国的TGV系列创下轮轨高铁试验速度之最，2007年其试验速度曾达到每小时574.8公里，而中国高铁以350公里/小时的商业运营速度居世界之首。同时，时速400公里的高铁技术研究已经进入了人们的视野。

高速铁路是大运量的交通运输工具，运行速度与运行距离紧密相关。比如北京和上海是我国两个超级城市，两个城市间相距1 318公里，如果旅行速度达到350公里/小时，4.5小时可以到达。由于人们的生活习惯、生理特点，3~4小时是很敏感的时间点，如果能够实现4小时以内到达，这种运输方式就会有很大的竞争力。同时与其他运输方式相比较，不仅要考虑快捷，还要看运输的需求、国土开发的需求、投入产出的比较，这是一个非常综合的问题，并不是仅仅以速度衡量其先进性的。

普速列车速度的回顾

18世纪60年代的第一次工业革命是现代铁路的孕育期。具体来说，工业革命中蒸汽机的发明和普及为铁路的发展提供了动力准备；冶炼技术的不断改进，生铁和钢产量稳定增长为铁路的发展提供了必需的材料；从煤矿机车发展而来的铁路，随着蒸汽动力在煤矿采集中的应用，现代铁路由雏形逐渐向现代化标准轨道发展。蒸汽机、冶炼业、采矿业三者互相作用，成为英国铁路发展的三个重要因素——因此，现代铁路发源于英国也就不足为奇了。

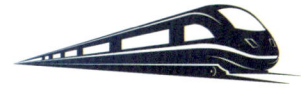

走近高速铁路 >

1804年,英国人特里维西克研制成功了第一台能够载货的蒸汽机车。

1825年,"火车之父"斯蒂芬森驾驶着自己研发的"运动"号蒸汽机车,在英国达林顿至斯托克顿间的线路上运行。虽然那辆蒸汽机车的平均速度只有12.8公里/小时(最高速度24公里/小时),但是意义非凡,随着蒸汽机在交通运输业中的应用,人类社会迈入了"火车时代",迅速扩大了活动范围,推动了社会经济的发展,也改变了人们的生活方式。

5年之后的1830年,斯蒂芬森和儿子罗伯特共同研制的"火箭"号蒸汽机车,在利物浦到曼彻斯特的线路上,创下了57.6公里/小时的最高纪录。

图7.1 斯蒂芬森驾驶的"旅行者"号

这项世界纪录直到15年后才被打破。1845年,英国大西铁路开通了伦敦至埃克塞特的快车,时速超过70公里/小时。

这场属于速度的游戏迎来世界范围内的挑战。1848年,美国人后来居上,"安特洛普"号达到了96.6(公里/小时)。

蒸汽机车的最高速度纪录仍然属于英国人。1938年,格雷斯利设计的"马拉德"号蒸汽机车在英国东海岸铁路大干线

236

的格兰瑟姆以南地区创下了 202.6 公里时速，英国毫无疑问是蒸汽机车时代的王者。1964 年世界上第一条高铁日本新干线刚开通时，最高时速达到了 210 公里。这项纪录保持了 20 多年，直到世界进入高铁时代前夕，才被法国打败。

蒸汽机车以其强大的牵引力和惊人的速度带领着铁路行业进入了 20 世纪。在当时，时速超过 120 公里的蒸汽机车不仅超过汽车的速度，甚至比刚起步的飞机还快。但是，这已是蒸汽机车最后的辉煌。刚跨进 20 世纪的大门，就不得不面对内燃机车和电力机车的挑战。

1892 年，德国人狄塞尔发明了柴油机，标志着铁路内燃机时代的到来。但内燃机车开始大规模取代蒸汽机车，是直到 20 世纪 20 年代才发生的事。

所谓"内燃"，即以内燃机作为原动力，通过传动装置驱动机车的车轮。因此，相比于蒸汽机车的动力来源煤炭，内燃机车的动力来源则是石油。内燃机车一经推出，时速就达到了 100 公里，让在蒸汽机车上遇到速度瓶颈的人们一下子又看到了希望。果不其然，威风凛凛的内燃机车确实独领风骚了一段时间。

1931 年 3 月，德国的齐柏林号内燃机车在处女行时创造了 200 公里/小时的速度，同年 6 月，在全国巡回展览时，又一次创下了 230.2 公里/小时的速度纪录，这项世界纪录一直保持了 23 年之久。

与此同时，1934 年美国的西风之神号内燃机车在哈佛至芝加哥 1 600 多公里的线路上，创造了 181 公里/小时的速度纪录。但内燃机车的最高速度纪录还是由英国创造的。1987 年 11 月 1 日，英国 43 型内燃机车时速达到 238 公里，这一惊人的纪录还被写入"吉尼斯世界纪录"。

电力机车的诞生其实早于内燃机车，但电力机车的运行必须依赖于大规模电网的铺设，对电力输送设施具有高度依赖性，尽管电力机车诞生得很早，推广使用却比较晚。不过，不烧煤、不烧油、动力强大又零污染的特点让这个后起之秀的出

图 7.2 英国 43 型内燃机车

237

现最终取代了蒸汽机车和内燃机车的霸主地位。

1903年10月6日,德国的电力机车时速就突破了200公里,达到203公里/小时。

1955年,追求速度的法国登上了铁路速度竞赛的舞台。3月29日,法国BB 9004号电力机车在波尔多与达克斯之间创造了时速331公里世界纪录。这个当时世界铁路试验的最高速度保持了26年之久。

高速列车速度的较量

1964年10月,第18届东京奥运会开幕前9天,东海道新干线正式开通营业。动力分散的高速动车组运行速度达到210公里/小时,从东京至大阪间旅行时间由6小时30分缩短到3小时——空间距离被重新定义,铁路速度的霸权也被重新分配。

1981年2月26日,法国TGV在东南线创造了时速380公里的运营试验最高速度。

1988年5月1日,德国ICE首破400,创造了试验速度406.9公里/小时的纪录。

1988年12月12日,法国TGV在东南线达到408.4公里试验时速。

1989年12月5日,法国TGV在大西洋线达到482.4公里试验时速。

1990年5月18日,又一个历史性时刻,法国TGV在大西洋线达到了515.3公里试验时速,人类铁路历史上首次突破500公里时速。

1996年日本300X列车创造了443公里/小时的试验速度纪录。

2006年7月15日,德国西门子Velaro E列车在西班牙AVE高速铁路上创造了时速403.7公里的运营速度纪录。

2007年4月3日,法国TGV在东欧线以三动两拖的试验列车创造了时速574.8公里速度神话,这依旧是目前为止的轮轨最高试验速度。

2007年法国TGV150高速试验列车创造574.8公里/小时的世界纪录

1996年日本300X列车创造了443公里/小时的试验速度纪录

1988年德国ICE-V列车创造406.9公里/小时的试验速度纪录

图 7.3 速度组图

2008 年 8 月，第 29 届北京奥运会开幕前夕，京津城际开通运营，最高时速 350 公里。继京津城际开通后，2009 年武广高铁开通；2010 年郑西高铁、沪宁高铁、沪杭高铁开通，最高运营速度均为 350 公里。中国成为世界上唯一大规模运营时速 350 公里高铁的国家。在最高运行试验速度方面，中国也不断刷新这一纪录。2010 年 9 月 28 日 CRH380A 型高速动车组在沪杭线创造了时速 416.6 公里纪录；两个多月后的 12 月 3 日，该纪录被同胞兄弟打破，CRH380AL 运营列车在京沪高速铁路先导段完成最高试验速度达 486.1 公里 / 小时。不同于法国 TGV 采用试验列车进行试验，该速度由运营列车创造，为目前世界运营轮轨列车的最高试验速度。

2014 年 1 月，中国研制的 CIT500 更高速度列车在室内模拟线路状况的滚动振动试验平台最高试验速度达 603 公里 / 小时，该速度为目前世界轮轨列车的最高滚动试验台试验速度。

2016 年 7 月，中国自行设计研制、全面拥有自主知识产权的中国标准动车组，在郑徐高铁线上以 420 公里 / 小时的速度

走近高速铁路

图 7.4　中国标准动车组在郑徐高铁上实现时速 420 公里会车

完成交会,创造了新的轮轨列车交会速度世界纪录。此次综合试验还成功获取了中国标准动车组运行能耗数据、振动噪声特性,探索了速度 420 公里/小时及以上高速铁路系统关键技术参数变化规律,为深化我国高速铁路轮轨关系、弓网关系、空气动力学等理论研究和高速铁路核心技术提供了有力技术支撑。

高速列车运行速度新趋势

不断刷新的速度带动了铁路行业整体水平的提升。从 1825 年斯蒂芬森驾驶冒着浓烟的蒸汽机车,使人类迈入了"火车时代",到宽敞舒适平稳的高速铁路列车朝发夕至,古代人民对未来生活"一日千里"的梦想业已实现。然而速度是交通的灵魂,更快是人类永恒的追求。高速铁路历经 50 余年的发展,运营速度从时速 210 公里提升至现今的 350 公里,正向着更高的速度目标迈进。

对于高速轮轨铁路,速度是综合技术水平最重要的指标。从经济、运输需求角度考虑高速轮轨铁路的最高运行速度须有需求导向。高速列车的运行速度突破 400 公里/小时,在技术上将指日可待。2012 年 5 月,韩国推出 430 公里/小时的高速列车,至

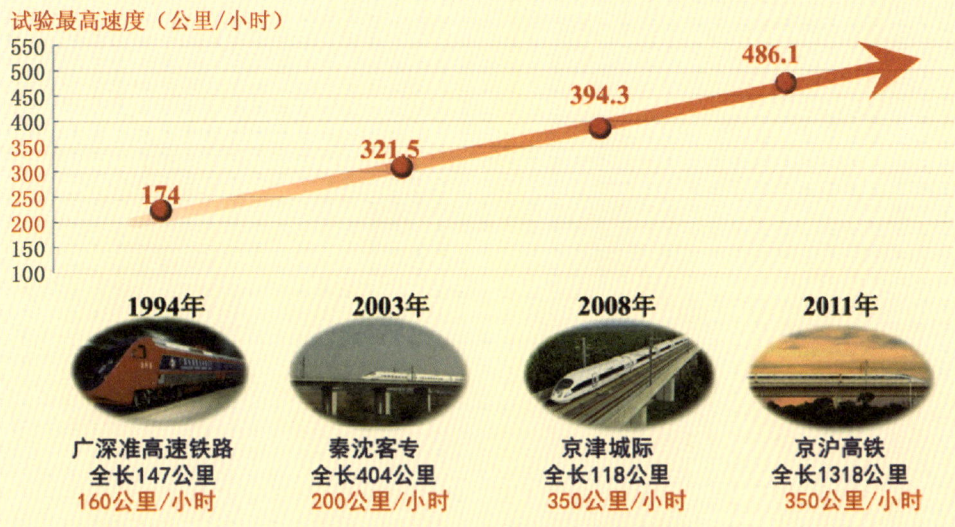

图 7.5　中国铁路速度发展示意图

今已经完成 50 万公里试验运行，正在加快工程应用。此外，俄罗斯、美国也相继提出了建设时速 400 公里高速铁路的需求。

在中国，从 20 世纪 90 年代的广深线开行准高速列车，到世纪之交秦沈客专开通运行，从 2007 年实现第六次大面积提速到 2011 年京沪高铁通车运营，中国铁路速度提升轨迹见证了中国铁路发展。2016 年 7 月 15 日，中国标准动车组在郑州至徐州高速铁路上成功实现了世界首次时速 420 公里交会，标志着中国高速铁路时速 350 公里及以上技术体系更加成熟。国家实施《"十三五"国家科技创新规划》，突破时速 400 公里及以上高速列车关键技术，研究时速 600 公里级高速磁浮关键技术。中国铁路总公司已将开展 400 公里/小时高速铁路噪声和振动控制、基础设施养护维修等关键技术问题的研究列入计划，并冲击更高的试验速度。

二、高速铁路运输安全的发展趋势

从 1964 年 10 月世界首条高铁在日本诞生，半个世纪过去后，中国高铁成为后起之秀，毫无疑问已经在建设、运营、管理和技术等方面走在了世界前列。目前，中国高铁营业里程超过 2.5 万公里，居世界第一位。这一成绩的背后，离不开高铁安全保障体系的保驾护航。

建立更完善的安全保障体系

中国高铁根据多年的科研、试验及运营维护经验，建立了贯穿高铁系统全生命周期的安全保障体系。通过可行性研究报告审查、设计审核和评估、设备监造、工程监理、静/动态验收、初步验收、开通运营前安全评估、运营中安全检查及监管等一系列工作，保证高速铁路系统的安全性、可靠性、可用性及可维护性。

随着高铁路网规模的进一步扩大，特别是地处中西部、运营环境更为复杂的高铁线路的开通，需要快速提高对高铁安全规律的全面认识和把握，对影响高铁安全的内外诸多因素进行全面估计和风险管控。进一步掌握基础设施及设备运用变化规律，进一步健全高铁运营安全保障体系，完善对风、雨、雪及地震等自然灾害的实时监控预警系统。对非法违法、威胁高铁安全的行为，对非法穿越施工、挖沙取土、私搭乱建、抽取地下水、损盗安全防护设施等突出的外部环境风险，进行大力教育和坚决处罚。对上跨高铁立交桥机动车超速超载、车辆和异物侵限等制定实时高效的管理机制。对反恐治安、人为干扰破坏、非法攀爬破坏高铁防护网、携带易燃易爆物品乘车，建立长效管理机制。

从源头质量上保障高铁安全

高铁工程建设质量是高铁运营设备质量的源头。技术标准、工程质量、安全防护设施，以及高铁投入运营前的调试、验收、安全评估是把控源头质量的关键。

在高铁技术标准方面，须建立涵盖动车组、基础设施等各方面的高铁技术标准体系，注重采用和借鉴国际、国外先进标准，推动中国标准国际化，不仅从技术和安全层面严格保障高速铁路建设、运营质量,还实现中国与欧洲等国家的高铁技术兼容。

在工程建设和设备质量方面,通过严格进行制度标准、原材料、工艺工法、检测检验、验收开通等关键环节管控,加强工程建设质量问题的检查和整治,强化合同约束和行业监督管理,建立高铁工程建设质量控制体系;通过强化高铁物资采购审核和产品质量检验检测,实施行政许可、产品认证、上道审查等准入制度,加强高速列车及其重要配件的监造管理,强化铁路统一的物资供应商信用评价,建立高铁设备质量源头控制体系。

在高铁安全防护设施方面,采用全封闭、全立交方案,线路两侧设置防护栅栏封闭,桥涵设置限高防护架及合理的人畜通道,公铁并行路段设置防护桩,上跨铁路桥设置防抛网。各条高铁线路还安装有风速、雨量、雪深、地震等自然灾害及异物侵限监测系统,实现高铁灾害安全防护。在此基础上,铁路部门正在持续推进高铁车站、列车视频监控建设,逐步实现高铁沿线重点部位监控全覆盖。

在新建高铁施工完成后,须通过严格的质量验收,对项目实施系统性能测试及优化等联调联试工作,以检验高速列车运行的安全性、平稳性和舒适性,检验线路基础设施的安全性、稳定性,评价设计参数、设备选型和系统接口的合理性,验证减振降噪措施的有效性。在紧接的运行试验中,须进一步检验高铁设备设施及行车组织方式能否满足运营要求,检验各种非正常行车能力,为优化设备配置、提高设备性能、制定运输组织和应急救援方案等提供技术依据。

在高铁开通运营前,要组织行业内的管理和技术专家进行安全评估。安全评估按照专业分为多个安全评估小组,既要对即将开通的高铁进行运营前的安全评估,也要针对运营维护单位在安全管理、规章制度、员工素质、设备管理等方面的运营准备情况实施安全评估。

从运营管理上保障高铁安全

高铁运营安全事关人民生命财产安全。在高铁系统投入运用后,合理的运营管理及养护维修则是高铁系统持续安全的重要保障。必须建立严密细致的规章制度,对设备养护维修及状态实时进行动态监测,全面提高职工素质及安全意识,健全安全监督管理,提高应急处置及救援能力,构建"人防、物防、技防"三位一体的运营管理安全保障体系。

2008年以来,中国高铁运营企业在完整建立《铁路技术管理规程》(高速铁路部分)等高铁技术规章体系的基础上,以《安全生产法》《铁路法》《铁路安全管理条例》为依据,制定实施了《铁路交通事故应急救援规则》《高速铁路突发事件应急预案》等一系列的安全管理规章制度,建立健全了覆盖所有管理和作业岗位的安全生产责任制,以及履职检查、考核、责任追究等制度。特别是以超前防范为重点,完善了安全生产过程控制机制,形成了健全的高铁规章制度体系。

运营高铁建立了主要行车设备电子档案,加强设备技术状态、养修履历过程管理,定期评估设备安全状态,科学制订设备维护周期、范围和维修技术条件,推进设备精准养护维修。高铁基础设施实行"天窗修"制度,采用动态检查为主,动、静态检查相结合的全方位检查模式,通过定期开行综合检测列车以及使用精密测量控制网、车载式和便携式线路检查仪等方式检查确认线路状况;动车组实行五级计划性预防修制度,采用以走行公里周期为主、时间周期为辅的检修模式,在运行中还配有乘务检查,保证动车组设备运用状态良好。通过推进建设高铁供电安全检测监测系统(6C)、机车车载安全防护系统(6A)、车辆运行安全监控系统(7T)、工务安全检测监测系统(8M)等,实现高铁行车设备的不间断检测监测,及时发现和消除安全隐患。

高铁管理单位制定了人才培养引进制度,吸收引进高学历、高技能、高素质人才。严格执行主要行车工种和关键专业技术岗位资格准入制度，按标准配齐配足调度员、动车组司机、随车机械师等专业技术和管理人员，实现关键岗位的梯次配备和动态优化；还建立了培训、考核、任用相统一的职工培训机制，持续优化人力资源配置，创新教育培训模式，深化安全文化建设，提升高铁职工素质，保证人才队伍质量。

逐步完善企业内部安全监督检查机制，定期开展安全管理评估和专业检查，有针对性地加强恶劣天气、防洪防汛、春运、暑运、节假日、黄金周等阶段性、季节性安全监督检查；开展高铁安全生产专项整治，严格安全准入标准，重点加强设备检修、应急处置、人身安全、消防安全等安全关键项点的检查控制；严格高铁治安管理和外部环境隐患治理，坚持"高铁治安隐患零容忍"，建立高铁治安常态化巡查制度，对高铁线路实施路地联勤、联合巡防。

中国高铁建立了"总公司—铁路局—站段"三级应急救援网络，编制了完善的应急预案、应急处置流程和非正常情况应急处置办法，建立了专职和兼职应急救援队伍，定期组织应急演练，确保应急处置导向安全、有力有效。中国高铁还注重建立安全信息反馈机制，在运营维护期间制定的安全措施将继续应用于后续高速铁路的设计、制造和施工等阶段，用于对系统方案实施改进，实现整个高速铁路运营安全体系的可持续发展。

三、高铁信息化、智能化的发展趋势

2018年4月23日，中国铁路总公司对外发布京张高铁工程建设、相关技术研发的阶段性成果："京张高铁将于2019年全线开通，所使用智能动车组将于2018年底完成样车试制组装，2019年上半年完成调试及试验验证"。京张高铁以现有"复兴号"CR400BF型动车组为基础，全线采用智能技术建

图 7.6　京张高铁桥梁施工

造,采用北斗卫星导航数据,全自动驾驶列车等新技术。"智能京张"将很快从规划变成现实,走进我们的生活,也将成为 2022 年北京冬奥会的一大亮点。

毫无疑问,在"互联网+"的信息化时代,高铁创新绝不仅仅局限于速度的范围;高速铁路信息化,更智能、更节能、更环保、噪声更小的动车组,具有环境感知、自学习、自决策的"智能高铁"已经成为高铁发展的新趋势。

高速铁路信息化

信息化技术已经被广泛应用于高速铁路的建设、施工、运营中。"中国制造 2025"和网络强国战略,以及物联网、大数据、移动互联、云计算等新兴信息技术的快速发展,为高速铁路信息化建设创造了有利条件。包括客运服务信息化、安全防护信息化、工程建设信息化、动车组检修信息化、基础设施维护信息化、运营调度信息化、经营管理信息化等七大系统的中国高铁信息化框架正在构建,合力搭建信息化公用基础平台,完善各信息系统功能。

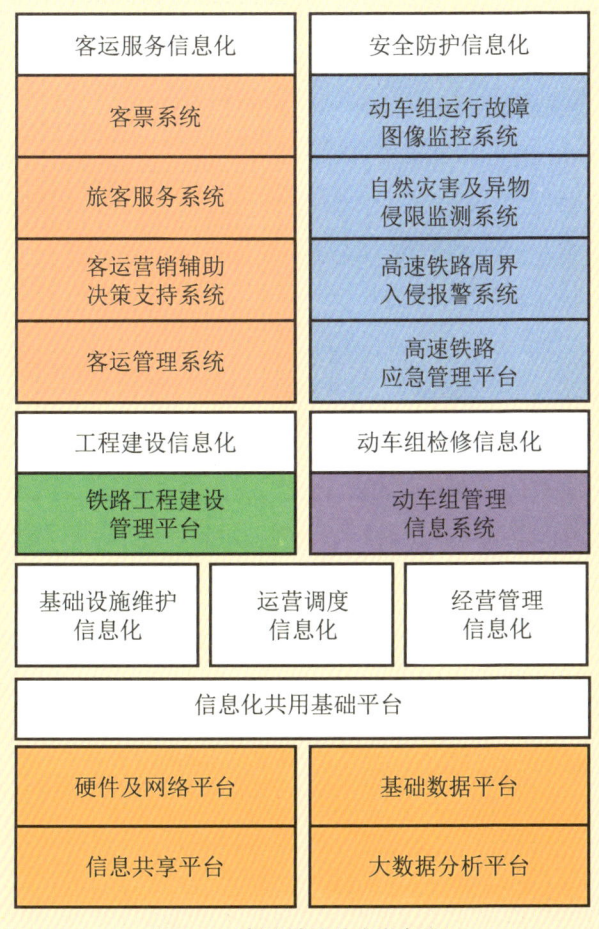

图 7.7　高速铁路信息化框架

☐ **铁路工程建设管理平台**

铁路工程建设管理平台以 BIM 技术为核心、云计算为平台架构、感知技术为基础、移动互联为传输结构、建设项目为载体,建立统一开放的工程信息化平台和应用,实现以铁路工程设计、建设、运营全生命周期管理的目标。

☐ **新一代铁路客票系统**

新一代客票系统以"旅客为中心"为设计理念,对外为旅客提供"全过程、一站式"的服务手段,对内为铁路提供"全业务流、体系化、自动化、智能化"的管理支撑。

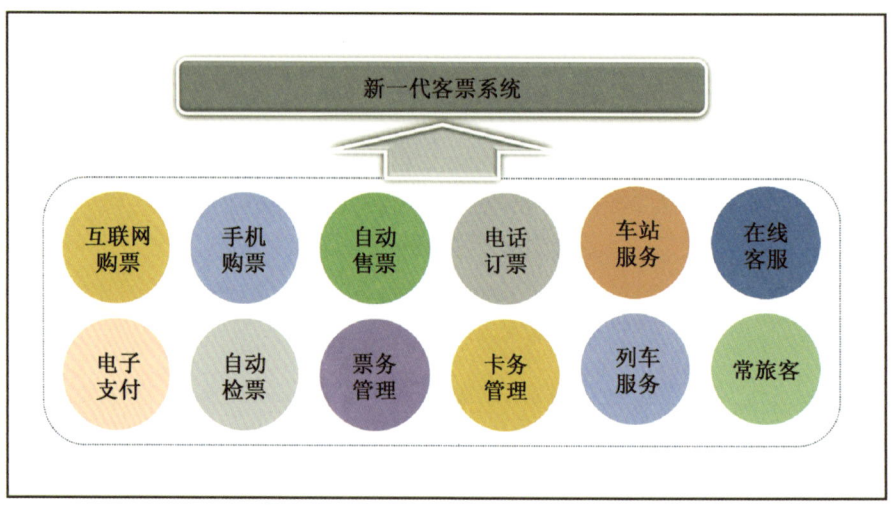

图 7.8 铁路客票系统

□ **客运营销辅助决策支持系统**

客运营销辅助决策支持系统是面向铁路行业内部经营管理人员的应用系统。以铁路运力资源为基础，以客运市场变化为依据，为铁路客运管理部门提供有关旅客的客户分析、产品设计、产品销售以及外延相关服务的全过程营销活动决策的支撑。

图 7.9 客运营销辅助决策系统

□ 旅客服务系统

旅客服务系统,用于为旅客出行提供便捷的服务。采用 SOA 架构,运用物联网、智能视频等技术,实现旅客服务、生产管理、平台支撑三大功能,满足旅客出行安全、方便、温馨的需求。

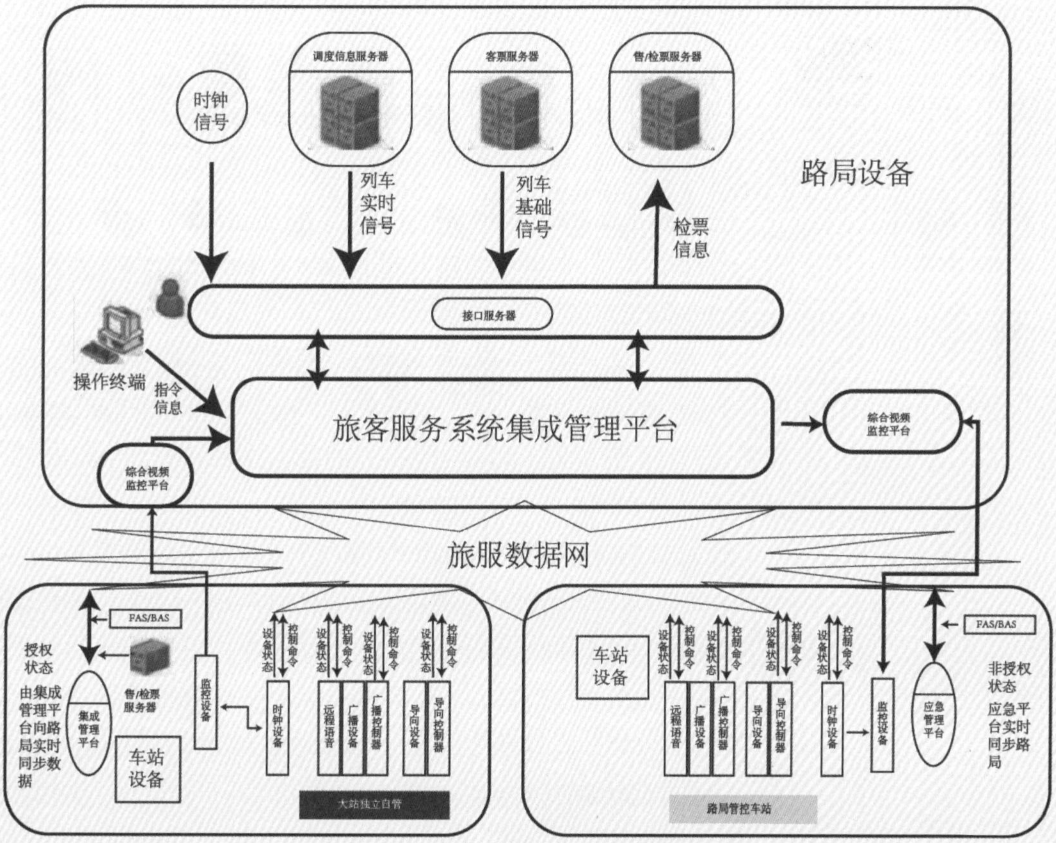

图 7.10 旅客服务系统

□ 客运管理信息系统

铁路客运管理信息系统以先进的信息技术为支撑,适应铁路快速发展的需求,覆盖铁路总公司、铁路局、客运站段等层级,满足铁路客运管理部门的值乘计划管理、在途列车监控、客运组织与作业管理、列车办公与服务管理的功能需求,旨在

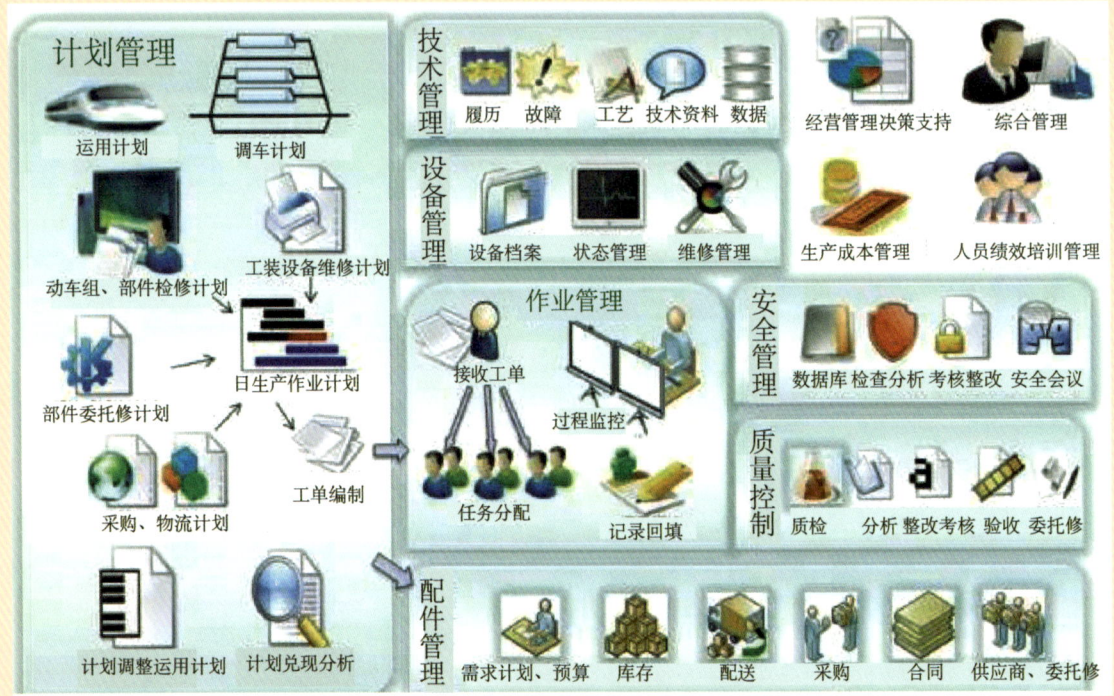

图 7.11 动车组管理信息系统

规范铁路客运管理作业流程，提高工作效率。

□ 动车组管理信息系统

动车组管理信息系统覆盖了铁路总公司、铁路局、动车段、动车运用所的业务需求，兼容多种车型动车组技术管理。

□ 动车组运行故障图像监控系统

通过设置于高铁正线关键节点的动车组运行故障图像监测设备、三级架构网络、四级应用系统，对动车组运行状态进行实时监控。

□ 自然灾害及异物侵限监测系统

自然灾害及异物侵限监测系统是铁路行车安全的重要基础保障系统，负责对危及列车运行安全的自然灾害（风、雨、雪、地震等）及异物侵限等进行实时监测、采集、汇总、报警

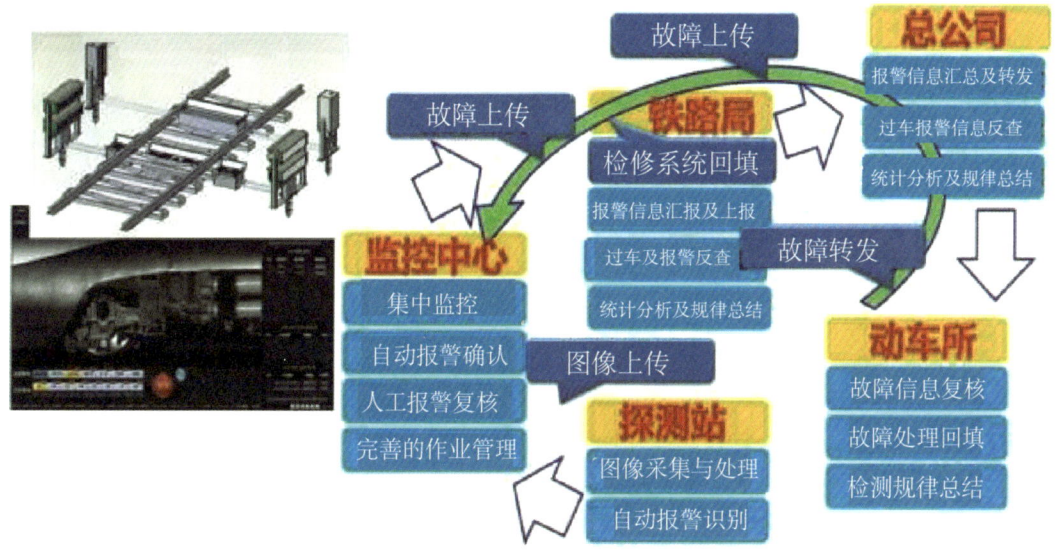

图 7.12　动车组运行故障图像监控系统

及紧急处置，为调度指挥及维护管理提供报警、预警信息，有效防止或减少灾害对高速铁路列车运行安全的影响。

☐ 高速铁路周界入侵报警系统

高速铁路周界入侵报警系统对非法侵入高铁周界的人员行为进行监测，并产生报警信息，预防人为破坏。

图 7.13　高速铁路周界入侵报警系统

☐ 高速铁路应急管理平台

高速铁路应急管理平台是处置铁路及需要铁路部门配合的突发事件的技术保障系统。

图 7.14 高速铁路应急管理平台

高速列车自动驾驶

智能化高铁的涉及面很广,包括智能运营、智能装备、智能制造等多个方面,而智能装备中又包括智能基础设施、智能运维和智能动车组等关键装备。在智能动车组中最关键的功能是全自动驾驶。

要实现高速动车组全自动驾驶,就要对地面指挥和车上控制两部分升级和换代。如果高速列车以每小时 360 公里的速度飞驰,每秒钟就要行进 100 米,每分钟是 6 公里,真是风驰电掣!如果还要以 3 分钟的间隔,一列接着一列追踪运行,对高速列车自动驾驶的可靠性要求可想而知。在这样的条件下,任何闪失都会造成车毁人亡的巨大事故,所以对高速列车的控制要绝对可靠,在任何情况下必须要保证安全。要做到绝对安全,必须要对"安全"做出定义,高速列车运行控制领域的

"安全"是指：任何情况下不能撞车！所以列车运行的指挥系统都需要采用安全性计算机，对所有输出的指令都要进行 3 取 2 或者 2×2 取 2 的校验，所有的软件都要通过严格的安全认证。指挥系统的"大脑"需要每时每刻准确知道每一列飞驰列车的准确位置和速度，并将指挥命令准确地传输到列车上。

列车上的控制系统需要有与地面装备同样的安全等级，接收到指挥中心传来的控制命令以后，通过车上的装备控制列车准确地按指定速度行车。飞驰的高速列车要跑得快、停得准，始终贴着允许的最高运行速度行驶，这样就能缩短运行时间，节省能源、提高运输效率，保证列车又快又准地停在站台的指定位置，方便旅客便捷上下车。

高速列车在行驶中有上下坡、转弯等各种地形，有风霜雨雪等各种气候，保证高速列车全天候安全运行，也是列车自动驾驶必须具备的功能。

列车自动驾驶包括五大功能：在车站根据指挥中心的调度命令自动发车；在车站和车站之间的区间按最佳的速度曲线自动运行；根据指挥中心的调度命令，在列车到达车站后按给定的位置自动停车；列车停稳在指定位置后自动开启车门；确保列车的车门和站台的屏蔽门联动。

高速列车的智能化还应包括列车上各种装备的工作状态自感知、运行故障自诊断、导向安全自决策等内容。高速列车的自动驾驶和其他智能化功能会随着信息技术的发展，向智能化方向迅速迈进。

新一代无线车地通信技术

随着我国高铁线路网络的不断扩展，人们的出行变得越来越便利。然而，高铁上手机信号不好、上网体验差一直被社会关注。这只是大众看到的一面，铁路部门受到的困扰更大，因为高铁相当于贴地飞行，地面调度人员与高铁司机也要打电话，地面控制中心与动车组也要上网传数据，而这些功能直接关系到高铁运行的安全性和准点率。

对于这个问题，十多年前，在我国高铁的起步阶段，就借鉴了欧洲高铁使用 GSM-R 无线通信技术，满足了我国当时高铁的需求。但这是根据民用需求研发的 2G（第二代通信）技术，应用于高铁后，暴露经常掉线、数据传输慢、大容量车地数据无法传输的问题。现在这种技术更是面临 2G 技术迅速落后淘汰、厂商设备停产等问题，给我国高铁大规模运用带来了很大压力。因此，随着通信技术的发展，高速移动装备一直在寻找适用于高铁的无线通信技术。

几乎在我国高铁大规模发展的同期，2004 年 11 月国际无线电标准组织决定开始 3G（第三代）技术的研究，这种技术被命名为 LTE（long term evolution）意味着这种技术具有长期的可演进性，可以继续发展到 4G、5G。作为一种先进的技术，LTE 需要系统在提高峰值数据速率、小区边缘速率、频谱利用率，着眼于降低运营和建网成本方面进行进一步改进。在无线接入网侧，采用了正交频分调制（OFDM）技术，这种技术能够将传输的频段分得更小，又能防止相互干扰，就像在一条高速通道上可以分隔出更多独立的通道，通道多了，传输的信息当然就多了。OFDM 技术具有抗多径干扰，简单、灵活支持不同带宽，频谱利用率大大提高，高效自适应调度等优点，是公认的未来 4G 储备技术。

刚才讨论的是传输技术，如果能够输出、接受端采用多输入/多输出（MIMO）技术，就能进一步提高频谱效率，也成为 LTE 的必选技术。MIMO 技术利用多天线系统的空间信道特性，能同时传输多个数据流，从而有效提高数据速率和频谱效率。

采用了这些新技术以后，用于高铁列车的 4G 通信技术可以更好地支撑高铁列车的智能化。有一个形象的比喻：2G 技术是 2 车道，3G 技术是 20 车道，4G 技术是 40 车道。

LTE 技术还有一个先进的特性是，可以根据各种应用的通信质量的需求，定义其优先等级。这样有关列车控制等车地通信应用就可以设计成最优先的等级，保证其通信的质量。

信息流通过频率的分割成多个通道的传输，称为频分（FD）；或者时间的分割，把一个信息拆分成若干包，分开来传输，到了目的地以后再还原成原来信息的技术称为时分（TD），这是两大技术流派，我们国家走的是 TD 的道路。其实技术发展到今天都要综合应用频分和时分技术，只是先时分后频分，还是先频分后时分的区别，但是这涉及到知识产权，我们国家在通信领域的研究处于世界先进行列。

TD-LTE 无线通信系统在铁路上广泛应用，在运营管理上分为在无线调度系统中的应用和在车载数据及视频监控中的应用，LTE 技术具备宽带集群调度的功能，比 GSM-R 的系统容量更加大、时延也更短，而且具有语音数据融合调度的特点。LTE 还可以为视频调度提供技术支持，有利于列车精确定位，从而将列车调度的可靠性和安全性有效提高。

在当前车载数据类型应用如下：

（1）列车设备运行监控数据：实时监控列车动力、电力等设备状态。

（2）列车控制数据：列控以及 ATP，ATO 和车机联控等高可靠数据。

（3）列车多媒体视频广播：根据地域特点和旅客类型进行高清视频广播，提高旅客舒适性。

（4）车厢视频监控：了解乘客和车厢状态，保证列车和乘客安全。

（5）列车外部视频监控数据：了解司机工作状态，保证驾驶安全，调度中心通过视频，可以随时了解车厢内外实际情况。

车载数据通过数据接入单元（TAU），将车内的 IP 局域网数据通过 TD-LTE 传输到地面。LTE 网络采用双层网络与双网冗余进行备份而为铁路安全数据提供可靠性保证。

随着信息技术的飞速发展，网络已成为人们生活中的重要

组成部分，同时也成为乘客需要服务的部分。高速列车需要为乘客提供网络等多媒体信息服务。高清视频广播服务、由于无线频段资源紧张，用于列车安全运营的专用频段的带宽一般为 10～20M，其传输的信息已经不能满足广大旅客的需要，所以车地之间还要一张宽带的公用频段无线传输网，LTE-U 技术、新岸线的 EUHT、新一代的 5G 技术都可以在这一领域大展宏图。这些技术都在积极地进行工程实践探索的过程中。

TD-LTE 在铁路上的应用面广，特别是在铁路重载、高密度、高速度条件下对提升运输效率、持续扩大运能具有非常重要的现实意义，前景十分光明。

高速列车制造智能化

高铁疾驰，缩小了中国版图，拉近了城市间距离，改变了国人的出行模式。高速铁路是当今世界高新技术的集成，是国家科技实力和综合实力的集中体现。在"互联网＋"、人工智能和智能制造的时代背景下，中国高铁正驱动技术核心，逐步实现智造转型。

智造转型的成果之一就是中国造的智能化轨道交通新装备；而让列车本身具备智能化，这一改变就在我们身边。"复兴号"列车车体上安装有 2 500 多个智能化传感器，可实时监测列车运行安全指数、性能指标；基于人工智能的分析系统，对列车出现的异常情况实现自动报警或预警，并能根据安全策略自动采取限速或停车措施。"智能心"，让中国高铁更加安全、快捷、高效。

作为中国高速动车组的制造者——中国中车的智能化探索，既有标准化研究，也有新模式的创新和试点，覆盖了轨道交通、新能源、整机和零部件，同时还涵盖了智能化的工厂、车间和流水线等多个领域、多个层次和多维系统。

未来十年，中国中车将顺应互联网时代的发展潮流，以数字化、网络化、智能化为主线，连同轨道交通，装备各行业、全产业链的数据链条，全面构建智能化的生态圈。这意味着，轨道交通将成为以各级客户为中心，行业之间密切联系和依存的无边界组织。为此，中国中车将着力打造四方面的内容：智能制造、智能产品、智能服务和智能交通。

打造以客户为主的智能列车生态圈，既是企业使命、价值观的体现，也是中国铁路总公司倡导的轨道交通行业新生态的组成部分，即不断将新技术与现有产品完美结合，从而提升交通出行的"质感"。

可以想象一下，未来高铁的"打开方式"可能是这样的：车窗就是一块手机触摸屏，你可以通过屏幕进行网购、约车等服务项目，车厢可以成为办公室、会议间，你的整趟旅程变得更加轻松、愉快，更加有趣的体验感会让你觉得行车时间越发短暂。这就是中车融合卫星通信技术、互联网技术和智能控制技术想要打造的"智慧列车"。这也是中国中车追求的一个侧面或缩影，数据驱动的轨道交通行业智能化新生态，将让中车成为智能制造的创造者、探路者和引领者，亦让旅客拥有更加幸福、安全的旅行。

智能高铁

如果说工业化时代因能源驱动而使机器变得"四肢发达"，信息化时代因信息灵通而使机器变得"耳聪目明"，那么智能化时代将因智能技术的应用使机器变得"头脑聪慧"。信息化强调的是信息的采集、传输、分析及应用，但信息的分析多停留在数值运算的层面。智能化强调的是思维、判断、决策，上升到逻辑运算的层面。随着人工智能、计算机及其相关技术的飞速发展，世界各国都开展了利用高新技术改造传统铁路运输的研究，目的在于提高铁路运输效率、增强铁路运营安全、提高服务质量、减少环境污染。以欧、美、日为主的三大阵营，开展智能铁路研究较早。中国在2000年成立了国家铁路智能运输系统工程技术研究中心，对于智能铁路的概念、定位特别是体系框架进行研究。

近年来，随着智能铁路研究的深入及技术的成熟，中国智

项目	EUHT	Wi-Fi增强	4G增强	5G概念白皮书
空口时延	1毫秒	百毫秒级	百毫秒级	要求1毫秒
时速超过300公里切换可靠性	99.99%以上	不支持移动 不存在切换	不支持 高速移动切换	要求99.9%以上
超低功耗和超低成本	支持	支持	不支持	要求支持
热点高容量	1.28Gbps	800Mbps	300Mbps	要求1Gbps以上
覆盖距离	100m~3km	100m左右	100m~1km	要求目前未定
组网成本	较低	不支持组网	很高	要求较低成本

图7.15 智能高铁的目标

能铁路建设逐渐进入实质性阶段。京张高铁、京雄高铁、福厦高铁、蒙华铁路以及珠三角城际铁路，都成为智能铁路建设的前沿。特别是近期的智能京张、智能京雄，将智能铁路的研究应用引入新的阶段。京张智能高铁是我国智能铁路最新成果的首次集成化应用，在列车自动驾驶、智能调度指挥、故障智能诊断、建筑信息模型、北斗卫星导航、生物特征识别等方面实现重大突破。智能京张的建设，开启了中国智能铁路建设的新篇章，使百年京张铁路重新焕发了生机，具有划时代的重要意义。

广泛应用云计算、物联网、大数据、人工智能、机器人、下一代通信、北斗卫星导航、BIM等新技术，通过对铁路移动装备、固定基础设施及相关内外部环境信息的全面感知、泛在互联、融合处理、主动学习和科学决策，高效综合利用铁路所有移动、固定、空间、时间和人力等资源，实现铁路建设、运输全过程、全生命周期的高度信息化、自动化、智能化，更加安全可靠、更加经济高效、更加温馨舒适、更加方便快捷、更加节能环保。这就是智能铁路，是中国铁路发展的方向。

未来20年，中国将释放出巨大的社会经济需求，中国铁路总公司描绘了智能铁路的发展蓝图。2018—2020年，完成智能京张、智能京雄高铁示范工程建设，构建智能铁路技术标准体系，初步形成智能铁路应用格局；2021—2025年，突破基于BIM的智能建造标准体系、自学习和自适应的谱系化智能动车组、全面感知的列车无人驾驶（DTO）、面向多种交通方式的智能综合协同指挥、旅客无障碍出行服务体系等重大智能铁路理论与技术，全面掌握从设计、建造到运营的全产业链技术；2026—2035年，智能铁路应用由辅助协同向自主操控升级，智能建造技术广泛应用，研发修复型智能动车组，探索全自动无人驾驶（UTO），突破极端复杂情况下高铁智能容错理论与技术，构建基于量子、区块链等新技术的智能安全体系，实现铁路运营全面自主操控、无人化。智能高铁将唱响中国高铁主旋律。

今天，人工智能时代正在开启，大踏步进入寻常生活的人工智能，对普通老百姓来说不再是陌生而遥远的科技词汇。中国智能高铁的到来，也必然是民众日常生活的一个"缩影"，这个缩小版的世界将给民众带来更加多样和便捷的出行体验。那是怎样的精彩时刻，让我们拭目以待！

四、更高速度轨道运载列车的研究

人类对速度的追求始终如一。在轮轨高铁发展迅猛、上升势头强劲之际，高速磁悬浮、超导磁悬浮、真空管道列车已经进入了人们的视野。科学家们开始了对更高速度的追求和研究。

时速600公里的磁悬浮列车

磁悬浮技术最早于20世纪20年代由德国人提出，距今差

走近高速铁路 >

不多已有百年历史。此后几十年,德国在常导磁悬浮、日本在低温超导磁悬浮方面一直保持着技术领先,中国从20世纪80年代中期开始追赶。

根据速度大小,磁悬浮列车有高速和中低速之分。上海磁浮列车示范线行驶速度可达430公里/小时,属于高速磁悬浮轨道范畴。近年来国内加大磁悬浮技术的应用研究,已经建成了长沙磁浮快线、北京中低速磁浮交通示范线(S1线)等中低速磁悬浮快线。2016年5月6日正式通车试运营的长沙磁浮快线,是中国首条拥有自主知识产权的中低速磁浮轨道线路,该线连接长沙火车南站和长沙黄花国际机场,线路全长18.55公里,设计速度为100公里/小时,于2014年5月16日开工,2015年12月26日试运行,2016年5月6日正式通车试运营。2017年底北京中低速磁浮交通示范线(S1线)石

图7.16 上海磁悬浮列车

厂站—金安桥段开通试运营。S1 线是北京首条磁浮线路，全长 10.2 公里，设计速度 100 公里/小时。

从 20 世纪 70 年代起日本、美国、加拿大、法国、英国等发达国家就相继进行了磁浮运输系统的开发。在英国就曾有一条连接伯明翰机场和英特纳雄纳尔火车站的磁浮线路，6 公里长的距离，旅客只需 90 秒就能到达目的地。虽然这条磁浮线已经不再运营，但是它开创了磁浮列车商业运行的先例。日本早在 1962 年就开始研究常导磁浮技术。随着超导技术的迅速发展，从 70 年代初，日本开始转而研究超导磁浮技术，并于 1972 年首次成功地进行了 2.2 吨重的超导磁浮列车试验。该车在 480 米长的试验线路上达到了每小时 60 公里。1977 年 12 月在宫崎磁浮试验线上，最高速度达到了每小时 204 公里，1994 年将不载人运行最高速度提高到 431 公里/小时；载人磁浮列车试验时的最高速度提高到 411 公里/小时。日本目前还在运行试验，进行改造空气动力学特性、减少噪声、降低造价的研究。2014 年 12 月，东京至名古屋磁悬浮铁路开工建设，计划 2027 年开通运营，最高设计时速 505 公里/小时，载人

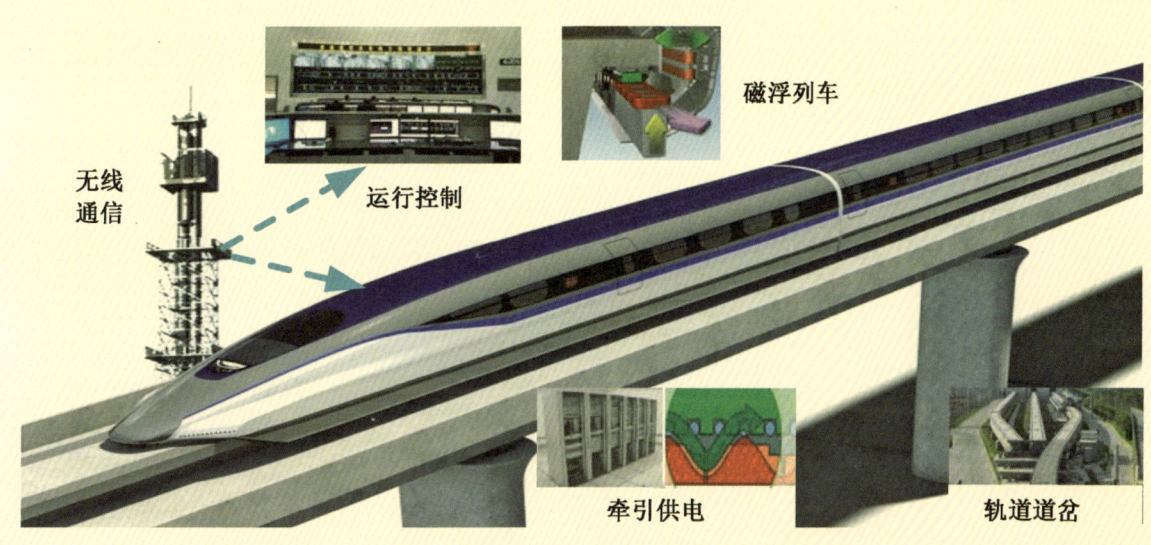

图 7.17　600 公里/小时高速磁浮系统示意图

试验速度达到 603 公里 / 小时。

中国快速磁浮列车正处在研究、试验过程中。中车株洲电力机车厂在研究 200 公里速度等级完全正向设计的同步牵引磁浮列车，列车时速将提高到 160 公里，这将是我国自主研发的时速最快的磁悬浮列车。2018 年 1 月 25 日，中车青岛四方机车公司时速 600 公里高速磁浮交通系统技术方案通过专家评审。我国将在 2020 年研制出时速 600 公里的高速磁悬浮样车，并完成 5 公里试验线验证，进行集成示范，为实现高速磁浮工程应用和产业化奠定基础。

高温超导磁悬浮技术

2014 年，真空高温超导磁悬浮实验线在西南交大的成都实验室里顺利搭建完成。线路总长 45 米，设计载重 300 公斤，最大载重可达 1 吨，悬浮净高大于 20 毫米，可进行时速 0～50 公里的实际动态运行实验。别小看这些复杂的机器设备，在真空管道理想状态下，这项技术可将列车理论时速提高到 1 000 公里以上。

如果要完成磁悬浮列车的研究制造，科学家们需要迈过很多门槛，比如高温超导材料从哪里来？特殊的轨道如何建设？车体究竟该怎样设计？如何低成本获得真空管道以及进行管道维护？如何确保高速运动下磁浮系统的动力学稳定性？如何保证高速运动下的直线驱动效率等等。中国真空管道高温超导磁浮交通研究刚刚起步，需要围绕悬浮与导向、牵引与制动、管道与气动等核心，开展超高速超导磁悬浮车轨耦合作用机制及动态稳定性特征问题、超高速大推力直线电机能量传递与变换控制规律等大量关键科学技术的研究。

高温超导磁悬浮列车要实现其大规模应用，既取决于相关技术研究的突破和发展，也取决于社会的需求。专家们希望能够通过产学研用协同，突破真空管道高温超导磁悬浮交通关键技术瓶颈，让高温超导磁悬浮方面的创新成果尽早转化应用。

图 7.18 西南交通大学搭建的真空管道高温超导磁悬浮车模型环形试验线

超级高铁的设想

超级高铁是美国"科技狂人"马斯克在 2013 年首次提出的概念，虽然它只是个想法，却惊起了不小的波澜。它是一种以"真空管道运输"为理论核心的交通工具，具有超高速、低能耗、噪声小、污染小等特点。因为有着胶囊形状的外表，被称为胶囊高铁，也称飞行铁路、飞速铁路（简称"飞铁"），其列车称为飞行列车，采用"磁悬浮＋低真空"模式。

它和普通的高铁不太一样，就如同我们小时候看的科幻漫画一样：乘客坐在类似胶囊的"车厢"里，沿着空气轨道在一个封闭的管道中发射出去，速度是飞机的两倍，大约达到每小时 1 200 公里，一小时可以让你从北京到上海。

走近高速铁路

图 7.19　美国特斯拉公司超级高铁概念图

简单地说，"超级高铁"＝胶囊车身＋真空管道运行＋磁悬浮。一方面超级高铁的车身被设计成胶囊形状，以方便于在管道中运行；另一方面超级高铁通行的管道，是真空或比真空状态低一些的低压状态，这样可以最大限度减少空气阻力，使得胶囊车厢能够以极高的速度前进。而磁悬浮技术，是超级高铁高速行进的动力来源。

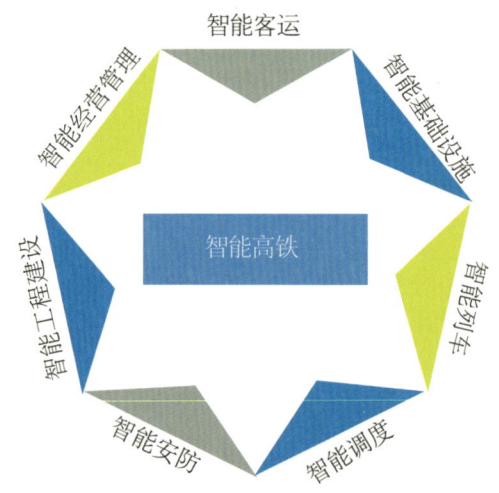

图 7.20　超级高铁概念图

中国科学院、铁路总公司、中国航天科工集团、同济大学国家磁浮交通工程技术研究中心、西南交通大学等单位在真空技术、磁浮技术方面做了深入的研究。中国航天科工集团在2018年8月第三届中国（国际）商业航天高峰论坛上提出建设4 000公里/小时的高速飞行列车项目。现在客运飞机时速一般为900公里，高铁实验室时速世界纪录是605公里。高速飞行列车相比传统高铁，运行速度提升了10倍；相比现有民航客机，速度提升了近5倍！

作为运载工具，除了在技术上验证能够达到这么高的速度以外，还要始终把安全运行放在第一位，要考虑在任何装备发生故障情况下的列车安全。比如在断电的情况下，如何将时速大于1 000公里的列车停下来；在管道真空系统发生故障时，如何保障列车内旅客的安全性等等。

此外还要从运输组织的角度思考，这样一种运载工具的作用，比如从北京到上海有多少客流需求。高速列车是大运量的运载工具，真空管道磁悬浮运载工具如何与高铁运输网络、航空运输网络竞争。另外还要考虑真空管道磁悬浮运载工具的经济性和社会效益等等。

科学实验和交通运输工程有很大的不同，会从不同的视角来评价。本书如实介绍了当前更高速度轨道交通的一些报道和研究成果，旨在让大家开阔视野。能否把幻想变成现实，什么时候能够成为现实，留给未来告诉我们答案吧。